智元微库
OPEN MIND

成 长 也 是 一 种 美 好

无限可能

[美]吉姆·奎克（Jim Kwik）著

LIMITLESS

王小皓 译

快速唤醒你的学习脑

人民邮电出版社
北京

图书在版编目（CIP）数据

无限可能：快速唤醒你的学习脑 ／（美）吉姆·奎克（Jim Kwik）著；王小皓译. -- 北京：人民邮电出版社，2020.11
ISBN 978-7-115-54944-0

Ⅰ．①无… Ⅱ．①吉… ②王… Ⅲ．①学习方法 Ⅳ．①G791

中国版本图书馆CIP数据核字(2020)第195357号

◆著　　　　［美］吉姆·奎克（Jim Kwik）
　译　　　　王小皓
　责任编辑　张渝涓
　责任印制　周昇亮
◆人民邮电出版社出版发行　　北京市丰台区成寿寺路 11 号
　邮编 100164　电子邮件 315@ptpress.com.cn
　网址 https://www.ptpress.com.cn
　天津千鹤文化传播有限公司印刷
◆开本：720×960　1/16
　印张：21　　　　　　　　　　2020 年 11 月第 1 版
　字数：300 千字　　　　　　　2024 年 9 月天津第 22 次印刷
　　　著作权合同登记号　图字：01-2020-2590 号

定　价：78.00 元
读者服务热线：（010）67630125　印装质量热线：（010）81055316
反盗版热线：（010）81055315
广告经营许可证：京东市监广登字 20170147 号

致
每一个怀有超级英雄梦的平凡个体
你的梦想都可成真

关于"升级大脑、快速学习、人生进阶"的系统方法

多位医学专家、科学家认可其方法体系的科学性

杰弗里·卡明斯　　**迈克尔·布劳斯**
Jeffrey Cummings　*Michael Breus*

医学博士、科学博士　　博士、临床心理学家
美国克利夫兰医学中心卢鲁沃脑健康中心主任　　美国睡眠医学委员会认证医师
美国内华达大学拉斯维加斯分校神经学教授　　美国睡眠医学会会员

鲁道夫·坦齐　　**丽莎·莫斯科尼**
Rudolph Tanzi　*Lisa Mosconi*

博士　　博士
哈佛大学神经学教授　　威尔·康奈尔医学院
麻省总医院神经学专业副主席兼遗传学和　　阿尔茨海默症预防中心副主任
老化研究室主任　　神经和放射学神经科学副教授

马克·海曼　　**丹尼尔·亚蒙**
Mark Hyman　*Daniel Amen*

医学博士　　临床科学家、精神病专家、大脑专家
美国克利夫兰医学中心功能医学中心主任　　美国精神医学学会的杰出研究员

B·J·福格　　**斯科特·弗兰斯伯格**
B.J. Fogg　*Scott Flansburg*

博士　　世界最强大脑
斯坦福大学行为设计实验室创始人　　"人体计算机"吉尼斯世界纪录保持者

众多世界精英从该方法体系中获益

著名企业家

拉里·佩奇　　**理查德·布兰森**
Larry Page　　*Richard Branson*

谢尔盖·布林　维珍集团创始人
Sergey Brin

谷歌创始人

埃隆·马斯克　**斯坦·李**
Elon Musk　　*Stan Lee*

SpaceX CEO 兼 CTO　漫威之父
特斯拉公司 CEO
太阳城公司董事会主席

埃里克·舍恩伯格　**彼得·戴曼迪斯**
Eric Schurenberg　*Peter Diamandis*

Inc 杂志主编　奇点大学执行主席

吉姆·吉安罗普洛斯　**阿努什·安萨里**
Jim Gianopulos　　*Anousheh Ansari*

派拉蒙影业主席兼首席执行官　探险家
第一位女性太空游客
XPRIZE 基金会首席执行官

贝丝·康斯托克　**戴夫·阿斯普雷**
Beth Comstock　　*Dave Asprey*

通用电气前首席营销官兼副董事长　Bulletproof 360 公司创始人

玛利亚·施莱弗
Maria Shriver

艾美奖获奖记者
"女性阿尔茨海默症运动"创始人

大卫·贝拉斯科
David Belasco

南加州大学人体机能科学研究所联合创始人
劳埃德·格雷夫创业研究中心执行主任
创业学兼职教授

维申·拉克雅礼
Vishen Lakhiani

MindValley 创始人兼首席执行官

著名运动员

诺瓦克·德约科维奇
Novak Djokovic

职业网球运动员
17 次大满贯单打冠军

迈克·布莱恩
Mike Bryan

职业网球运动员
双打胜绩历史纪录保持者

阿波罗·安东·奥诺
Apolo Anton Ohno

八枚奥运会奖牌得主

著名艺术家

昆西·琼斯
Quincy Jones

音乐制作人
格莱美传奇奖得主

威尔·史密斯
Will Smith

著名演员、歌手
格莱美奖获得者

史蒂夫·青木
Steve Aoki

两次获得格莱美提名的艺术家
青木脑科学与研究基金会创始人

德里克·浩夫
Derek Hough

两项艾美奖得主
六次《与星共舞》冠军

朱莉安·浩夫
Julianne Hough

艾美奖获奖舞蹈家

杰拉德·巴特勒
Gerard Butler

获奖演员兼制片人

娜塔莎·贝丁菲尔德
Natasha Bedingfield

创作型歌手

还有很多人从中获益，包括学生、教师以及其他各行各业的人……

每年有 20 多万人因此突破自我，这次轮到你了！
踏上大脑唤醒之旅，书写人生新的可能……

目录

第一部分
开启平凡大脑的非凡之旅

你曾经有怎样的梦想？这个梦想是否依然镌刻在你的脑海里，就像嵌入你大脑的一块碎片？去做别人不会做的事情，才能过上别人无法过上的生活。在正确的方向上迈出哪怕一小步，都可以彻底改变你最终能够到达的高度。

第二部分
打破充满限制的思维模式

你为了实现梦想做过多酷的事情？创造你想要的生活可能会遭遇一些可怕的事情。但你知道什么更可怕吗？后悔。重新思考你是谁，世界如何运转，你有能力取得怎样的成功，应该得到什么以及你的极限究竟在哪里。

第三部分
创造强大的、可持续的动力

人们说自己缺乏动力的时候，可能正动力十足地躺在床上玩手机，实际上，"我毫无动力"正是在自我催眠。动力要靠行动去争取。我们进行的最艰苦的斗争往往会为我们带来最强劲的力量。它是一个过程，更是一种策略，动力既可控也可创造。

第四部分
学会如何学习

如果知识就是力量，那么学习就是我们的超能力。我们的学习能力取之不尽，用之不竭；我们只需要知道如何使用。一旦开始使用这些经过无数人验证的方法，你就会发现自己根本停不下来，你能释放的能力超乎你的想象。

导　读

上天赐予我们人类最宝贵的礼物是我们的大脑。

大脑让我们能够学习、爱、思考、创造以及体验快乐。大脑是通往情绪的门户，让我们能够深刻地体验生活，与所爱之人白头到老。大脑让我们可以去创造，去成长，去成功。

然而，很少有人意识到，有些非常实用的方法可以强化大脑，增强学习能力。众所周知，通过合理的锻炼和培养良好的饮食习惯可以促进心血管健康，但是鲜有人意识到我们其实也可以大幅强化自己的大脑，借此改善我们的生活。

令人遗憾的是，我们的世界并没有为我们的大脑营造健康的成长环境。吉姆·奎克（Jim Kwik）随后会给我们勾勒一幅路线图，告诉我们如何进入"无限学习、无限可能"的境界。在提升思考能力、专注力、学习能力和成长能力乃至创造无限可能的道路上，奎克认为存在 4 个反派。

一是数字洪流（digital deluge）。在我们的世界中，时间是有限的，每个人的期待又各有不同，信息泛滥，无休无止，这让我们不堪重负、焦虑失眠。我们渴望找到应对之策，重新高效工作，表现优异，找回内心的平静，或者至少表面上能做到这些。

二是数字分心（digital distraction）。"数字多巴胺"带来的快感转瞬即逝，它让我们丧失了集中注意力的能力，这是我们维持亲密关系、进行深度学习或工作时不可或缺的一种能力。最近，我参加了一次讲座，我身边坐着我的一位朋友，我注意到她在短短几分钟内多次拿起手机。我找她要来手机，通过查看监测屏幕使用时间的软件，发现她在一天之内已经使用手机超过 1000 次，收到的通知超过 1000 条，包括短信、来自社交媒体软件的通知、电子邮件、新闻提醒。虽然其中个别内容比较重要，但是总的来说，大部分内容都是无关紧要的，它们会分散我们的注意力，让我们无法专注于眼下最重要的事情。

三是数字痴呆（digital dementia）。记忆好似肌肉，现在人们任由这块肌肉萎缩。大家的口袋里都装着手机这台超级计算机，这确实益处很多，然而我们可以把手机想象成一辆电动自行车，骑起来既有趣又轻松，却不能让我们保持优美的身材。相关研究表明，我们的学习能力越强，我们进行的脑力锻炼越多，我们罹患痴呆症的风险也就越低。在很多情况下，把记忆"外包"给电子产品，受害的往往是我们自己。

最后一个破坏大脑的反派是数字推论（digital deduction）。现在的世界充斥着各种唾手可得的信息，而我们在如何使用信息方面已经误入歧途。很多时候，我们的批判思维和推理都要依赖现代科技。许多结论都是通过网络搜索得来的，我们开始丧失自己做出判断、得出结论的能力。我们永远都不应该让别人代替我们思考，但是我们却纵容各种设备代替我们思考，并且沉醉其中而不自知。

这 4 个数字反派产生的累积效应（cumulative effect）会夺走我们的专注力、注意力和学习能力。最重要的是，它们会夺走我们的思考能力，不仅让我们无法清晰地思考，还会导致大脑疲劳、注意力涣散、学习困难、缺乏幸福感等一系列问题。技术飞速进步既会带来益处，也会造成危害，我们使用科学技术的方式可能会导致大脑负荷过度、记忆丢失、注意力分散和高度依赖设备，这些问题会如传染病般蔓延，让情况变得越来越糟。

　　本书传递的信息是大家亟须了解的。其实我们天生就具有最强大的终极记忆技术，而且保持大脑的健康和活跃无疑是生活中最重要的事情，因为生活中的一切都受它掌控。我们所处的世界是一个被信息洪流淹没的世界，人们总是心不在焉。学习如何过滤数据，学习发展新方法和新技能，无疑是 21 世纪取得成功的必备条件。具备更快、更轻松学习的能力，就能顺利完成生活中的一切事情。这意味着你应该开始像训练自己的身体一样训练自己的大脑。正如你想拥有健康的身体一样，你肯定也想拥有灵活、强大、充满活力的健康大脑。这是吉姆的专长，也是他的谋生之道——他是一位私人大脑教练。

　　前面我提到 4 个反派，你会通过本书学会如何打败这些反派，突破限制。吉姆说过，成就非凡人生的关键在于突破限制。他用自己的无限可能模式（Limitless Model）成功地实现了人生的转型与飞跃。如果你正在苦苦努力，想在某个领域取得成绩，你首先要思考一个问题：什么限制了我？通常情况下，你在思维模式、内在动力或方法方式方面受到自我限制。我们总认为自己很难突破自身的障碍，实情恰恰与之相反，一切尽在我们的掌握之中，我们可以随时克服这些障碍。

　　如果我们的思维模式无法与我们的愿望或目标匹配，那么我们就永远无法美梦成真。你面对的束缚与限制可能来自很多方面，包括信念、往事、根深蒂固的想法、态度、关于自己的设想、对于可能性的判断等，发现到底是什么限制了你至关重要。创造无限可能的第一步就是检查、挖掘并且根除自我设限。我的母亲告诉我，我可以尝试任何事情，因为我很聪明，能力很强，我尝试做的任何事情都能做到最好。这个信念深植于我的脑海之中，帮助我取得了超乎想象的成功。我也认为夫妻感情会出现波折，会充满痛苦和戏剧性，因为我目睹了父母的离婚和再婚，我花了将近 50 年的时间才抹去这些事情带来的负面影响，并在我的婚姻里收获了真正的幸福。

　　创造无限可能的第二步就是找到你的动力。吉姆概述了激发人生动力的 3

个关键要素。一是你的目的。搞清楚为何努力非常重要。比如，你想要比同龄人显得年轻，虽然健身并非你的喜好，但是你依旧投身其中，努力使身体变得更强壮，因为这样可以冲散生活中的不愉快。

二是有能力做你想做的事情。这需要能量，而能量也需要相应的能量管理（energy management）。要想实现目标，你必须具有与身体效能（human performance）相关的科学知识，你要食用营养丰富的食物，积极锻炼身体，管控压力，保持高质量的睡眠，掌握沟通技巧，建立健康的恋爱关系，远离恶性的恋爱关系。此外，你设置的任务必须是能轻松完成的，通过一小步一小步的累积，最终获得成功。用牙线清洁一颗牙齿，读一页书，做一个俯卧撑，冥想一分钟，完成这些事情都能增强你的信心，最终使你迈向更大的成功。

创造无限可能的最后一步是遵循正确的方法。我们目前学习及掌握的依旧是 19 世纪和 20 世纪的学习方法，并且试图让它们在 21 世纪发挥作用。本书让我们了解到，实现任何目标，我们都可以依赖 5 种关键方法：专注、学习、增强记忆力、快速阅读、批判性思维。本书介绍的这 5 种方法能让我们驾驭自己的思维模式和动力，更轻松、高效地实现梦想。

吉姆对所谓的"极限"并不陌生。在孩提时代，他的头部受到创伤，损害了其注意力、专注度和学习能力，那时一位缺乏同情心的老师指着他说："这个孩子的脑子坏掉了。"终其一生，吉姆都在学习如何治愈曾经的创伤，努力将自己面临的挑战化为学习时的超能力。其实，我们每个人都存在或多或少的脑损伤，本书是治愈我们大脑的一剂良药，可以让我们重新架构束缚自己的想法，让生活达到新的高度。学会学习就像掌握了终极武器，我们可以由此掌握任何技能、培养任何能力——教我们学习正是本书的目标。

为了实现这一目标，吉姆·奎克在书中提供了详尽的路线图。对大部分人而言，高效的学习能力并非与生俱来的，在本书中，吉姆将他毕生所学倾囊相授。过去 30 年，吉姆的合作对象包括学生、教师等各行各业的人。他也曾为世界上许多先进的教育系统提供服务，用自己的方式培训教育工作者、管理人员和学生。他的教学工作行之有效，令人受益匪浅。

　　没有哪种药物能够让人一步登天，成为天才。要想成为天才，必须经历一个过程，阅读本书，你便能感受这一过程。本书为你勾勒了一幅升级大脑的美好蓝图，不仅让你学会更快、更好、更有效地学习，也让你学会通过合理膳食、进补、锻炼、冥想、睡眠等手段从生理层面治愈和保养大脑，促进新的脑细胞生成，增强脑细胞之间的联系。

　　如果你目前的思维模式、内在动机和方法方式限制了你，让你无法具备实现梦想的能力，那么这本书非常适合你，它就像一本操作手册，指引你拥有更聪慧的大脑，迈向更美好、更光明、更辉煌的未来。阅读本书，你的学习和生活将开启全新的篇章。

——医学博士马克·海曼（Mark Hyman）

美国克利夫兰医学中心 功能医学中心 主任

其作品 12 次登上《纽约时报》畅销书排行榜

2019 年 12 月

MICHELLE PHAN

米歇尔·潘

美妆达人

在孩童时代，我们可以自由自在地发挥想象力，甚至会相信魔法是真实存在的。小时候，我觉得自己有超能力。

LIMITLESS

引　言

如果你手握神灯，精灵可以满足你的一个愿望，那么你会许下怎样的愿望？

当然是获得不限次数的许愿机会啦！

现在，想象一下我就是你在学习中的精灵，我可以满足你一个关于学习的愿望，教会你任何一个科目或一项技能。你想要学什么？搞懂哪个学科或学会哪项技能就相当于得到了不限次数的许愿机会呢？

学会如何学习，没错吧？

如果你学会更聪明、更迅速、更出色地学习，就可以将这种能力应用到任何领域之中。你可以学会控制自己的思维模式、学习动力，还可以使用这种方法学会说普通话，学习市场营销、音乐、武术、数学等学科知识。这种能力不会因为领域的不同而受到限制。你可以成为脑力超级英雄。一切皆有可能，因为你已经突破了极限，将有无限可能。

我希望你读完本书之后，能实现这个愿望，这也是我写作本书时肩负的使命。首先，我想说我非常尊敬也非常钦佩你。花钱买下这本书并开始阅读，与那些安于现状、自我设限的人相比，你已经遥遥领先了。有这么一小群人，他们不仅希望生活更加出彩，更愿意付出努力去争取成功，你就是他们中的一员。

换句话说，你就是我们故事的主角，你已经响应了这次冒险旅程的召唤。我相信我们一同踏上的这次终极冒险之旅不仅可以挖掘并开发我们所有的潜能，还会激励其他人也踏上这段征途。

我不知道此前你有过怎样的经历，才促使你拿起了这本书。我猜测在此前的人生旅途中，至少有时你会接受别人或你自己施加给你的限制。这些限制可能包括：你的阅读速度不够快，无法获取你需要的所有信息；你的头脑不够敏锐，无法在工作中取得成功；你缺乏动力，无法完成任务；抑或是你缺乏活力，无法达成自己的目标。诸如此类，不胜枚举。

本书最根本的目的是帮助你实现突破，让你不再迷茫：我们从父母、电视节目、各种媒体以及市场宣传中接收到了太多的谎言，它们仿佛是一场集体催眠，说我们能力有限。不知何故，仿佛我们就是不够优秀，不能有所成就，不能大胆尝试，不能追求完美，不能发明创造，不能做出贡献。

如果你相信你的能力存在上限，这会阻碍你实现最远大的梦想。但是，我保证，你的任何信念都无法真正禁锢真实的自我。每个人的体内都有巨大的潜能，我们的力量、智力和专注度都可以显著提升，激活这些超能力的关键就在于释放自我，突破极限。

我从事这项工作已经超过 25 年，我的合作伙伴来自各个年龄段、国家和种族，处于不同的社会经济阶层，拥有不同的教育背景。我发现无论一个人来自何方，面对怎样的挑战，他体内永远存在令人难以置信的潜能，等待着被发掘。所有人，无论年龄几何，背景怎样，接受过何种教育，是男是女，此前有怎样的人生经历，都能够超越此前对自己的认知，超越自己给自己预设的上限。读者朋友，你也一样。让我们携手合作，把你此前给自己预设的极限抛在脑后。

在本书中，我经常会提到超级英雄和超能力。这是为什么？首先是因为我对超级英雄和超能力特别着迷。孩童时代，我的大脑遭受过损伤。在学习方面遇到困难时，我会扎进漫画书和电影中逃避现实。在我痛苦挣扎的岁月里，它们激励了我。我意识到，我喜欢的那些漫画书和电影，都有一个共同的模式，那就是"英雄之旅"。约瑟夫·坎贝尔（Joseph Campbell）认为这是一种经典的剧情结构，它几乎适用于所有著名的冒险故事，比如《绿野仙踪》（*The Wizard of Oz*）、《星球大战》（*Star Wars*）、《哈利·波特》（*Harry Potter*）、《美食、祈祷和恋爱》（*Eat, Pray, Love*）、《饥饿游戏》（*The Hunger Games*）、《指环王》（*The Lord of the Rings*）、《爱丽丝梦游仙境》（*Alice in Wonderland*）、《黑客帝国》（*The Matrix*），等等。

回想一下你最喜欢的故事，或者我刚才提到的电影及图书，下面这个情节你熟悉吗？主人公（比如哈利·波特）最初身处平凡的世界，一个他非常熟悉的世界。随后，主人公听到了冒险的召唤。他有不同的选择：可以选择无视召唤，继续待在原来平凡的世界，一切如常；或者选择响应，进入未知的全新世界。如果响应召唤（比如在《黑客帝国》中，尼奥选择服下红色药丸），主人公会遇到他们的向导或导师（比如《龙威小子》中的宫城先生），接受训练，以便做好准备去克服困难，取得新的成就。主人公会拥有新的力量，掌握新的技能，用前所未有的方式利用他们现有的能力。主人公超越了此前自己预想的能力上限，进入全新的境界，然后他们将面临终极考验。最终，主人公会回归平凡的世界（比如桃乐茜回到了堪萨斯州），却是带着冒险给予他们的恩赐满载而归，他们会从冒险中获得财富、情感、力量、清晰的头脑以及智慧。主人公会与其他人分享自己的所学所得。

"英雄之旅"的故事结构非常完美，可以给你的人生平添几分力量，让你更加坚定心中的目标。而在本书中，你就是主人公，你就是超级英雄。

我始终认为，人的潜能是世界上少数取之不尽、用之不竭的资源之一。大部分资源都是有限的，但是人类的思维是终极超能力，我们的创造力、想象力、决断力，或者我们的思考能力、推理能力以及学习能力都是没有极限的。然而，我们的潜能也是最少得到开发利用的资源之一。

每个人都可以成为自己生活的主人公，我们的潜能犹如一口深井，即便每天从井里汲水，它也永远不会干涸。但极少有人这样生活。这也是我撰写本书的原因。我想让你意识到，无论你身在何方，有过何种经历，你都可以充分释放自我潜能，摆脱限制，走向自由。这种意识的觉醒可能是你从平凡世界迈向非凡世界所需的唯一外力。

本书能为你唤醒这种意识，带来这股外力。你能从字里行间获得一系列实用的方法，挣脱脑海中为自己预设的限制。你可以学到如何突破你的动力极限。你可以学到如何突破记忆力、专注力和日常习惯的极限。如果我是你的英雄之旅的导师，那么这本书就是你的地图，帮助你驾驭你的思维模式、内在动力和学习方法。一旦你能够驾驭它们，你就能创造无限可能。

通往全新世界的大门就在眼前，你知道门的那边等待你的是什么。推开这扇门吧。

Jim Kwik

吉姆·奎克

如果鸡蛋被外力打碎，那是生命的结束；
如果鸡蛋被内力打破，那是生命的开始。
奇迹的开端永远在事物内部。

LIMITLESS

第一部分

开启平凡大脑的非凡之旅

你曾经有怎样的梦想？这个梦想是否依然镌刻在你的脑海里，就像嵌入你大脑的一块碎片？去做别人不会做的事情，才能过上别人无法过上的生活。在正确的方向上迈出哪怕一小步，都可以彻底改变你最终能够到达的高度。

J. K. Rowling

J. K. 罗琳

著名作家

改变我们的世界根本不需要什么魔法，
只需要充分发挥我们内在的力量。

LIMITLESS

人类大脑可以突破任何极限

"我太傻了。"

"我没弄懂。"

"我太笨了，学不会。"

我们从小到大一直会说这些口头禅。曾几何时，我每天都会告诉自己，我太迟钝了，我太笨了，我永远也学不会如何读书，更别说如何生活了。如果有一种药丸能给我的大脑充电，我吃下它后就会变得更聪明，就像布拉德利·库珀（Bradley Cooper）主演的电影《永无止境》（*Limitless*）里的情节一样，那么我会不惜一切代价吞下一颗。

我相信很多人与我一样，对自己抱有同样的看法。如果你问我小时候的老师，他们中的很多人会告诉你，他们绝对想不到我能写出这样一本书。当时，如果我能顺畅地阅读，他们都会惊掉下巴，更别说要我写书了。

一切都源于我上幼儿园时的一次意外，它彻底改变了我的人生轨迹。那天我在上课，窗外突然警铃大作。教室里的每个人都听到了，老师望向窗外，说她看到了消防车，全班同学以幼儿园小朋友的方式对这个信息做出了反应：迅速地冲到窗前。我特别兴奋，因为那时我已经迷上了超级英雄（现在依旧痴迷），对我来说，消防员是现实生活中我认识的最接近超级英雄的人。

我的个子不够高，看不到楼下的消防车。有个同学搬来了椅子，然后他站在上面往下看，其他人纷纷效仿。我跑回我的桌前，搬来了椅子，把它推到窗户下面，紧贴着窗下巨大的铁质暖气片。我站在椅子上，看到了消防员，这让我又惊又喜。太令人兴奋了！这些英雄们英勇无比，他们穿的制服似乎坚不可摧，他们乘坐鲜红的消防车出入火场，他们的表现让我目瞪口呆。

随后，有个同学从下面抽动了我的椅子，这让我的身体失去了平衡，我头朝下栽到了暖气片上，顿时鲜血直流。老师急忙把我送到医院，医生为我处理了伤口。事后，他们没有对我的母亲隐瞒我的伤情，说我的大脑受到的损伤绝不是轻伤。

母亲说受伤后的我与之前判若两人。受伤之前，我是一个充满活力、自信和好奇心的孩子，而受伤之后，我的内心仿佛与世隔绝，在学习中遇到了前所未有的障碍。我发现，对我来说，集中注意力是一件极其困难的事情，我无法专心致志地做事，记忆力也变得极差，有些言寻忘筌。如你所想，对我来说，上学成了一种煎熬。老师们会不断地给我重复所讲的内容，最后我也只是假装理解，免得他们再费口舌。其他同学在学习阅读的时候，我却不认识那些单词。你记得学生时代的课堂活动吗？大家围坐成一圈，传阅书本，朗读其中的片段。对我来说，那是最糟糕的时刻。我如坐针毡地等待，看着传阅的书本逐渐逼近。轮到我时，我望着书中的内容，一个单词都不认识，我觉得这也是当初我对在公众场合演讲极度恐惧的原因。此后，我花了 3 年的时间才学会阅读。在很长一段时间里，对我来说，读书就是在与困难做斗争，还是一场艰苦卓绝的战斗。

如果不是因为我在漫画书中"遇到"的那些超级英雄，我都不确定自己能否学会阅读。普通的书根本吸引不了我的注意力，但是我对漫画的迷恋驱使我不断地强迫自己去阅读，直到可以读懂超级英雄的故事，而不是等别人读给我听。我会在深夜躲进被子里用手电筒照明看漫画书。这些故事给了我希望，哪怕遇到再大的困难，我也能克服它们。

从小到大，我最喜欢的超级英雄是 X 战警，并不是因为他们是最强大的，而是因为他们是一群被误解的超级英雄，并且与众不同。我觉得我们之间有种共鸣。他们是变种人，与社会格格不入，不理解他们的人会对他们敬而远之。我也有相同的经历，只不过我没有超能力。社会排斥 X 战警，我也遭人排斥。我觉得我和他们是同一类人。

我在位于纽约市郊区的韦斯特切斯特县（Westchester County）长大。有天晚上，我兴奋地发现，漫画书里 X 教授的天才少年学校（School for Gifted Youngsters）就在我家附近。9 岁的时候，几乎每个周末，我都会骑自行车在我家附近寻找那所学校。我对漫画的着迷近乎痴狂。那时的我觉得，如果能找到天才少年学校，我一定要进入那所学校学习，因为那所学校会为与众不同的孩子提供安全的庇护所，那样我就能在学校里发掘和提升自己的超能力了。

脑子坏掉的孩子

现实世界并没有漫画书里那么友善。我的祖母此前一直与我们住在一起，帮助父母抚养我长大。那时候，她开始出现阿尔茨海默症的早期征兆。眼睁睁地看着你爱的人失去思维能力和记忆，这种痛苦难以言表。那种感觉就像我们要一次又一次地失去她，直至她过世。那时候，她是我的全世界，所以后来我极其热衷于改善大脑健康以及让大脑变得更加灵活，当然，那时我自己也遇到了学习障碍。

在学校里，我总是被欺负和取笑，不仅是在操场上，在教室里也是如此。我记得有一天，一位老师因为我没听懂课程内容而沮丧万分，她指着我说："这个孩子的脑子坏掉了。"当我意识到如果她是这么看我的，那么其他人可能也是如此时，我几乎崩溃了。

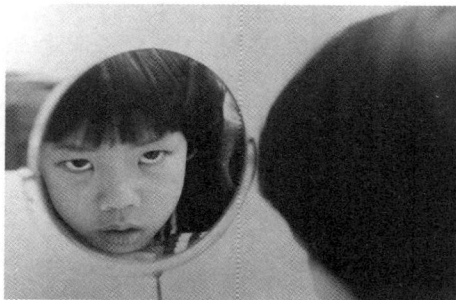

当你给某人或某事贴标签时，你便在无形中为某人或某事设置了极限，那个标签就是你设置的极限。作为成年人，一定要对自己说出口的话谨慎小心，因为这些话很快会成为孩子内心的想法。这就是我在那一刻的感受。每当我在学习上遇到困难、测验成绩不佳、体育课上没有同学愿意跟我组队，或者是在某个方面远远落后于其他同学时，我就会告诉自己，这是因为我的脑子坏了。我怎么能指望自己与别人有一样的表现呢？毕竟我受过伤。我的脑子不如别人转得快。即使我比其他同学更加刻苦地学习，我的分数也与我的付出不成正比。

我非常执着，不愿意放弃，挣扎着没有留级，但是我的成绩与优秀相差很远。虽然几个非常有学习天赋的朋友帮助了我，让我在数学上有所进步，但是其他大部分学科，特别是英语、阅读、外语和音乐，我的成绩都非常糟糕。上高中一年级的时候，我的成绩越来越差，英语险些不及格。我的父母找英语老师讨论我需要怎样做才能取得及格的成绩，以便升入二年级。

老师给我设置了一个加分项目，我需要撰写一份报告，对比两位天才的生活和成就，他们是列奥纳多·达·芬奇（Leonardo da Vinci）和阿尔伯特·爱因斯坦（Albert Einstein）。她告诉我，如果我能高质量地完成这份报告，她便会确保我的英语成绩及格。

我认为这是一个千载难逢的机会，我的高中生涯开局比较艰难，这就像让我可以有机会按下按钮重启高中生活一般。我必须倾尽所能，努力写出一份最棒的报告。放学后，我泡在图书馆里，一待就是好几个小时。在写报告的同时，我也竭尽所能地去了解这两位才华横溢的智者，了解他们的一切。非常有趣的是，在研究过程中，我总能看到有人提到阿尔伯特·爱因斯坦和列奥纳多·达·芬奇都在与所谓的学习困难做斗争。

整个报告的撰写过程持续了几周，我把写成的报告打印了出来。我为自己能写出这样一份报告感到骄傲，我非常专业地把报告装订了起来。这份报告是我的一份声明，我要以这样的方式向全世界宣布，我有能力做好一件事。

到了该上交报告的那一天，我把它放在书包里，一想到要交给老师这样一份报告，我就非常兴奋，而一想到她看到我报告之后会有的反应，我不禁更加兴奋。我打算下课时把报告交给老师，所以一整节课，虽然我的人坐在那里，想努力集中注意力，但我的思绪总会飘到我向老师呈交报告的那一刻，我希望看到老师脸上浮现欣慰的表情。

但是老师的做法让我有些猝不及防。大约课程进行到一半的时候，老师结束了她的授课，告诉同学们她有个惊喜要送给大家。她说我一直在写一份报告，以便获得额外的学分，她希望我能够向全班做报告，就在课堂上，就在当时。

平时我在学校里总是尽量降低自己的存在感，这样老师就不会在课堂上提问我。如果你是那个脑子坏掉的学生，你会觉得自己没有什么东西值得与大家分享。我非常害羞，不喜欢引人注目。那时我的超能力应该就是隐身。让我在公共场合讲话，还不如让我去死。

我绝对没有夸大其词，如果当时给我接上心脏监护仪，可能我的心跳快得连机器都测不出来。更严重的是，我几乎无法呼吸。我根本不可能站在大家面前，与他们谈论我撰写的报告。所以，我当时选择了我认为唯一可行的办法。

"很……抱歉，我……没有写报告。"我结结巴巴地说。虽然只有短短两句，但我说得万分艰难。

老师的脸上写满了失望，这与我此前幻想的表情截然不同，那种深深的失望让我心碎。但是她想让我做的事情我真的做不到。下课后，大家都离开了，我把报告扔进了垃圾桶。我觉得我的自尊和对自己价值的认识，也有大半随着报告跌入了垃圾桶中。

你比想象中更接近目标

说来也怪，尽管我在校学习期间遇到了种种困难，但最终我还是勉强考上了一所当地的大学。本以为作为一名大一新生，我有机会重新开始，这也是我最后的一次机会。我曾梦想让我的家人以我为傲，向全世界，更重要的是向自己展示我有获得成功的潜力。我进入了一个全新的环境，大学教授的授课方式与高中老师不同，加之这里没有人对我有先入为主的看法，我开始奋发努力，但是我的课堂表现比高中时还差。

几个月后，我不得不面对现实：继续浪费时间和学费毫无意义，我准备退学。我把我的打算告诉了一位朋友，他建议我在做决定之前，与他一起去拜访一下他的家人，共度周末。他觉得带我离开校园，或许能让我换个角度看问题。我们到了他家，他的父亲在晚餐之前带我参观了他们的家。参观的时候，他问我在学校过得怎么样。对我来说，我不希望任何人问我这个问题。我相信我的反应让他目瞪口呆。我突然哭了出来，不是那种强忍泪水的哭泣，而是直截了当地号啕大哭。我看得出我的反应让他大吃一惊，但是他的无心一问却摧毁了我心里的堤坝，无数被压抑的情绪决堤而出。

我给他讲了"脑子坏掉的孩子"的故事，他耐心地倾听。我说完之后，他直视着我的眼睛。

"吉姆，你为什么去上学？"他问道，"你想要成为怎样的人？你将来想做什么？你将来想得到什么？你将来想与别人分享什么？"

一时之间，我想不到答案，因为此前从来没有人问过我这些问题，但我觉得我似乎应该马上给出答案。我准备开口，他阻止了我，然后他从口袋里的日记本上撕下几页纸，让我把答案写在纸上（在本书中，我也会给大家展示怎样通过提出问题提升学习和做其他事情的速度）。

在接下来的几分钟里，我列了一份清单作为答案。完成之后，我叠好纸，准备把这几页纸放到我的口袋里。说时迟，那时快，朋友的父亲从我的手中抢走了它们。我吓了一跳，因为我觉得没有人会读我写的东西，更何况是个初次见面的陌生人。他打开了那几页纸，认真地看了起来，但这对我来说是一种煎熬。

虽然实际上应该只有一两分钟，但是我觉得他似乎花了几个小时才读完我写的答案。读完后，他说，"你距离这份清单上的每件事情也就差这么一点距离了"，他用左右手食指比画出大约 1 英尺的距离。

我觉得他的话简直是无稽之谈。我告诉他，就算我能活十辈子，也不可能做到这份清单里的事情。但他随后又伸出两根食指，食指间的距离没有改变，他只是把两根手指分别放在我的脑袋两侧。他之前说的距离，实际上是我脑袋的宽度。

他对我说："这才是关键问题。跟我来，我给你看些东西。"

---

① 1 英尺 ≈ 30.48 厘米。

我们走回屋内，他带我去了一个此前我们没去过的房间。房间里到处都是书，靠墙的书柜里、地板上，堆满了书。要知道，在那个时候，我并不喜欢读书。在我看来，满屋堆叠的书就像蜿蜒盘踞的蛇。更让我害怕的是，他从书架上拿下那些"蛇"，然后递给我。我看了一下书名，发现都是些名人传记，这些名人有男有女，生活在各个历史时期。还有些早期讨论个人成长的书，比如《大思想的神奇》(*The Magic of Thinking Big*)、《正面思考的力量》(*The Power of Positive Thinking*)、《思考致富》(*Think and Grow Rich*)。

"吉姆，我希望你每周能从这些书里挑一本阅读。"

跃入我脑海的第一个想法是："我讲我经历的时候，你用心听了吗？"当然，我没有大声说出来，我回答道："我不知道我怎样才能办到。阅读对我来说绝非易事，而且我还有很多作业要做。"

他举起手指，说"不要让学校成为你受教育道路上的绊脚石"(Don't let school interfere with your education)。后来，我得知他这句话转述自马克·吐温(Mark Twain)的名言。

我说："你瞧，我知道读这些书很有益处，但是我不想做任何我不能兑现的承诺。"

他稍稍停顿了一下，然后把手伸进口袋，拿出我的梦想清单，开始大声朗读上面的内容。

听到另外一个人的声音在朗读我的梦想，我的思绪乃至灵魂都陷入了极度混乱之中。说实话，清单上的许多事情是我想为家人做的——是我的父母可能永远负担不起或者即使负担得起也永远不会为自己做的事情。朋友的父亲大声读给我听，我深受感动，我从来没有想过这种方式会让我如此动情。朗读声深深地激发了我的动力，使我明确了目标。他读完清单后，我告诉他我会按照他的建议读书，尽管我打心底里不知道如何完成这一壮举。

提出正确的问题

周末结束了，我带着好友的父亲给我的书回到了学校。现在，我的桌子上放着两摞书：一摞是因为课程需要读的书，另一摞是我答应好友的父亲要读的书。我答应他我要读的书的数量一直刻在我的脑海里。对我来说，读书一直都是一种负担，面对堆积如山的图书，我该如何着手呢？阅读课程需要的书目，我已经有些力不从心，现在又需要额外阅读这么多书，我该怎么办？读书的时间从何而来？此后，我废寝忘食，不仅放弃了看电视，也告别了社交活动，放弃了锻炼。可以这么说，我几乎以图书馆为家。直到一天晚上，我筋疲力尽，晕倒在地，从一段楼梯的台阶上摔落，头部再次受伤。

两天之后，我在医院的病床上苏醒过来。当时我以为自己已经死了，可能是因为我有时会有一死了之的念头。那是我人生中一段低谷期，我日渐消瘦，体重一度降到 117 磅（约合 53 千克）。我甚至因为脱水需要去医院输液。

尽管痛苦万分，但是我对自己说："一定能找到更好的办法。"就在那一刻，一位护士走进我的病房，拿着一杯茶，茶杯上印着爱因斯坦的照片。我过去写读书报告的时候，正是爱因斯坦的故事激励我进行深入的调查研究。他的照片旁印着他的一句话："解决问题的意识层次必须高于提出问题的意识层次。"

就在那时，我突然意识到：也许我提出的问题方向是错误的。我开始思考：到底哪里出了问题？我的学习速度很慢，这点我非常清楚。但是这么多年来我看待这个问题的方式一直没有改变。我意识到，我克服学习困难的方法是自己加倍努力，这是别人教给我的。可是，如果我能通过自学掌握更好的学习方法呢？如果我能以更高效、更快乐的方式学习呢？如果我能掌握方法，让学习提速呢？

那一刻，我下定决心，要找到这条属于自己的道路。因为有了这样的决心，我的思维模式也随之转变。

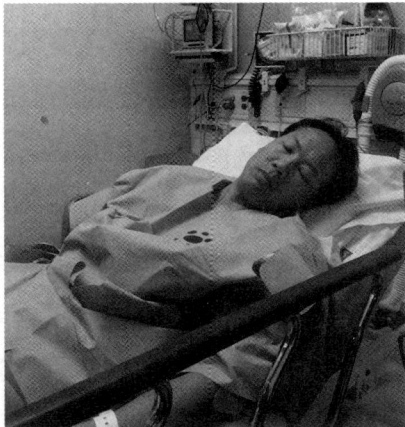

我向护士要了一份学校的课程公告，一页一页地翻看。翻了几百页之后，我发现所有的课程都在教大家学什么，比如学习西班牙语、历史、数学、科学，但是没有课程教学生怎么学。

学习如何学习

出院的时候，我对"学习如何学习"这个想法痴迷不已。我把自己的学习放在一边，把精力集中在导师给我的书上。我将额外的精力放在我自己挑选的书上，它们涉及成人学习理论、多元智能理论（multiple intelligence theory）、神经科学、个人成长、教育心理学、快速阅读，甚至古代记忆法。因为我想了解在印刷媒介和计算机这样的外部存储介质出现之前，古老的文明是如何让知识流传下来的。我沉醉其中，想解开一个谜团：我的大脑是如何工作的。这样，我才能让大脑充分运转。

我彻底沉浸在自己的独立研究之中，几个月后，我忽然觉得眼前一亮。我集中注意力的能力变强了，专注度提升了，不再那么容易分心了。因此，我能够理解新的概念，并且回忆几周前学习的信息也不再困难。我的活力和好奇心也提升了一个层次。现在我阅读信息、理解信息的时间，较之过去大大缩短，这是我人生中第一次有这样的经历。我发现自己有了新的能力，这让我变得自信了，此前我从来没有感受到如此自信。我的日常生活也发生了变化，我的思路变得非常清晰，我知道为了让自己继续进步我应该做什么。我能体会到自己充满动力，而且这种动力源源不断。正因为有了这样的学习成果，我转变了思维模式，开始相信一切皆有可能。

当然，我也很懊恼。在我看来，如果学校的老师能教授元学习（meta learning），即学会如何学习的关键方法，那么这些年来我所经历的自我怀疑和种种痛苦完全可以避免。我记得老师不断告诉我，我要加倍努力，才能学习和集中精力。让小孩子"集中注意力"就好比让他们弹四弦琴，如果没有人教他们，这对他们来说难如登天。

英雄之旅的磨炼部分结束之后，我急切地想与他人分享我学到的知识，分享我的宝藏。我开始教其他学生这些方法，期间我的人生也有了很大的变化。我的学生里有名新生，她想学习更快速地阅读，提升理解力，并且牢记她所学的内容。她学习非常刻苦，最终达成了自己定下的 30 天读完 30 本书的目标。我当然知道她是怎么做到的，因为方法是我教给她的，而这一方法我会在本书第 14 章中教给大家。但是我想知道她为什么会设定这样的目标。后来，我了解到她的动力来自她的母亲，她的母亲罹患癌症，而且已经到了晚期，她决心通过学习与健康、保健、医学有关的知识，拯救自己的母亲。几个月后，她给我打电话，通话中她流下了高兴的泪水，她告诉我她母亲的病情正在逐步好转。

在那一刻，我意识到，如果知识就是力量，那么学习就是我们的超能力。我们的学习能力取之不尽，用之不竭，我们只需要知道如何使用它。看到这位新生的生活轨迹发生了变化，我有了新的目标，找到了自己人生的使命：把我的思维方式、内在动力以及方法方式传授给他人，帮助大家升级大脑，更快速地学习，这样，别人也能解锁他们的非凡人生。

在 20 多年的时间里，我开发了一整套方法来强化学习能力，这套方法是可靠的、经过反复验证的，也是非常实用的，本书收录了其中的很多方法。我不仅兑现了当初向好友的父亲许下的承诺——每周阅读一本书，而且我更进一步，去服务、帮助其他人，我的帮助对象从那些被贴上"学习困难户"标签的孩子到面临大脑老化问题的老年人。为了纪念我的祖母，我的团队积极支持阿尔茨海默症的研究。我们相信，教育是每个孩子与生俱来的权利，我们出资在危地马拉、肯尼亚等国家兴建学校，通过慈善机构为贫困地区的孩子提供医疗服务、清洁的饮水和教育服务。我们的使命就是打造更出色、更聪明的大脑，不让一个大脑掉队。

我已经把这些技巧传授给了其他人，取得的成果振奋人心。每年我会给超过 15 万名观众做现场演讲，他们来自你能想到的各个领域；我还是许多顶尖运动员和娱乐圈名人的大脑教练；我负责许多世界知名企业和大学的培训与教学工作；同时我也领导着一个大型的在线加速学习平台，学生遍布 190 多个国家；我还主持了一档顶尖的教育播客节目，名字叫《奎克大脑》（Kwik Brain），下载量已经达到数千万，我的教学视频点击量高达数亿。我把过去多年来自己总结的经验教训、收获的实用建议都融入了这本书中。另外，我们的节目中曾经邀请到许多专家，他们的智慧和观点在本书亦有所体现。

说了这么多，是因为我毕生致力于研究和教授这门科学，我知道本书内容的重要性，而更重要的是，我了解你的大脑蕴含的潜力。

找到 X 教授的天才少年学校

寻找 X 教授的天才少年学校的故事有了一个非常偶然的结局。如前所述，我会定期为许多公司的首席执行官和他们的团队进行大脑训练。几年前，时任二十世纪福克斯（20th Century Fox）电影公司首席执行官兼董事长的吉姆·吉安罗普洛斯（Jim Gianopulos）邀请我为他的高管团队进行一次培训。在一个周五的早上，我去了摄影棚，和公司的高级别员工共度了数小时的时光。他们很喜欢我的课程，并且很快接受了我传授的技术。

培训结束后，吉安罗普洛斯走过来对我说："太不可思议了，这是我们举办过的最好的培训课程之一。"当然，听到他的评价，我很高兴，谁不喜欢积极地反馈信息呢？后来，在参观停车场的过程中，我的目光落在了一张《金刚狼》的电影海报上，这部电影定于当年晚些时候上映。我指着海报说："我迫不及待地想看这部电影，我可是 X 战警的铁杆粉丝。"

"你喜欢超级英雄？"吉安罗普洛斯问我。

"我爱死他们了。X 战警在我的生活中发挥了关键作用。"随后，我讲了自己童年脑部受伤的事情，又讲了漫画书是如何帮助我学习阅读的，还讲了我寻找 X 教授的天才少年学校的故事。

他笑着冲我说："我们下一部 X 战警的电影正在拍摄中，就在蒙特利尔，还要拍 30 天。你和我一起去片场，在那儿待上一周如何？和你合作，演员们肯定会非常开心。"

我没有理由拒绝这个邀请。此前我从没有到过电影片场，而且这可不是普通的电影片场，这是 X 战警电影的拍摄现场。

第二天早上，我们坐上了他们称之为 X 号的飞机，乘客中包含大部分饰演变种人的演员，我的两旁坐着詹妮弗·劳伦斯（Jennifer Lawrence）和哈莉·贝瑞（Halle Berry）。这简直是我人生中最棒的一天。

在飞机上，包括随后在片场的一周时间，针对如何快速阅读剧本和记住台词，我与这些出类拔萃的演员和剧组人员分享了我的用脑诀窍。令我兴奋的是，我观看他们拍摄的第一场戏就在 X 教授的天才少年学校里，就是我孩童时代日复一日冥思苦想和苦苦寻找的地方。对我来说，这是如梦似幻的一刻。你曾经有怎样的梦想？这个梦想是否依然镌刻在你的脑海里，就像嵌入你大脑的一块碎片？想象它生动的细节，让画面清晰、具体。你感到双手似乎可以触摸到它，你相信有一天它终会实现，然后你每天要为之努力。

如果我说这还不是故事最精彩的地方，你是否会感到惊讶？从这次的片场之旅回家后，我发现一个包裹正静静地等着我。它很大，和一台大型平板电视的尺寸相当。我打开包装，抽出一个巨大的相框，相框里镶嵌的是我和 X 战警全体演员的合照，照片上还附着董事长吉安罗普洛斯的留言。

> 吉姆，非常感谢你和我们分享你的超能力。我知道你从小就在寻找愿意接纳你的超级英雄学校。这是你与全班同学的合照。

一起突破极限

unlimiting

un·lim·it·ing（名词）

抛弃对自己潜力不准确的、局限性的看法，转而接受现实的行为或过程，只要具备正确的思维模式、动力和方法，你的大脑就没有上限。

在我人生的大部分时间里，我都在给自己预设上限，然后被这些限制牵着鼻子走。孩童时代，我的头部受过重伤，因此我认为我的未来会黯淡无光，只能接受坎坷的生命历程。但是因为有贵人相助，我发现曾经给自己预设的上限其实并非我的极限，那是我需要克服的障碍、我需要抛诸脑后的束缚。当我克服了障碍、忘却了束缚后，我每天的所学所得再也没有极限，它们是无穷无尽的。

突破极限并不仅仅意味着你可以加快学习速度、快速阅读和拥有令人难以置信的记忆力。没错，你不仅可以具备这些能力，还能拥有许多其他能力。然而，突破极限并不意味着臻于完美，它的真正内涵是让你在当前力所能及的程度更进一步。家庭背景、文化背景和生活经历会对你产生影响，你会受其限制，但你完全可以冲破它们的禁锢。这些限制只是暂时的障碍，你可以学着克服它们。在与大家交流、合作的这些年里，我发现大多数人会为了迁就眼前的现实，而给自己的梦想设置限制，甚至让自己的梦想缩水。

我们总是试图说服自己，我们所处的环境、我们业已接受的观点、我们所走的道路决定了我们是谁，而且永远不会改变，只能如此。其实还有另一个选择。通过学习，我们可以解开思维模式、内在动力以及方法方式的束缚，让它们无限拓展，创造无限可能的生活。做别人不会做的事情，才能过上别人无法过上的生活。通过阅读本书，你会迈出坚实的一步。请记住，在正确的方向上迈出哪怕一小步，都可以彻底改变你最终能够到达的高度。

当你迈开脚步，踏上"英雄之旅"的时候，最关键的是要有一张属于你的路线图、一种助你走向成功的模式。有了这两样东西，你可以经受任何试炼，征服任何恶龙。下面就是我为你准备的通向成功的无限可能模式。

无限可能模式

我写这本书就是想向你证明，你可以通过学习成为任何你想成为的人，做任何你想做的事，拥有和分享任何东西，没有任何约束。如果你没有在学习和生活中充分发挥潜能，如果你现在的生活和你想要的生活存在差距，解决的方法是：在下述三个方面突破极限或设置更高的极限。

- 思维模式的极限——你对自己、自己的能力、应该得到的东西、可能取得的成功缺乏信心。

- 内在动力的极限——你缺乏采取行动的动力、目的和活力。
- 方法方式的极限——你接受的教育和采取行动的步骤并不能有效地带来你想要的结果。

无限可能模式

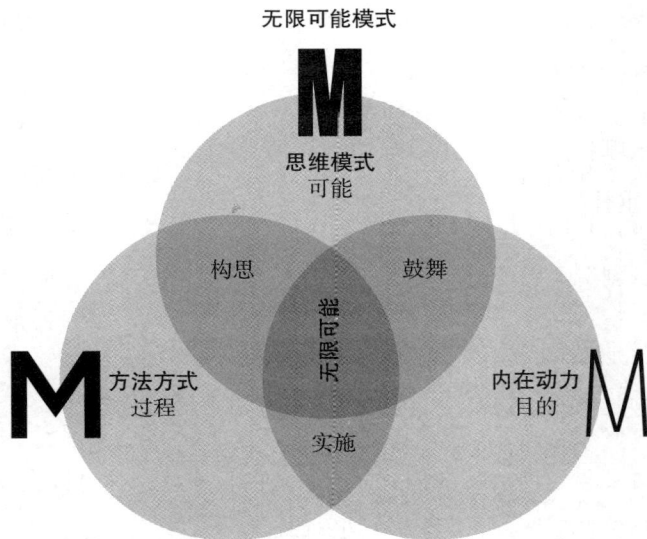

无论个人、家庭还是组织，都可以用上述方法分析自己存在的问题。我们每个人都有属于自己的奋斗史，也有自己的优势。无论你的处境如何，值得欣慰的一点是：你并不孤单。我会帮助你以你的方式进入无限可能的境界，接下来你会了解如何借助我们的体系做到这一点。这个体系包括三个部分：突破思维模式的极限，突破内在动力的极限，突破方法方式的极限。下面，让我详细说明。

- 思维模式（解决"是什么"的问题）：包括我们是谁、世界如何运转、我们有能力做什么、我们应该得到什么和我们可以做到什么等内容，是我们所持的根深蒂固的信念、态度和假设。

- 内在动力（解决"为什么"的问题）：我们采取行动需要具备的意志、以特定方式行事所需的精力。
- 方法方式（解决"怎么办"的问题）：完成某件事情的具体过程，特别是有序的、有逻辑的、系统的、有指导性的方法。

对于前面的插图，你还需要注意一点。你会发现，思维模式和内在动力存在重合的部分，我在这一部分写了"鼓舞"这个词。你受到激励，但是你不知道应该采取哪种方法，或者不知道该如何利用你的精力。在"内在动力"和"方法方式"重叠的部分，你可以看到"实施"一词。在这种情况下，你觉得你应该得到什么、你有能力做什么，还有你认为你能做到什么，这些都会限制你取得的结果，因为你缺少正确的思维方式。而在"思维模式"和"方法方式"重叠的部分，是"构思"一词。你的雄心壮志始终停留在你的脑子里，因为你缺少精力去将其付诸实践。三个部分重叠的地方，才是无限可能境界。你有第四个 I，也就是 Integration（融合）。

本书包含各种相关练习、深度研究、锻炼大脑的方法。不仅如此，我还会为你介绍许多相关研究的成果，它们会让你兴奋不已，既包括认知科学和人体机能领域的前沿知识，也不乏古代的智慧结晶，比如在印刷媒介等外部存储设备诞生之前，古代文明是如何传承几代人脑中的知识的。我们会依次解决思维模式、内在动力、方法方式的问题。

- 在第二部分，你会学到在消除了信念的限制之后，你能做什么。
- 在第三部分，你会了解为什么你的目的是你的力量、是你释放自己动力和精力的关键。
- 在第四部分，你会发现学习的最佳方法。这些方法和技巧都经过了验证和证实，可以帮助你朝着你渴望和应得的生活迈进。

在本书的最后，我会为你制订一个为期 10 天的计划，让你体验并迈向无限可能的生活。

读完本书，在生活中许多重要领域，无论学术、卫生健康、个人事业，还是人际关系、个人成长领域，你都可以创造无限可能。因为我始终没有进入真正的 X 教授的天才少年学校学习，所以我为大家创建了在线的奎克学习学院（Kwik Learning Academy）。在这个在线学院里，学员来自 190 多个国家，涵盖各个年龄段，他们每天与我们一起训练，学习怎样释放他们的大脑超能力。你可以把本书当作教材。万分荣幸我能成为你的 X 教授，同时我也非常兴奋，因为你决定让我陪伴你踏上这段旅程。那么我们开始上课吧，先告诉大家一个好消息，现在正是开始学习的绝佳时机。

Peter Drucker

彼得·德鲁克

现代管理学之父

现在，我们必须接受这样一个事实，即我们必须终身学习，只有这样才能跟上世事变化。我们最紧迫的任务就是教会人们如何学习。

LIMITLESS

第 2 章

学习力就是我们的超能力

我坚信，我们都有令人难以置信的超能力等待着我们去唤醒。我说的不是一飞冲天的能力，不是化身钢力士的能力，也不是从眼睛里发射激光的能力，而是现实生活中实用的能力，比如自由穿梭于书页之间的阅读能力、机器人般超强的记忆力、像激光一样的专注力、无垠无限的创造力、清晰的思维、细致的洞察力、积极向上的精神状态等。在某种程度上，我们都是超级英雄。

每个超级英雄都拥有自己的超能力，与此同时，他们也要面对自己的死对头、超级反派，比如蝙蝠侠的劲敌小丑、超人的对手莱克斯·卢瑟。我们面对的反派可能与电影里面那些反派形象有些不同，但邪恶程度丝毫不差。作为超级英雄，你需要击败他们，制服他们。我们面前的超级反派阻碍了我们前进的道路，让我们的生活变得艰辛，阻挠我们发挥潜能。他们拖住了我们前进的脚步，让我们无法高效工作，无法获得成功，无法积极向上，也无法获得内心的平静。能否找到这些反派然后击败他们，取决于我们自己。

如果你看过漫画书或者超级英雄的电影，你就会知道超级反派的诞生总是令人意想不到。以哈维·丹特（Harvey Dent）为例，他也被称为双面人。一开始，他满怀雄心壮志。作为一名检察官，他维护法律的公正性，将坏人绳之以法，是蝙蝠侠的盟友。但是他遭到了黑帮分子的报复，导致半边脸毁容，满是伤疤，这令他愤怒、痛苦，内心充满复仇的欲望。此前，他一直在与罪犯做斗争，但后来他自己却沦为罪犯，他奸诈狡猾，用抛硬币这样的赌博方式决定受害者的未来。他的内心扭曲了，并用这种扭曲的心态达到险恶的目的。

与此类似，学习中的 4 个超级反派最开始也都是清白无辜的。人类在过去 100 年中取得了许多伟大的进步，而恰恰是这些伟大的进步滋养了我们学习中的超级反派，它们是科技发展的产物。直白地说，科技是人类进步的关键，也是我们达到无限可能境界的关键。科技让一切成为可能，比如科技为我们提供了便捷的学习渠道，让我们的生活更加舒适。但在数字时代，就连一些掌握了数字技术的专业人士也认为我们对于数字技术的消费速度已经走向极端。我们今天使用的科学技术很多都是新生事物，关于我们与它们之间的相互影响应该控制在何种程度，其实我们一无所知。

我们建立了名为"奎克学习学院"的教育平台，有来自 190 多个国家的学生在这个平台上学习，平台播客的下载量已经高达数千万。我的学生表示，他们非常担心自己过度依赖科技，而且这种忧虑还在不断增强。他们找到我们的团队，寻求帮助，希望我们能帮助他们激活大脑潜能，以此摆脱这个时代的"天启四骑士"：数字洪流、数字分心、数字痴呆和数字推论。我们需要提防的是思维过载与注意力涣散，毕竟健忘和墨守成规式的思维已经存在很久了。虽然科技并不是催生问题的罪魁祸首，但是它拥有巨大的潜力去放大问题。数字时代带来的益处不胜枚举，但我们仍需知道那些为你提供便利的科学技术是如何阻碍你前进的。

数字洪流

你是不是永远都有数不尽的事情需要处理，但往往没有足够的时间？非常幸运，我们生活的时代让我们可以自由自在地获取信息。在这个互联互通的时代，无知是一种主观选择。我们现在一天消费的数据量相当于 15 世纪普通人一生接受的数据量之和。此前，信息的传播要依赖口口相传、报纸、期刊，或者是乡镇广场上张贴的告示，这种情形距离我们也并不久远。现在我们获取信息的渠道如此丰富，甚至已经影响到了我们生活中的时间分配以及我们的生活质量。现在，普通人消费的数据量相当于 20 世纪 60 年代人们消费的数据量的 3 倍[1]；一份 2015 年出炉的报告表明，受访者每天关注媒体的时间长达 8 小时。

在接受美国国家公共广播电台（NPR）的采访时，《纽约时报》科技类记者马特·里克特（Matt Richtel）表示，此前的 20 年，我们一直在推崇科学技术，似乎所有的科学技术都大有益处，"我觉得科学界开始接受一种观点，即有些技术就像夹心面包，就像小圆白菜。如果我们科技消费过量，就好比我们吃了太多的食物，可能会产生不良影响"。[2]

加州大学旧金山分校进行了一项针对大脑"宕机时间"（downtime）的研究，研究人员给实验鼠提供一种新的体验，并在活动中和活动后测量它们的脑波。在大部分情况下，实验鼠在接触新的活动时，脑波会显示大脑中有新的神经活动和新的神经元，也就是说，实验鼠的大脑有"宕机时间"是大脑有新的神经活动和新的神经元的前提。有了宕机时间，神经元可以从记忆通道进入大脑存储长期记忆的部位。实验鼠能够把它们的记忆存储起来，这也是学习的基础。[3]

如果大脑没有"宕机时间"，结果会怎样？越来越多的证据表明，若不让我们的大脑有"心不在焉"或"厌烦无聊"的时刻，我们反而要付出代价——我们会有糟糕的记忆力，我们会迷迷糊糊、疲惫不堪。

20 世纪 90 年代中期，人们对于数字洪流的担忧程度远不及现在，但是早在那时，已经有研究表明，在永远在线的世界中遨游，人体健康确实会受到威胁。路透社进行了一项名为"信息焦虑"的调查，结果不容乐观："2/3 的受访者认为信息过量会使同事之间关系紧张，并导致工作中的满足感丧失；42% 的受访者认为自己身体状况不佳是这种压力导致的；61% 的受访者表示，因为信息过量，他们必须取消很多社交活动；60% 的受访者表示他们经常疲惫不堪，无法进行休闲活动。"此外，研究还指出："面对大量信息和各种获取信息渠道的冲击，受访者已经无法用简单的方法对其进行管理。"[4]

更重要的是，我们还必须面对信息半衰期缩短的问题，并与之斗争。信息半衰期是指旧信息被新信息或更准确的信息取代前存在的时间。你可以尽情地学习，你现在处理的信息会迅速过时，速度比你想象中快得多。各种文章、图书、文件中记录的所谓"事实"都提供了强有力的证据，大家也奉若真理，但是，只要有新的研究结果问世，此前的"事实"就会被彻底颠覆。

无须多言，你完全可以感受到人们都被淹没在了数字碎片之中。即使我们试图"脱离网络"，我们也依旧无法摆脱数字信息的纠缠。在写作本书时，我关闭了所有的电子设备。但是出于研究的目的，我还是需要使用互联网，而且我的计算机上仍然会突然弹出一些通知和最新消息（是的，我知道我也可以关闭通知，但是我相信你懂我的意思）。

在第 12 章"如何有效学习"和第 14 章"如何快速阅读"中，你会学到许多实用的方法，去追赶、跟上甚至领先你每天必须处理的数字信息洪流。

大脑升级训练

花点时间，在这周的日程中留下 30 分钟的空白。在这段时间里，请你远离一切科技产品，厘清头脑，充分放松，发挥你的创造力。

数字分心

在移动设备出现之前，我们"下线"的时候，总会说"马上回来"。现在我们不会这么说了，因为我们不用离开了。我们永远在线，仿佛住在网络世界之中。这是因为我们的设备一直在线，永远与网络连接在一起。当我们与亲朋好友在一起的时候，我们总是忙着找机会上网；当我们工作的时候，我们也很难保持专注。大部分人在工作和生活中只要有一段时间离开网络，就会觉得不舒服。因此，我们始终在线，害怕一旦掉线，就会迅速掉队。

问题在于，我们对于网络的喜爱是与生俱来的。当我们在社交媒体上收获点赞或是收到我们的爱人、朋友发来的信息时，大脑中的多巴胺会不断奖励和刺激我们，强化上网这种行为。这种奖励正在改变我们的大脑。在我们排队的时候、等公交车或等约会对象的时候，我们本可以放松下来，进入宕机时间，而现在我们会掏出手机，这一举动实际上是在强化我们分散注意力的能力。如果我们一直这样，把每一个应该放松的时刻都填满让我们眼前一亮的刺激，结果会怎么样呢？

始终处于在线状态，我们会更有安全感，但是这并不能让我们更快乐。瑞恩·德怀尔（Ryan Dwyer）毕业于不列颠哥伦比亚大学（University of British Columbia），他开展的一项研究表明：现在，我们使用数字设备的习惯已经影响到了我们的人际关系。其中一项实验有 300 名成年人和大学生参加，在他们用餐时，实验人员要求其中一部分人把手机放在餐桌上，方便取用，另一部分人则要把手机设为静音，放进餐桌上的一个容器里。用餐之后，参与者要填写一份调查问卷，问卷的内容涉及他们是否与他人进行了交流，是否享受用餐过程，是否有注意力不集中的现象，是否觉得无聊。

调查问卷还要求他们详细说明在用餐过程中他们使用手机的时长。那些方便取用手机的参与者使用手机的频率更高，他们觉得自己注意力更不易集中。与那些无法使用手机的实验参与者相比，他们的用餐过程也没那么愉快。德怀尔在讨论这项研究时说："现代科技确实很棒，但是它也可以轻而易举地分散我们的注意力，夺走我们与朋友和家人面对面交流的美妙时光。"[5]

就像我们中很少有人学习过如何学习，很少有人知道如何处理和过滤令人应接不暇的海量信息。我们只是一心多用，把所有信息照单全收，放入脑中，其实这对我们并无益处。神经科学家丹尼尔·J. 列维汀（Daniel J. Levitin）著有《有序：关于心智效率的认知科学》（*The Organized Mind: Thinking Straight in the Age of Information Overload*），他在书中提道："要求大脑将注意力从一种活动转移到另一种活动会导致前额叶皮层和纹状体燃烧氧化葡萄糖，这同时也是它们专注于某项任务所需的燃料……我们同时处理多项任务的时候，需要快速、频繁地转换，我们的大脑会快速燃烧燃料，疲惫感会迅速袭来，判断力会在短时间内下降。我们实际上耗尽了大脑中的营养物质，导致认知表现和大脑机能大打折扣。"[6]

从手机应用程序通知到信息提醒，面对这些问题的不仅限于成年人。科学技术日趋普及，社会压力延伸到了网络空间，且在社交媒体上尤为突出，儿童和青少年也会不断遇到注意力分散的问题。

在第 11 章"如何做到专注"中，你会了解在学习和工作中，持续集中注意力和增强注意力的要点。

大脑升级训练

请你点开手机中的"通知"设置，关闭所有不必要的、会让你分心的弹窗和声音提醒。现在就做。

数字痴呆

你上一次必须记住某人的电话号码是多久之前？我的岁数稍长，在我年轻的时候，如果我想给住在附近的朋友打电话，就必须记得他们的号码。你还能想起童年时你最要好的朋友的电话号码吗？你记得你每天都要通话、发短信的人的电话号码吗？现在，你无须记住这些电话号码了，你的手机会代劳。我说这些并不是说大家需要或应该记住 200 个电话号码，实际上，这意味着我们失去了一种能力，是记住新的电话号码的能力，是记住我们刚刚结束的对话的能力，是记住刚刚认识的潜在客户的名字的能力，是记住我们需要做哪些重要事情的能力。

神经科学家曼弗雷德·施皮茨尔（Manfred Spitzer）使用"数字痴呆症"一词描述过度使用数字技术导致认知能力受损的恶果。他认为，如果过度使用科技，我们就无法充分使用短期记忆通路（short-term memory pathways），最终造成其退化。这和使用全球卫星定位系统（Global Positioning System，GPS）类似。现在，假如你搬到了一座新的城市，你会发现自己很快就会依赖于 GPS，让它来告诉自己出行的道路。现在，你在脑海中绘制陌生城市的道路地图需要多长时间，可能比你年轻的时候要长得多，但这并不是因为你的大脑工作效率降低了，而是因为有了像 GPS 这样的工具，我们不会再给我们的大脑提供发挥作用的机会。技术取代了大脑的记忆功能。

这种依赖可能会伤及我们的长期记忆。伯明翰大学（the University of Birmingham）的玛丽亚·温柏（Maria Wimber）在接受英国广播公司（BBC）的采访时表示，我们现在只是查找信息，这种趋势阻碍我们建立长期记忆。温柏和她的团队研究了 6000 名成年人的记忆习惯，他们来自英国、法国、德国、意大利、西班牙、比利时、荷兰和卢森堡。温柏和她的团队发现超过 1/3 的受访者遇到问题时会首先使用计算机检索信息，其中英国的受访者存在这种情况的比例最高，超过一半的英国受访者会先在互联网上搜索信息，而不是试着自己想答案。[7]

这有什么大不了的？人们会很容易、很迅速地忘记这种随手搜索得来的信息。温柏博士表示："在每次回忆某个信息时，我们的大脑会加强对这个信息的记忆，同时会忘记那些让我们分心的无关记忆。"强迫自己回忆信息，而不是依赖外部力量提供的信息，你可以建立和加强永久记忆。而现在，实际情况与之相反，我们不会刻意地去记住信息，大部分人已经养成了搜索信息的习惯，有时候我们甚至会多次搜索相同的信息，这种做法实际是在伤害我们自己。

对我们来说，依赖科技产品一定有害吗？许多研究人员并不认同这一观点，他们认为，大脑"外包"给技术设备一些琐碎的任务，比如记住电话号码、做基本的算术、指引方向找到我们曾经去过的餐厅……这样我们就可以节省大脑空间，将其留给更重要的信息。但是，研究表明，我们的大脑更像一块肌肉，而非一张早晚会装满的硬盘，也就是说，我们的大脑用得越多，就会变得越强壮，能容纳的信息也越多。问题在于：我们是有意识地做出选择，还是无意识地跟着习惯走？

很多时候，我们把大脑的工作外包给手中的智能设备，结果是放任智能设备把我们变得愚蠢。我们的大脑是适应力超强的终极机器，能够进行无穷无尽的进化。然而，我们经常忘记给予大脑它需要的锻炼。就像我们总是依赖电梯这个现代技术的产物，而放弃了走楼梯这样的锻炼，代价是牺牲了身体健康。对于我们大脑的肌肉来说，道理是一样的，懒惰就要付出代价，这给我们带来的启示是：要么勤于锻炼，要么任其生锈。

在第 13 章"如何长久记忆"中，我会向你展示一些简单的方法和技巧，让你更快、更容易地记住像别人的名字、演讲内容和各种语言之类的信息。

大脑升级训练

花 1 分钟的时间锻炼你的记忆力：回想经常与你通话的人，记住他们的电话号码。

数字推论

视频会议及协作平台 Newrow 的创始人罗尼·扎罗姆（Rony Zarom）曾谈

道："在一个数字化大行其道的世界里，千禧一代只需点击鼠标或者滑动手指，就能找到任何问题的答案，依赖技术产品去解决每一个问题，会让人们对自己的知识和智力产生混乱的认知。对于科技的依赖很可能导致人们过度自信和无法科学决策。"[8]信息无处不在，涉及生活中的方方面面，这意味着针对生活中的方方面面，相关的观点无处不在。如果你想知道如何看待热点问题，你只需要到网上搜集别人的观点。如果你想知道某个事件或趋势的影响，简单地在线搜索就能给你提供海量的分析。随之而来的结果就是我们的推论能力被自动化的机器取代，而推论能力融合了批判性思维能力、解决问题的能力，还有对进入无限可能境界非常重要的创造力。

当然，网络取代了我们的记忆也具有一定的价值。在互联网出现之前，我们无法无障碍地获取他人的观点。在理想的世界里，从尽可能多的角度考虑一个问题，有助于我们形成自己的观点，这一行为极具价值。然而遗憾的是，现实世界很少有这样的情况。现实情况是，我们倾向于找出少数与我们观点一致的消息源，然后让这些消息源在我们的思考和决策中拥有绝对的话语权。这个过程不断重复，导致我们用来进行批判性思考和有效推理的"肌肉"不断萎缩。我们让科技为我们做出推论，与此同时，我们丧失了自己解决问题的能力。然而解决问题的能力是我们的核心能力，这点我们将在本书后面的部分详细讨论。

心理学家吉姆·泰勒（Jim Taylor）这样定义思维："思维是基于我们的经验、知识和见解进行反思、推理继而得出结论的能力。思维能力将我们与其他动物区别开来，让我们能够沟通、创新、建设、进步、迈向文明。"他提醒大家注意："越来越多的研究表明，科技对儿童的多种思维方式既有有利影响，也有不利影响。"[9]

任教于加州大学洛杉矶分校的著名心理学教授帕特里夏·马克斯·格林菲尔德（Patricia Marks Greenfield）投身于该项研究十余年。在谈及科技对教育的影响时，她提道："大学生在课堂上使用笔记本电脑上网，这对学习有什么影响？这个问题已经在传播学的课堂上进行了测试。在这门课上，教师鼓励学生在课堂上使用笔记本电脑，以便在互联网和图书馆数据库中搜索与授课主题相关的更多内容。教师将学生随机分为两组，其中一半学生的笔记本电脑始终处于打开状态，而另一半学生则必须合上他们的笔记本电脑。在课后的突击测验中，与一直开着笔记本电脑的学生相比，合上笔记本电脑的学生记住的课堂内容要多得多。"[10] 因为他们把注意力集中在老师的授课内容上，而不是在互联网上寻找与主题相关的既有观点，所以在需要自己推理得出结论的时候，他们的反应要快得多。格林菲尔德教授还做了另外一项研究，研究对象是观看新闻报道的大学生，结果表明，屏幕底部没有字幕时，学生记住的播报内容更多。

剧作家理查德·福尔曼（Richard Foreman）也表示了自己的担忧，他认为这种对互联网的依赖正在改变我们。"我遵从西方文化的传统，西方文化传统中的模范或者说我推崇的模范是指那些接受过名校的高等教育、能言善辩、性格复杂、个性鲜明的人。所谓模范，无论男女，其内心都蕴藏着整个西方文化的遗赠，只不过每个人都拥有自己构建的独特版本罢了……但是今天，在所有人包括我自己身上，在信息过载和'即时可得'技术的重压之下，复杂且深沉的内心世界正在消失，取而代之的是一种进行过新的自我进化的内心世界。"[11]

你在不满 10 岁的时候，想逐渐摆脱父母的影响，独立地形成想法和观点，你还记得当时的情况吗？我猜想，那种体验让你感受到了充分的解放，甚至可能让你人生第一次真正感觉到自己的存在。当然，现在的情况是，你的批判思维能力经过精细的打磨已经足以让你在大部分时间里用理性驾驭生活。

那么，你为什么放弃这种让自己得以解放的技能，转而依赖某个设备呢？仔细想想：如果有人试图把他们的想法强加给你时，你会有怎样的感受？如果你的家人、朋友或同事对你说，"别思考这个问题了，我告诉你该怎么做"，你肯定会选择尽量与这样的人保持距离。然而，现在我们不假思索地去互联网上搜索信息，好似自己主动去找前面那种人，这种行为无异于引狼入室。

在第 15 章中，我将为你提供一套完备的方法，让你在面对任何主题或问题时都能提升思维能力，拓展视角。

虽然"天启四骑士"是我们需全力对抗的主要敌人，但还有另外一个数字威胁值得我们关注。我称之为"数字抑郁"，它源自我们与他人进行比较的文化。这种文化是指当别人在社交媒体上晒出自己的精彩时刻时，我们会自叹不如。现在，我很享受使用社交媒体。我喜欢与我们的学生和播客听众保持联系，喜欢随时了解我的家人和朋友的日常生活。感谢社交媒体的出现，因为它不仅为我们提供了娱乐生活，也为我们提供了受教育的机会，赋予了我们权力。但是，我认为使用社交媒体需要具有自我意识，而不是出于习惯麻木地使用，并且在社交媒体上更要追求和谐，这样它便不会影响你的工作，也不会影响你内心的平静。

在本书的第二部分"打破充满限制的思维模式"中，我会分享一些观点，让你扭转某些想法，比如觉得自己不够优秀、害怕错过、惧怕外表不佳等，这些想法是个人成长和学习过程中的障碍。在第三部分"创造强大的、可持续的动力"中，我会向你展示怎样养成好习惯，抛弃或者改掉坏习惯。

大脑升级训练

试着做一个决定。给自己一点时间，在不使用任何数字设备的情况下独立做出决定。

制服反派

在英雄的征途中，英雄需要反派，反派也需要英雄。经历磨难和应对对手的挑战让我们成长、变得更好。反派的能力和力量决定了英雄需要怎样的能力和力量。如果反派过于弱小，那么击败他也变得毫无意义，英雄的崛起和英雄创造的伟大事业也就失去了必要性。我曾经在我的播客节目中采访过《无限游戏》（*The Infinite Game*）的作者西蒙·斯涅克（Simon Sinek），他提到了"值得尊敬的竞争对手"，他认为对手会指出我们需要正视的个人弱点。弱点所在之处也是机会孕育之所。

正如我提到的，我喜欢科学技术光明的一面，它帮助我们连接彼此，接受教育，得到赋权，让我们的生活变得更轻松。我们刚才描述的是技术的一些潜在缺点，它们是技术在给我们的生活带来各种好处时的伴生物。科学技术就像火一样改变了人类历史的进程，比如火可以煮熟食物，也可以烧毁房子，结果如何取决于你如何使用它。与任何工具一样，科技本身没有好坏，但我们必须有意识地控制它的使用方式。如果做不到这一点，那么我们就会沦为技术的工具。如何使用技术取决于你自己。

大脑升级训练

在 4 大数字反派中，你认为哪一个对你的个人表现、工作效率和内心平静影响最大？花点时间思考，把这个反派的名字写下来。

意识到问题是解决问题的第一步。

Michio Kaku

加来·道雄

理论物理学家

人类的大脑有 1000 亿个神经元，而每个神经元又与 1 万个其他神经元连接。你的大脑，恰恰是宇宙中已知的最复杂的事物。

LIMITLESS

第 3 章

大脑具备无限学习的潜能

你可能会在心里说：吉姆，前面你关于科技的讨论，我懂了，虽然我不想过没有科技的生活，但是我确实感到自己的脑子负荷超载，自己心不在焉、疏忽健忘，这种情况越来越严重了。别急，我要告诉你的好消息是：我们一出生就掌握了终极科技，拥有了最强大的超级力量。

我们先花点时间来了解你的大脑有多么与众不同。它每天能产生的想法多达 7 万个，它运转的速度与时速最快的赛车一样快。与你的指纹一样，你的大脑也是独一无二的——全宇宙也没有两个大脑是一模一样的。大脑的处理速度比任何现有的计算机都要快得多，它有着几乎无限的存储容量。即使大脑遭受损坏，依旧不妨碍你成为天才，甚至有人只有半个大脑，他的这半个大脑依旧具备所有机能。

关于大脑的非凡故事简直数不胜数。比如，曾经有个陷入昏迷的病人，竟然开发出一套与医生沟通的方法；又如，一位女士可以通过日期回忆起重要的事件，最早可以追溯到她 12 岁时发生的事；还有一位懒汉，在酒吧与人斗殴时，头部受伤，然后被诊断为脑震荡，但是他后来竟然成了数学天才。这些案例并不是来自科幻小说或者超级英雄漫画，它们都是真实存在的。它们都是极佳的例子，证明人类两个耳朵之间的那台超级机器内置非凡的功能。

我们总是觉得大脑拥有这些功能是理所当然的。让我们想一想普通人的一生到底会取得什么样的成就。在 1 岁的时候，他就学会了走路，走路绝不是一项简单的任务，从神经和生理层面看，走路包含许多复杂的过程。大约 1 年之后，他学会了通过文字和语言进行交流。他每天都能学会几十个新单词，在上学期间也是如此。在学习交流的过程中，他也在学习推理、计算，学习分析无数复杂的概念，而且这都是在他一页书都没读过，一堂课都没上过的情况下进行的！

正因为拥有这样的大脑，人类才能从动物界中脱颖而出。仔细想想，我们不会飞翔，也不是特别强壮，奔跑的速度也不快，不能像某些动物那样灵巧地攀爬，也不能在水下呼吸。就大多数身体机能而言，人类表现平平。但是因为大脑的力量，我们得以力压其他生物，成为地球上强大的物种。我们的大脑有着令人难以置信的力量，通过驾驭和利用这股力量，我们能够像鱼一样探索深海，像大象一样力拔千斤，甚至像鸟一样翱翔天际。是的，大脑是一份珍贵的恩赐。

大脑非常复杂，我们对于广阔无垠的宇宙的了解多过我们对大脑工作原理的了解，而且我们对于大脑的研究主要集中在过去的 10 年间，过去 10 年的研究取得的成果远超之前人类漫长历史中积累的对于大脑的认识……而从这本书付印到上架的短暂时间内，我们对大脑的了解又会突飞猛进。我们对大脑的了解一直在不断发展，与需要了解的内容相比，我们很清楚目前我们对它的认识只是冰山一角，即便是这样，我们已经掌握的内容也很令人震惊。现在，让我们开始一段旅程，穿越你无极限的大脑吧。

大脑是中枢神经系统的一部分。机场都有控制塔台，大脑类似中枢神经系统的控制塔台，负责所有信息的流动、指挥人类活动的过程、影响人的各种冲动。大脑有三个主要区域：脑干（brain stem）、小脑（cerebellum）和大脑皮层（cerebral cortex），小脑和大脑皮层的英文单词都以"cere"开头，这个词缀在拉丁语里是"蜡状物"的意思，因为它们看起来像蜡一样。大脑是由脂肪和水构成的，大约有 3 磅（约 1.36 千克）重。大脑具备令人难以想象的性能和能力。[1]

脑干调节我们生活所需的基本功能，比如呼吸、心率、进食或做爱的冲动，还有我们的战斗或逃跑反应（fight-or-flight response）。它位于我们的脊椎顶部、颅骨底部，深埋在大脑之中。小脑位于大脑的后部，负责调节运动和协调性。越来越多的研究证明，它在我们的决策过程中同样发挥着作用。

大脑皮层是我们大脑中占比最大的部分，我们的大部分复杂思维、短期记忆和感觉刺激都发生在大脑皮层，它由枕叶、顶叶、颞叶和额叶组成。我们大部分思维都产生于额叶，这里是逻辑和创造力的发源地。

大脑分为两个半球，由胼胝体连接，胼胝体就像脑叶之间的一束电话线，负责来回传送信息。现在当你阅读这些文字、学习书中的信息时，大约有 860 亿个神经元（又称脑细胞）一同放电和活动。[2] 这些神经信号释放进入大脑，被神经递质接收，然后信息在神经递质之间相互传递，如果停止信息传递是正确的反应，那么神经递质会停止信息传递。

过去，从神经学角度看，我们经常会认为在青春期末段，我们的大脑发育已达到一生的顶峰，在那之后我们的大脑就不会再生长，只会逐步退化。现在，我们知道事实并非如此。我们的大脑具有**神经可塑性**（neuroplasticity），这意味着我们自身的行为及周边的环境会改变和塑造我们的大脑。你的大脑总是根据周围的环境和你对它的要求在改变及塑造自己。

由于我们的大脑受基因和环境的影响，所以每个人的大脑都是独一无二的，就像雪花，没有两片是一模一样的。每个大脑都能适应它主人的需要。比如，一个人成长的环境充满各种应激源，如贫困、食物短缺、安全无法保障等，另一个人的生长环境非常舒适，不仅经济富裕而且生活也有人精心照料，那么这两个人的大脑结构会截然不同。你可能会得出结论，认为后者所处的环境比前者"更好"，以及后者能孕育出更好的大脑功能，在继续阅读之前，我希望你重新思考一下这个问题。

我在前文中提到，我们可以去塑造大脑，也就是说，任何人都可以在任何时候做出决定，改变自己大脑的运作方式。虽然我们很容易做出假设，认为在压力更大、缺乏支持的环境中成长的人由于大脑受到发育环境的影响，可能最终无法充分发挥大脑的潜能。然而，越来越多的案例表明，因为需要面对逆境，这些人培养的思维模式让他们能够茁壮成长，获取成功。我们发现很多成功人士都在成长的过程中克服了困难，可能正是因为艰难的童年或者充满挑战的成长过程孕育了其坚忍不拔的意志以及其他成功必需的品质。

理解神经可塑性

伦敦出租车司机的大脑能给我们何种启发？

这个问题来自伦敦大学学院（University College London）的神经学家埃莉诺·马奎尔（Eleanor Maguire），她研究了伦敦出租车司机大脑中存储的大量信息，在研究中提出了开头的问题，其实我们应该称这些信息为"知识"，这样更恰当。为了获得出租车运营资格，申请者会骑电动摩托车熟悉伦敦的一片区域，这片区域指查令十字车站半径 10 公里范围内的道路。申请者需要记住迷宫般的 25000 条大大小小的街道，还有数千个他们负责提供交通服务的旅游景点。要获取运营执照，申请者需要通过一系列考试。即使申请者们非常用心地学习，通过率也只有约 50%。马奎尔猜测，那些成功获得执照的司机或许拥有比常人更大的海马体。

马奎尔和她的同事发现，"与年龄、受教育程度和智力水平相近但不开出租车的人相比，伦敦出租车司机的海马体后部有更多的灰质。似乎一个人开出租车的时间越长，他的海马体就越大，就好像司机的大脑进行了扩张，以此适应其在伦敦街道进行导航的认知需求"。[3]

对伦敦出租车司机的研究成为一个令人信服的案例，证明了大脑的神经可塑性，即当大脑进行学习和拥有新的体验时，它有自我重组和改造自我的能力。为了生计，出租车司机要不断熟记城市里的新路线，这迫使他们的大脑创造出新的神经通路，这些通路改变了大脑的结构和大小。这个例子令人惊叹，它说明了无极限的大脑如何发挥作用。

神经可塑性也被称为大脑可塑性，意味着每次你学到新的东西时，你的大脑就会建立一个新的突触联系（synaptic connection）。每当发生这种情况时，大脑都会在生理层面发生变化，相当于它升级了硬件，用来反映新的思维水平。

神经可塑性的强弱不仅取决于我们的神经元生长的能力，还取决于神经元与大脑其他部分的其他神经元建立联系的能力。它通过建立新的联系和加强（或削弱，视情况而定）旧的联系发挥作用。[4]

我们的大脑具有良好的延展性。当我们有了新的经历，学习了新的东西或者适应了新的事物时，随着时间的推移，通过形成新的神经通路，我们就有能力改变大脑的结构和组织，这种能力强大到令人难以置信。神经可塑性可以帮助我们解释很多事情为何能够实现。研究人员认为，人的大脑非常灵活，这是指彼此联系的神经元形成的复杂网络可以重新连接，形成新的联系。某些时候，这意味着大脑会对它失去的东西进行代偿，比如有时单个脑半球会学习像两个脑半球那样进行运作，就像中风患者能够重建和恢复大脑功能，因此，那些做事拖拉的人、满脑子负面想法的人以及难以戒掉垃圾食品的人，都可以通过改变自己的大脑改变自己的行为，进而改变自己的生活。

如果说学习是在建立新的联系，那么记忆就是在保持或者维持这些联系。当我们因想不起某件事情而冥思苦想时，或者当我们经历记忆损伤时，大脑中神经元之间的联系可能断开了。在学习中，如果你记不住某件事情，问题可能在于你没能把正在学习的知识和已经知道的知识联系起来，也没能把它与它在生活中的实际应用联系起来。

例如，如果你觉得正在学习的知识虽然在眼下很有价值，但你以后再也不会用到，那么你就不太可能对它们进行记忆。同样，如果你对正在学习的知识缺乏推理论证的过程，你没有向大脑解释这些知识为什么对你如此重要以及如何将这些知识应用到生活或工作中，那么你的大脑就不会留存这些信息。随着时间推移，存在**记忆流失**（memory lapse）的问题非常正常，我们是人类，不是机器人。但如果我们以"我记性不好"或"我不够聪明，记不住"这样的态度对待这种记忆流失，就会削弱我们学习和成长的能力。换言之，因为我们对记忆流失的反应和态度不正确造成的伤害，远远大于记忆流失本身造成的伤害。不断用这样的话语给自己开脱，会强化我们内心的想法，从而束缚我们的能力。我们应该承认自己的错误，重新面对问题。

对学习来说，神经可塑性意味着什么？可塑性意味着你可以改变大脑、塑造大脑，满足自己的需要。记忆力是可以通过训练得以提升的，前提是你要知道如何帮助大脑接收、编码、处理和整合信息。你只需简单地调整一下你所处的环境、吃的食物和进行的锻炼，就可以让大脑的运转方式发生翻天覆地的变化。我将在第 8 章中详述这些窍门，让你的大脑充满活力。

你至少要知道，神经可塑性意味着你的学习乃至你的生活都不是一成不变的，只要优化大脑，重新连接神经元，你就可以成为理想的自己，做自己想做的事情，拥有自己想拥有的技能，并按照自己的意愿分享信息。只要秉持正确的思维模式、内在动力和方法方式，大脑就能够让你突破任何限制。

你的第二大脑

我的学生告诉我，了解自己的大脑无极限之后，他们对自我价值有了全新的认识，一夜之间信心倍增。这里还有更多值得高兴的好消息：你其实不止拥有一个大脑，还有第二大脑——你的肠胃。不知道你是否感受过"肠胃直觉"？有没有那么一刻，虽然不知为何，但你始终相信自己的判断？你可曾在做决定的时候"跟着肠胃走"，或者因为紧张不安而觉得肠胃里翻江倒海？你是否考虑过原因？隐匿在消化系统墙幕之中的"肠胃大脑"正在改变医学界之前对人类消化过程、情绪、健康以及思维方式之间关系的理解。

科学家称这个"小号大脑"为肠道神经系统（Enteric Nervous System，ENS）。其实这个"小号大脑"一点也不小。肠道神经系统是由超过 1 亿个神经细胞组成的薄层，共有两层，覆盖整个消化道内部，从食道一直延伸到直肠。医学界才刚刚开始研究脑肠轴（brain-gut axis），解密它是如何影响我们的大脑、情绪和行为的。你可能也听说过它，此前有人称之为"大脑 – 肠道连线"（brain-gut connection）。在过去的 10 年间，我们发现肠道对大脑的工作方式会产生巨大的影响。我们可以用树木的工作方式类比。地下的树根从土壤中汲取重要的养料与水分，并且会与其他植物进行交流。随后，这些营养物质会进入树木体内，加固树干，促进生长，给树木提供养料，让树木每年春天发芽并长出新叶，而树叶又能收集阳光，这是树木的另一个能量来源。

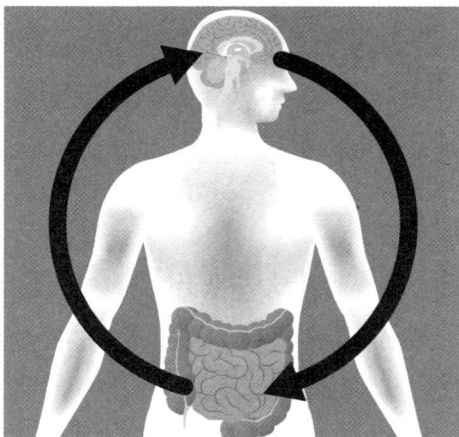

与之类似，我们摄入的营养由肠道吸收。我们需要这些营养为大脑提供能量。虽然从重量的角度讲，大脑在人体体重中所占的比例极低，但它却消耗了人体摄入营养的 20%，所以营养物质会对大脑日常的工作方式产生巨大的影响。

消化道内有超过 1 亿个神经细胞，它们是肠道神经系统的一部分。当婴儿在母体子宫中生长时，肠道神经系统和中枢神经系统是从相同的组织发育而来的，它们通过迷走神经保持联系。在许多方面，这两个系统相互映照。它们工作中使用的许多神经递质都是相同的，其中包括血清素、多巴胺和乙酰胆碱。在研究中枢神经系统的过程中，我们曾认为每个人在出生时都有一定数量的神经细胞，此后细胞数量不会改变。事实并非如此。与大脑一样，我们现在知道，随着年龄的增长，肠道神经系统也会产生新的神经元，而且它们受损后仍可以修复。[5] 肠道内不仅有这种神经元，还有由相互联系的微生物组成的微生物群系。与大脑类似，每个人的肠道微生物群系各不相同。

更重要的是，肠道神经细胞的工作路径与大脑惊人的相似。2010 年，杜克大学（Duke University）神经科学领域的科学家迭戈·博尔克斯（Diego Bohórquez）发现，肠道的肠内分泌细胞有"足状突起"，类似于神经元用来交流的突触。博尔克斯据此猜测，这些细胞可以用像神经元那样的信号与大脑"对话"。他推测，如果存在这种情况，那么"对话"就必须经过连接肠道和脑干的迷走神经。[6] 经过进一步测试，研究人员发现这些细胞确实是通过迷走神经接收信息并将信息发送到大脑的，这一过程比通过血液完成的信息交流更迅速。

脑肠合作

研究人员仍在探索大脑与肠道之间的联系，但从目前来看，它们各自工作的方式似乎非常接近，而且彼此协同工作。从某种程度上讲，"小号大脑"和

"大号大脑"共同决定了我们的精神状态。当你凭借直觉认为事情不对劲或者愿意跟着感觉走时，这绝不是迷信。你的肠道会用自己的方式来理解各种情况，然后向大脑发出信号。此外，如果肠道得到的食物营养不足，那么大脑得到的燃料就会质量堪忧。

比如，现在你的肠道正在消化你刚刚吃的食物，并把燃料送到你的大脑。与此同时，你的大脑的一部分正在感觉你指尖下的书页（如果你看的是电子书，那就指你的电子设备），体会着一把舒适的椅子正支撑着你的身体，监控你周围的环境以确保你的安全。你的大脑的另一部分正在感知环境的气味，可能是咖啡、香水，也可能是书页的气味。你的大脑还有一部分正在吸收这本书页面上的文字符号，通过转化解读它们的意思，然后处理这些意思，将其存储在短期记忆中，随后再由短期记忆发送到长期记忆中存储（前提是条件合适，我们稍后会讲到）。

我写下上面这些文字，是想让你明白你真的具有终极超能力，它就在你的两耳之间，在你的大脑之中。不仅如此，你也有能力磨砺你的超能力，让它变得更强大。当然，你的无动于衷也会让你的超能力逐渐枯萎，最终凋零。你可以决定将你的超能力置于何种环境，比如帮助你实现人生使命的环境或分散你的注意力、妨碍你实现伟大梦想的环境。

掌握学习，应对未知

既然我们的思维力量如此强大，为何有时我们表现得非常差劲？如果我们的大脑真的这么出众，为什么脑力超负荷、注意力涣散、健忘或者自感脑力不足的问题依旧困扰着我们？既然拥有如此巨大的潜力，但我们仍然会几天都记不住一个简单的名字，或对非常简单的问题百思不得其解，这又是怎么回事呢？答案很简单，虽然难以捉摸，但是显而易见：没有人教导我们应该怎么做。

为一个人灌输一个想法，他的一天会变得充实、丰富；教会一个人如何学习，他的一生都会充实、丰富。

学校是学习的绝佳场所。在学校，老师告诉我们该学什么，该思考什么，该记住什么。但是，关于如何学习、如何思考和如何记忆的课程要么根本没有，要么少之又少。

《让学校重生》（*Creative Schools*）一书在教育学领域影响深远，作者肯·罗宾逊爵士（Sir Ken Robinson）在书中说："我最担心的事情之一是，尽管世界各地都在对教育系统进行改革，但许多改革都是在政治和经济利益的驱动下进行的，它们违背了学习和学校运行的真正规律。因此，这些改革实际上是在断送无数年轻人的前景。不管改革的结果是好是坏，它们迟早会影响我们和我们认识的人们。"[7]

我觉得学校教育其实已经影响了我们和我们身边的每一个人。我在前文已经讲过，我在学校教育系统里的经历可谓波折坎坷，当然我也要承认，我属于特殊案例。然而在现实中，即便我在幼儿园时没有遭遇严重的头部创伤，但我从学校教育中得到的收获与理想状态相比依旧相去甚远。这是因为世界上鲜有学校会把学会如何学习纳入课程规划。学校为我们提供的信息让我们应接不暇。在学校，我们要阅读伟大的文学作品，了解那些改变了人类文明进程的人物。在学校，我们还要接受各种测试，它们简直没完没了，这些测试的目的是确保我们能重复老师教授的内容。但是学校教育并没有进一步深入，没有教会我们如何自学，如何拓展思维，如何发现全新的概念，如何真正吸收对日常生活至关重要的知识。

Eric Ries

埃里克·莱斯

《精益创业》作者

想要获胜，唯一的办法就是在学习上
快人一步。

LIMITLESS

当然，我绝没有责怪老师的意思，他们在教育战线上辛勤耕耘，非常辛苦。一直以来，我都认为教师是这个社会中最具爱心、同情心和工作能力的群体。事实上，在我的大脑受创之后，我的母亲成为一名教师，因为我的表现十分差劲，她想帮助我以及其他像我一样的人。真正有问题的是我们的教育制度，它已经过时了。如果华盛顿·欧文小说里的瑞普·凡·温克尔（Rip Van Winkle）从几十年的沉睡中醒来，那么在当今社会，他唯一认识的东西可能就是教室了，因为这么多年来，教室几乎没有变化。教育并没有跟上时代的步伐，当今的教育并不能让我们做好准备，去应对校园外面的世界。就好比这个时代是属于无人驾驶电动汽车和能够登陆火星的航天器的时代，而我们的教育系统就好像一辆马车。

另外，我们的谋生方式正在发生深刻的、日益迅速的变化。自动化和人工智能影响着未来的业态，这不仅限于工厂里的工人被机器人取代，还表现为很多人都需要从稳定的办公室工作投身于波动性较大的零工经济。现在，许多工作岗位大获青睐，而在 5 年前鲜有人能想象会出现这样的工作岗位。许多此时此刻涌现的新兴工作会对未来几年的就业市场产生影响。

所有这些情况都为我们指明了一个方向：我们必须对自己的学习负责。如果学校只告诉我们应该学习什么，而没有告诉我们该如何学习，那么剩下的工作就需要我们自己来做了。如果数字过载威胁到我们的大脑，那么我们需要利用自己知道的关于学习的知识重新制定基本规则。如果职场变化太快，以至于我们永远无法确定明天的工作究竟是什么样子的，那么只有完全掌控自己的学习，我们才能做好充分的准备，应对一个不可知的未来。

快速学习力点亮人生

很多人听过这样一个小故事。有一天，一家发电厂发生故障，所有机器停止了运转，工厂里一片寂静，运营主管陷入慌乱。时钟滴答地响着，数小时过去了，工厂里仍没有人能找出问题所在。运营主管几近绝望，他尽自己所能打电话找来了当地最好的技术专家。

技术专家到达现场之后，环视设备，工厂里有许多电柜，中间由横梁连接。他走到其中一个电柜前面，打开柜门，盯着柜内的螺钉和导线。他拧了拧其中一个螺钉，就好像施了魔法，工厂里所有的设备重新启动，工厂瞬间恢复了活力。

运营主管松了一口气，他向技术专家表示感谢，并问他怎么收费。技术专家说，"1 万美元"。运营主管大吃一惊，说道："你说 1 万美元？你只在这里待了几分钟，拧了一颗螺钉，这活儿随便找个人都能干。请给我一张收费明细表。"技术专家把手伸进口袋，掏出一个记事本，草草写了几句，然后把账单递给运营主管。运营主管看了账单，立即付了钱。账单上写着："拧螺钉：1 美元。知道该拧哪颗螺钉：9999 美元。"

我们能从这个故事中学到什么？

这个故事告诉我们两件事。

首先，无限可能的大脑能为你和他人带来巨大的附加值。我们已经进入专家经济的时代。在这个时代，蛮力要为脑力让路。你双耳之间的大脑才是能够帮助你创造最多财富的资产。有人清楚大脑的价值，有人依旧不懂。应用知识不仅能证明我们的能力，更能为我们带来财富。我们的思维能力、解决问题的能力、做出正确决策的能力、创造力、创新力以及想象力，都能为我们创造价值。学习速度越快，挣钱速度也就越快。

其次，拧动一颗螺钉就会让一切变得不同。在我指导和执教过的学生中，部分人的头脑聪明到了令人惊叹的地步。就算你自己不是天才，你也能看出哪些人非常聪明，他们总会留下供你判断的端倪。其中一个判断依据就是，智力出众的人会过滤纷繁的信息，专注于那几颗能够决定全局、点亮人生的"螺钉"。在这些脑力出众的人身上，我发现了很多有益的行为、方法和策略，我把它们写入本书，希望能够帮助你，让你的努力取得最佳结果，让你的汗水得到最大回报。

当今世界，我们面对的时代挑战比以往任何时候都要多，而且所有迹象都表明，我们面对的挑战将与日俱增。与此同时，我们也要知道，与以往任何时代相比，现在将大脑调整到最佳状态可以为我们带来更加丰厚的回馈。现在，你已经知道以自己的潜力对付这些挑战绰绰有余，但前提是你需要学习掌控你的学习。

乍看之下，我们似乎需要有超人般的能力才能满足现实要求，但其实你已经拥有一项隐藏的超能力——你的大脑。你无法从手中射出蛛网，但是你的超能力能创造比蛛网更厉害的东西，那就是你大脑中的神经网络。你两耳之间的超能力工厂布满神经网络，这是上天给予你的最大馈赠，也是你最大的优势。我们要做的就是升级自己的大脑，就像升级我们的手机一样。如何将新的软件安装到大脑里？我最喜欢的方式之一就是阅读，就是你现在正在做的事情。

Woodrow Wilson

伍德罗 · 威尔逊

美国第 28 任总统

我不仅穷尽自己的脑力，还尽可能地借用
别人的脑力。

LIMITLESS

第 4 章

如何阅读和记忆

时间是人类最宝贵的财富，因为它一去不复返。

作为你的大脑教练，我希望你的投入能够取得最辉煌的成功、最丰厚的回报，所以下面我将分享一些窍门，让你知道如何最大限度地利用这本书。这些窍门可以应用到你的任何学习中。

请你先回答我一个问题：你有没有出现过这样的情况，今天阅读的内容，明天就忘记了。

这种情况并不是只发生在你一个人的身上。心理学家将这种现象称为"遗忘曲线"（见图 4-1）。该曲线反映了人类在首次学习信息后对信息的遗忘速度。研究表明，我们在首次学习信息后，1 小时内会忘记大约 50% 的内容，24 小时内忘记的内容平均达到 70%。[1]

下面我会提出一些建议，帮助你在与"遗忘曲线"的抗争中占得先机。稍后，在关于学习、快速阅读和提升记忆力的部分，我会分享很多先进的策略，加快你的学习速度以及记忆速度。

研究表明，我们集中注意力的能力会在 10~40 分钟之内减弱，我们生来如此。如果我们在某项任务上花费的时间超过了这个上限，投入时间获取的回报会呈递减趋势，因为我们会开始走神。出于这个原因，我建议大家使用**番茄工作法**（Pomodoro technique），它是弗朗西斯科·西里洛（Francesco Cirillo）开发的提升工作效率的方法。这种方法的基础是开展工作的最佳时间是 25 分钟，然后休息 5 分钟。[2] 每一个 25 分钟的时间段被称为"番茄时间"。在读本书时，我建议你按照番茄工作法进行，即完成一个"番茄时间"的阅读之后休息 5 分钟，让大脑放松一下再继续。

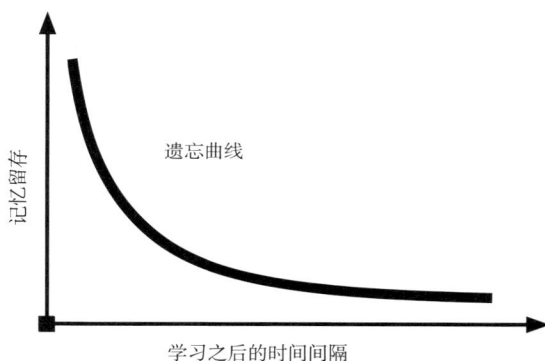

图 4-1　遗忘曲线示意图

在学习方面，番茄工作法之所以有效，是因为它利用了与记忆有关的原理，特别是**首因效应**（primacy effect）和**近因效应**（recency effect）（见图 4-2）。

首因效应是指在一段学习时间、一堂课、一次演讲甚至是一次社交活动中，对于在开始阶段获取的内容，你的记忆会更加深刻。如果你去参加聚会，你可能会遇到 30 个陌生人，令你印象最深刻的一般是最初遇到的那几个人（除非你接受培训，按照我的方法记住人名，我会在本书后面的章节介绍这种方法）。

近因效应是指你会对最后（或者最近）学习的内容印象最深。我们仍以参加聚会为例，你会记住你最后结识的那几个人的名字。

在考试前，我们都犯过拖延症，以至于要临时抱佛脚，在考试前一天的晚上，坐在书桌前死记硬背，不给自己任何休息时间。这种填鸭式的突击学习基本上是无效的，原因有很多，首因效应和近因效应只是其中的两个。但如果你能让自己休息一下，在学习过程中制造更多的"开始"和"结束"，你就会记住更多内容。

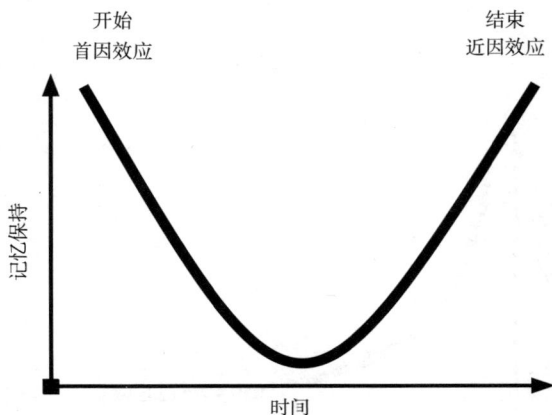

开始
首因效应

结束
近因效应

记忆保持

时间

图 4-2　首因效应与近因效应对记忆保持的影响

如果你坐在桌前读书 2 小时，中间没有进行任何休息，你可能会记住前 20 分钟阅读的内容，此后你的记忆力会经历 30 分钟左右的下降期，然后你可能会记住最后读到的内容。这表明你的学习缺乏间歇期，阅读过程中没有休息时间供你的大脑思考读到的内容，从而催生了学习过程中的"无效区"。所以，在阅读本书的时候，完成一个番茄时间就休息一会儿，这样你能记住更多的内容。如果你依旧要选择填鸭式阅读，本书也会教给你一些方法，帮助你记住"无效区"的学习内容。

你知道读本书会让你变得更聪明吗？我知道这听起来有些夸大其词，但是我对此深信不疑。一方面，通过学习我在本书中分享的诸多方法和策略，你会变得更聪明；另一方面，如果你能积极地阅读本书，你的脑海中就会形成生动的画面，你也能在知道的内容与正在学习的内容之间建立联系。你会思考如何把本书的内容应用到眼下的生活之中，你也会思考该如何运用你正在吸收的知识。本书能提高你的神经可塑性。奥利弗·温德尔·霍姆斯（Oliver Wendell Holmes）说过："每隔一段时间，人们的思维就会因为新的观点或感觉得以延展，而且再也不会收缩到原来的维度。"[3] 在读任何一本书时，你都是在扩展思维，让思维达到全新的高度。

大脑升级训练

请你现在就找一个计时器，把计时时间设定为 25 分钟，然后在这段时间内集中精力读本书。当闹钟响起时，请你用书签标记一下自己读到的位置，然后合上书，写下你在这 25 分钟内学到的内容。

FASTER 学习法

为了最大限度地利用本书，下面我介绍一种简单的快速学习方法，你也可以用它来快速学习任何其他内容。我称它为 FASTER（更快的）学习法，我希望你们在阅读时使用这种方法，就从本书开始，就从现在开始。

FASTER 是以下 6 个英文单词首字母的组合：Forget（忘记）、Act（行动）、State（状态）、Teach（教授）、Enter（开始）、Review（复习）。下面我将详细论述。

Forget（忘记）

要想把注意力像激光一般聚焦在一件事情上，关键在于甩开或者忘掉那些让你分心的事情。你需要忘掉或者至少是暂时忘记 3 件事情。

第一，忘记你已经掌握的内容。在学习新的内容之前，我们总是假设我们对于学习对象已经有了一定的理解，而实际情况往往是我们知道得并不多。我们总是认为自己对即将学习的内容有所了解，这可能会妨碍我们吸收新的信息。小孩子可以迅速地学习，其中一个原因就是他们的大脑就像空荡荡的容器，他们知道自己不知道。有些人声称自己在某个领域有 20 年的经验，实际上，他们只是把一年的经验重复了 20 次。为了超越你现在的极限，我希望你能暂时放下你已经知道的或者你认为你已经知道的内容，你需要用一种"初学者心态"来阅读本书。记住，你的头脑就像降落伞，它只有在完全打开的时候才能发挥作用。

第二，忘记不紧急或不重要的事情。与普遍认知相反，你的大脑其实并不会同时处理多项任务（稍后我会介绍更多相关内容）。如果你不是全身心地投入，如果你的注意力不够集中，那么你很难有效学习。

🧠 大脑升级训练

在阅读本书的过程中，有时你的思想会飘到其他事情上，这件事情可能比较重要，但是并不紧急。这种情况不可避免，不要挣扎着不去想这件事情。你越是拼命抵抗，反而越难以摆脱。相反，在手边放一个笔记本，把你的思路或想法记下来。这样，你就可以暂时放下它，待手头的工作结束之后再做处理。

第三，忘掉自己的极限。所谓极限，是指你对自己先入为主的认识，比如你认为自己的记忆力不好，认为自己学习速度缓慢。把这些对自己的认知抛诸脑后吧，至少暂时如此。我知道这听起来似乎很困难，但是你要对自己的能力保持开放的心态。既然你选择阅读本书，就说明你在内心深处相信你的潜能远远超过你目前展现出来的能力。当你自言自语评价自我时，记得保持积极的态度。切记：如果你不敢挑战极限，就永远无法突破自我。你的能力绝不是一个定值，在学习的世界里，一切皆有可能。

Act（行动）

在接受传统教育时，很多人都会认为学习是被动的体验。我们坐在课堂上，需要保持安静，不能和旁边的同学讲话，只要接收信息即可。实际上，学习绝不像那些用来观赏的运动。与单纯的吸收知识相比，人脑通过创造活动可以学到更多的知识。明白这一点后，我希望你能问自己一个问题：怎样才能在学习中更加积极主动呢？做好笔记，完成本书中的"大脑升级训练"。我建议你用荧光笔标记重点内容，但是千万不要痴迷于做标记，最后画得满书都是重点，仿佛被荧光笔标记的书页能在黑暗中闪闪发光。如果你觉得所有内容都是重点，结果就没有内容是重点。你的学习态度越是积极主动，你的学习速度就越快，学到的知识的质量就越高，学到的内容就越多。

大脑升级训练

为了更加积极主动地阅读本书，你会怎么做？挑出其中一项，写下来：＿＿＿＿＿＿＿＿＿＿＿＿＿＿＿＿＿＿＿＿＿

＿＿＿＿＿＿＿＿＿＿＿＿＿＿＿＿＿＿＿＿＿

State（状态）

所有学习过程都依赖于个人的状态。你的状态是你当前情感的写照。你的状态主要受你的思想（心理层面）和身体状况（生理层面）的影响。在特定情境下，你对学习主题具有或者缺乏某些情感会影响学习过程和最终的学习结果。事实上，当你把情感与信息结合在一起时，你对这个信息的印象会更深刻。我可以证明给你看，比如肯定会有一首歌曲、一种香味或者一道美食，能够把你的思绪带回童年。在信息时代，情感依旧能帮助我们创造长期记忆；反之亦然。回想你在学校里的时光，你当时最主要的情绪状态是怎样的？当我问听众这个问题时，大部分人脱口而出："无聊！"很可能你也会对此产生共鸣。如果你在学校里情绪低落，那么你忘了元素周期表也就不足为奇了。但当你能掌控自己的心理和身体状态时，你的学习体验会从乏味无聊转为充满兴奋感、好奇心甚至是乐趣。想要做到这一点，在坐下来学习之前，你可以试着改变自己的身体在学习环境中运动的方式，或者尝试激发不同的情绪；改变你学习时的姿势或者呼吸方式。想象你精力充沛，对于即将开始的学习感到兴奋，按照这个情绪选择你的坐姿或站姿。在即将开始的学习中，你会有所收获，而且会应用新知识，你一定会对此感到兴奋。切记，所有学习过程都依赖于你的状态。请主动选择快乐、入迷和好奇的学习状态吧！

大脑升级训练

此时此刻，你的动力、精力和专注程度如何？从 1 到 10 给你目前的状态打分（1 为最差，10 为最好）。你打算做点什么来提升分数？

Teach（教授）

如果你想大幅缩短学习曲线，就把你的学习目标定位为学习之后能把学习内容教授给别人。思考一下：如果知道你需要就学习内容做一场演讲，那么你学习的目标肯定是充分掌握所学内容，这样才能更好地向其他人解释。你的注意力会更加集中，你的笔记会更加详细，你甚至还会提出更好的问题。当你授课的时候，实际上你经历了两次学习，第一次是你自己学习，第二次是通过给别人讲课学习。

学习并非总是单枪匹马的个人活动，也是一项社会活动。如果你邀请其他人与你一起学习，学习本书的过程会带给你更多的快乐。送给朋友一本《无限可能》，更好的方法是组织一个《无限可能》读书俱乐部，每周聚在一起分享和交流心得。这样，你们就可以讨论书中的观点和概念。当你和一个朋友或一群朋友一起学习、共同创造回忆时，你会更享受学习的过程。与他人共同学习不仅能让你保持一份责任感，督促自己，也能让你找到伙伴一起练习本书介绍的方法。

大脑升级训练

找一位学习伙伴一起读这本书，相互督促。写下你的

伙伴（或者伙伴们）的名字：＿＿＿＿＿＿＿＿＿＿＿＿＿

＿＿＿＿＿＿＿＿＿＿＿＿＿＿＿＿＿＿＿＿＿＿＿＿＿＿＿

扫描二维码
加入官方学习群

Enter（输入）

改善个人表现最简单、最强大的方法是什么？答案是善用你的日程表。我们会在日程表上写下或者输入重要的事情：参加工作会议、出席家长会、牙医就诊时间、带宠物去看兽医等。大家的日程表上到底缺了什么？答案是缺少给自己的成长和发展安排时间。如果你的日程表上没有这样的安排，那么你很难实现个人的成长和发展。如果你"忘记"锻炼身体和大脑，一天的时间转瞬就会溜走。

大脑升级训练

拿出你的日程表，把阅读《无限可能》的计划插入未来 7 天的日程中。用"无限可能的我""天才时间""大脑训练""和吉姆对话"或者其他积极的标签命名这些时间段，保证你会记住日程上的事项。

Review（复习）

要想减少遗忘曲线对你的影响，最好的方法之一就是每隔一段时间积极地回忆此前学过的内容。在多个分散的时段进行复习，你可以让信息更好地留存在大脑之中。每隔一段时间就复习一下学过的内容可以强化大脑对它的记忆。为了利用好这一原则，在开始阅读之前，即使只有几分钟，你也要花一点时间积极地回忆一下你此前阅读的内容。通过复习此前的内容，大脑对它的重视程度可以提升，你也能为即将开始的学习做好准备。

🧠 **大脑升级训练**

在每次阅读之前，花几分钟谈谈或者写下你在上一次阅读中记住的内容。

秀出自己的决心

法国哲学家让－保罗·萨特（Jean-Paul Sartre）说，"人生是 B 和 D 之间的 C"，意思是人生是我们在"出生"（Birth，以 B 代表）和"死亡"（Death，以 D 代表）之间做出"选择"（Choice，以 C 代表）。这句话寥寥数字，但是意思隽永，而且与我们阅读本书的旅程息息相关。突破自我极限是一种选择，不论你的处境如何，做出怎样的选择完全是你的自由。你可以选择放弃自己的这股力量，但是你现在已经知道自己完全有能力过上无限可能的生活，为什么还要放弃呢？我们必须积极主动地做出选择，而现在正是我们做出选择的最佳时机。

所以，我想让你下定决心，全力以赴。大多数人知道自己应该做什么，也对自己应该做的事非常感兴趣，但是他们没有付诸行动，因为他们觉得这只不过是个人喜好，而不是必须践行的承诺。坚定的决心蕴含巨大的力量。我希望你许下承诺，承诺自己会读完这本书。当我们把承诺写下来的时候，兑现承诺的可能性会大大提升。

我已经在下页准备好了承诺书，你需要填写完整。如果你想进一步督促自己，那么你可以拍一张你签署承诺书的照片，然后发布在朋友圈之类的社交媒体上。公开自己的决心能够让你承担责任，自我督促。

我，_____，承诺每次坚持阅读 10~25 分钟后再停下，直到读完本书。

我承诺我要忘记先前对相关主题的理解，忘记分散我注意力的事物，忘记那些限制自己的想法。

我承诺在阅读本书的过程中保持积极向上的态度。我会完成所有的"大脑升级训练"，做好笔记，标记重点，练习在阅读的同时提出相关的问题。

我承诺在阅读时管理自己的状态，定期检查自己的精力是否充沛，并积极主动地根据需要调整自己的状态。

我承诺把我学到的知识教授给他人，这样我们都能从中受益。

我承诺在日程表中加入阅读本书这一事项，因为凡是日程表中的事情，我都会努力完成。

我承诺复习我学过的东西，这样，我在学习新东西之前就能更好地记住此前学过的内容。

最后，我承诺，即使我"搞砸"上面的任何一件事，我也不会自责。我会尽最大努力重新开始。

是的！我已经做好准备步入无限可能的境界了！

扫描二维码
加入官方学习群

签名：_____

日期：_____

问题本身就是答案

不知你是否有过这样的经历：你在读某本书的其中一页，读完之后却不记得方才读的内容。甚至可能在重读一遍之后，你还是没能记住。我不想让你在读这本书的时候有这样的经历，那么你觉得为什么会发生这样的情况呢？答案是你提出的问题不对。事实上，你追寻的正确答案就是问题本身，你需要提出正确的问题。

我们的感官每一秒都会从周围的世界搜集多达 1100 万字节的信息。显然，如果试着立马理解和破译所有的信息，我们的大脑很快就会不堪重负。所以，大脑主要是一个删除信息的设备，它天生就会将一些信息拒之门外。通常情况下，意识思维每秒只会处理 50 字节的信息。

到底什么样的信息能通过过滤器，是由大脑中的网状激活系统决定的。网状激活系统负责大脑的多项功能，包括睡眠和行为矫正。它还通过一个被称为"习惯化"的过程充当信息的守门人，这一过程允许大脑忽略无意义和重复的刺激，并对其他的输入信息保持敏感。

引导网状激活系统的方法之一就是问自己问题，这些问题能告诉网状激活系统哪些是重要信息。

让我们以我妹妹的生日为例。几年前，我的妹妹忽然不停地给我寄巴哥犬的明信片、图片以及发送关于巴哥犬的电子邮件。巴哥犬就是那种看起来满面愁容、眼睛凸出的小狗，这种狗的性格特别温顺，就算你把它们打扮得像芭蕾舞演员一样，它们也不会生气。当然，我在想她为什么要给我发巴哥犬的照片，后来我才想起来，她的生日快到了。显然，她做出了暗示，她想要一只巴哥犬。

那天晚些时候，我在健康食品商店购物，结账的时候，我看了看另外一支结账的队伍。我吃了一惊，因为我看到一位女士把她的巴哥犬放在了肩膀上。哇哦，我好久没有见到巴哥犬了，遇到巴哥犬的概率应该不会很大吧？我是这么想的。第二天，我在家附近跑步，碰到有人在遛狗，遛的是 6 只巴哥犬！

问题是，这么多的巴哥犬到底是从哪里跑出来的？它们就像变魔术般地出现了？当然不是。其实它们一直都在。但是在潮水般的各种刺激中，我从来没有注意过它们。一旦巴哥犬进入我的意识，它们便会在所有地方吸引我的注意力。你有过这样的经历吗？可能是某款汽车或某款衣服，它们突然之间就如同变戏法一般出现在街头巷尾。

珍妮·麦（Jeannie Mai）在传媒界颇有名气，在采访她时，我们将前述现象与社交媒体联系在了一起。你最喜欢的社交媒体平台会根据你过去展现的兴趣给你推送更多内容类似的帖子，这和我妹妹给我发来巴哥犬图片的效果有异曲同工之处。你访问的网站清楚你的兴趣，是因为它知道你点击过的页面、点赞过的内容或者观看过的视频。你的网状激活系统就像网站的算法，会向你展示更多你感兴趣的内容，会隐藏那些你没有尝试过的事情。

其实在很多时候，我们想要的答案一直都在，只是我们没有提出正确的问题，让焦点聚集到答案之上。我们经常提出毫无用处的问题，我们提出的问题反倒让我们泄气。为什么我不够聪明？为什么我不够优秀？为什么我减肥失败了呢？为什么我找不到生命中的另一半呢？

我们总是提出这些消极的问题，然后这些问题就像前文的"巴哥犬"一样，会让我们留意到各种证据，从而得出"我的确不行"的答案。为了让外部世界看起来更合理，我们的大脑总是在概括信息，然后得出结论。我们的大脑总是竭尽全力在四处寻找证据，以此支撑和证实我们的信念。

所谓思考，是通过事物进行推理的过程。在思考的过程中，我们会提出问题，然后回答问题。你可能会问，真是这么回事吗？瞧，你就是忍不住要问问题。虽然我们每天有数以万计的想法，但是我们给自己提出的主导问题只有一个或两个。如你所想，这些问题会吸引我们的注意力，从而影响我们的内心感受，最终改变我们的人生态度。我们来做一个思维实验：想象一下，如果一个人总是问自己"怎么才能让别人喜欢我呢"。你根本不知道他的年龄、职业、相貌，实际上，你知道的比你想象的要多。你觉得总是问自己这个问题的人会是怎样的性格呢？你不需要太费劲就能猜出他是那种喜欢讨好、取悦他人的人，他不会直接表达自己的需求，任何时候都不能直抒胸臆。一个人如果不断追问如何让别人喜欢自己，他就永远不会拥有真实的自己，因为他总是按照周围人的喜好来塑造自己，有时甚至连他自己都没有意识到这一点。你现在已经明白了这个道理，也知道了这种人会给自己提出何种问题，那么你给自己提出的主导问题是什么呢？

你的主导问题

大脑受伤的那段时间，我喜欢钻入超级英雄、漫画书和《龙与地下城》游戏的世界寻求逃避。虚幻的世界让我忘记了痛苦，我那时觉得最适合我的超能力就是隐身，我向自己提出的主导问题是"怎样才能让别人忽略我"。事实上，并没有什么人注意我，相反，我总是关注别人，想知道他们的生活是什么样子的。

我想知道这个人为什么如此受大家欢迎，那个人为什么如此开心、幸福；或者到底是什么让别人如此聪明。那时的我备受煎熬，所以我会观察周围的人、周围的世界，并从中汲取知识。我的主导问题发生了变化，我开始问自己："怎么才能让我的情况好转呢？"我想解决诸如"大脑遵循怎样的工作原理""怎样才能让我的大脑运转起来"之类的问题。问得越多，我得到的答案也就越多。20 年来，我总是提出这样能够赋予我力量的问题，因此我才能写出这本书。

　　我第一次见到威尔·史密斯是在昆西·琼斯的 80 岁生日聚会上。在听说我经历过创伤性脑损伤后，他邀请我作为嘉宾，参加电影《脑震荡》（Concussion）的首映式。《脑震荡》是一部与橄榄球运动有关的电影，讲述了球员在这项运动中饱受脑部创伤的故事。威尔·史密斯还安排我去多伦多，和他在片场待了一周的时间。他那时正在拍摄一部超级英雄电影，所以你不难想象我当时对此深感荣幸并满怀期待的样子。

　　让我吃惊的是，那时正值隆冬时节，演员和摄制组每天都要在晚上工作，从晚上 6 点开始一直干到早上 6 点，还是在天寒地冻的户外。好莱坞绝不是只有浮华炫目、星光闪耀，很多人匆匆赶来，却不见得有机会出镜。

　　在一次休息的间歇，威尔和我一起发掘出了他向自己提出的主导问题，其中一个是"我怎么做才能让这一刻更具非凡意义"。威尔的下一场戏开拍之前，他的家人和朋友挤在帐篷里，看其他演员工作。凌晨 3 点，我确信那时大家又冷又累。我看到他的主导问题发挥了作用——他给每个人都送上热可可，讲笑话逗大家开心，他本不需要如此，在他本该休息的时间去服务他人。但他的做法确实让那一刻具有了非凡的意义。他提出的主导问题引导着他的关注焦点和行为，完全改变了所有人的体验。

大脑升级训练

你给自己提出的主导问题是什么？请写在下面的横线上：

_____

_____

喀麦隆谚语

提出问题的人必须接受答案，无论喜欢与否。

LIMITLESS

让大脑做好准备

你给自己提出的问题会引导你的注意力，所以它们会在生活中的方方面面对你产生影响，甚至包括阅读理解。我们阅读的时候，提出的问题往往太少，这会影响我们的注意力、理解力和记忆力。<u>如果我们能在做阅读题的时候提前准备好正确的问题，那么在答题时，我们就会发现答案像前文的巴哥犬一样无处不在</u>。出于这个原因，我在整本书中都安排了针对性极强的关键问题。

现在就开始吧，阅读本书就像开启一段旅程，我们需要提出三个主导问题。它们会帮助你把学到的东西付诸行动，将知识转化为力量。

- 我该怎么实践这些内容？
- 为什么我一定要实践这些内容？
- 我该在什么时候实践这些内容？

大脑升级训练

这三个问题就是你的咒语：我该怎么实践这些内容？为什么我一定要实践这些内容？我该在什么时候实践这些内容？它们有助于你把本书的知识根深蒂固地融入你的脑中、心中和手中。把这些问题写在你随时能看到的地方，比如桌子上显眼的地方或将其输入你的手机。

在学习本书的知识时，不要被动地阅读，针对每部分内容都要考虑上述三个问题。记住，问题就是答案。在接下来的每一章的开头，你都可以看到我提出的一系列问题，这些问题旨在引导你在阅读时聚焦关键内容。在阅读每一章之前仔细研究这些问题，你就能做好准备理解并记住新的内容。

在回答问题的同时，你还需要完成贯穿整本书的"大脑升级训练"，它们具有极其重要的战略价值。它们是非常有针对性的活动，旨在训练你尽快将所学转化为所用。大部分"大脑升级训练"可以在一两分钟内完成。记住你的大脑具有神经可塑性：在你回答每一个问题、做每一项新活动的时候，你都是在重新连接你大脑中的神经回路。在进入下一章之前，我还会在每一章结尾布置一些练习，确保大家将在课程中学到的内容切实地转化为实践。

Albert Einstein

阿尔伯特·爱因斯坦

著名科学家

每个人都是天才。但如果你用爬树的能力来
衡量一条鱼的才干，终其一生，鱼都会相信
自己愚蠢不堪。

LIMITLESS

第二部分

打破充满限制的思维模式

〈

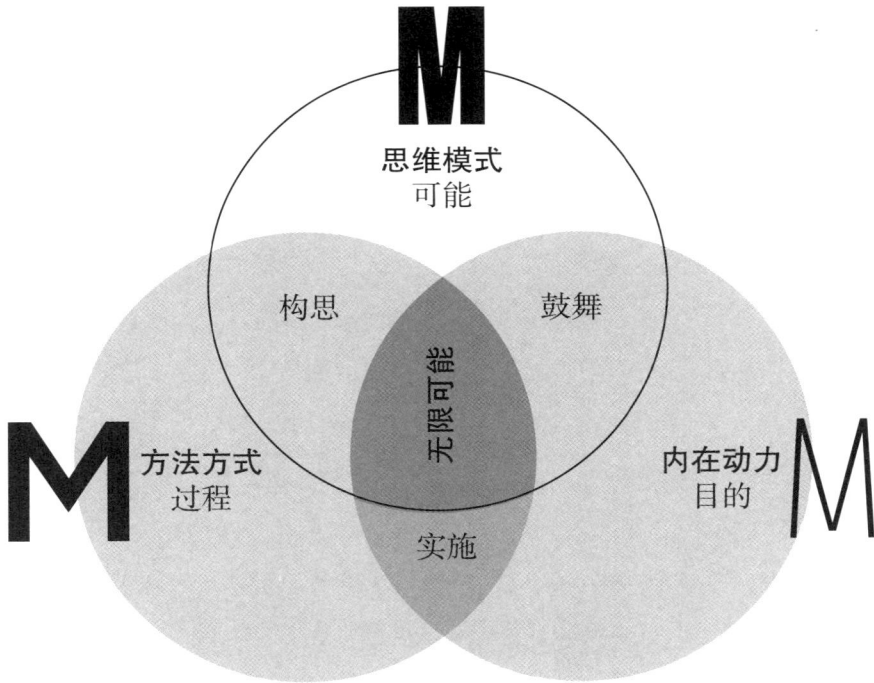

M

思维模式
可能

构思　　　鼓舞

方法方式
过程

无限可能

内在动力
目的

M　　　　　　　　　　　　　　　　　M

实施

你为了实现梦想做过多酷的事情？创造你想要的生活可能会遭遇一些可怕的事情。但你知道什么更可怕吗？后悔。重新思考你是谁，世界如何运转，你有能力取得怎样的成功，应该得到什么以及你的极限究竟在哪里。

　　无限可能模式有三个部分，其中第一个是思维模式①。它是先决条件，决定了一个人以怎样的心理态度或倾向，对不同情况做出反应和理解。思维模式是我们对于自己、周围世界抱有的信念、假设和态度的总和。所有的行为都受到信念的驱使，所以在讨论如何学习之前，我们必须首先讨论与"自我极限"有关的基本信念。

　　决定我们能够取得何种成就的思维模式并不是先天就被预设好的。身边的人以及成长过程中经历的文化，都影响了我们在自己成就上限方面的思维模式，让它逐渐固定并限制住我们。

　　想象一下，把一头小象绑在地上的一根木桩上，它想摆脱这种束缚。但是它在尚且年幼的时候，还不够强壮，没有力气把木桩拔起来，所以它最终会停止尝试，因为它知道努力是徒劳的。随着小象的成长，它有了足够的力量来拔出木桩，但小时候习得的事情依然影响着它，它仍然被一根绳子和一块脆弱的金属片这两种毫无分量的东西束缚在木桩旁边。在心理学上，这叫作**习得性无助**（learned helplessness）。

　　大多数人的行为都像那头小象。我们的某次经历让我们对自己的能力形成了印象，从那以后，我们建立了对于自己潜力的信念。但是，正如无助可以后天习得一样，无限可能的境界也可以通过后天习得。在本书的这个部分，你会了解七个关于潜能的谎言，然后学习如何用新的信念取而代之。

　　使用"谎言"（英文为 LIE）这个词，是我刻意为之的。因为在这里，LIE也是 Limited Idea Entertained（你已经接受的限制性想法）的首字母缩写。如果你和绝大多数人一样，那么你肯定对自己抱有错误的认知，觉得发挥自己潜能后可以达到的高度肯定遥不可及。你恰恰是在给这些错误的想法注入活力，任

---

① 思维模式（解决"是什么"的问题）：我们所持有的根深蒂固的信念、态度和假设，内容包括我们是谁，世界如何运转，我们有能力取得怎样的成功，我们应该得到什么东西，以及我们的极限究竟在哪里，等等。

由它们驻留在你的脑海之中，但是它们只不过是 BS，BS 在这里不是 Bull Shit（胡说八道）而是 Belief Systems（信念体系）的首字母缩写。在接下来的章节中，你会知道这些谎言到底从何而来，它们是如何禁锢你的，你该怎样终结这些谎言。你需要不断地问自己一个问题："在禁锢我的想法中，有多少其实只是 LIE 和 BS ？"我觉得当你得出这个问题的答案之后，你一定会感到震惊，而你得到的答案也会让你获得充分的释放。

在我们开始之前，先讲一个小故事。我和斯坦·李之间的友情，是我一生中最珍视的友谊之一。我在前文介绍过，斯坦·李创造的漫威宇宙帮助年轻时的我克服了一生中最严峻的挑战，那些漫画人物一直是我在生活中寻找灵感的源泉。与斯坦的谈话总是让我沉醉其中，而且我常常从中获得启发。

我记得我们之间曾有这样一次对话。当时我们一起去参加晚宴，我们乘车一同前往。斯坦·李穿着西装，打着一条蜘蛛侠的领带，大胆、前卫、亮眼夺目，看起来神采奕奕。我心血来潮，问了他一个我一直以来想问的问题。

"斯坦，这些年你创造了这么多优秀的角色，比如复仇者联盟和 X 战警。"我说，"你最喜欢的角色是谁？"

他连一秒都没有迟疑。

他回答道："钢铁侠，你最喜欢哪个角色呢？"

我指着他的领带说："我最喜欢蜘蛛侠。"

斯坦点了点头，说道："能力越大，责任越大。"

"你说得没错，斯坦。其实反过来也是对的——责任越大，能力越大。"

他似乎很喜欢我的这句话，这让我乐不可支。但是，我之前从来没有说过这句话，我意识到自己无意间表达出了无限可能的思维模式的一个重要原则。当我们因为某件事情而承担起责任的时候，同时也获得了巨大的能量，这个能量可以让事情取得更好的结果。

这就是无限可能的思维模式。我们的背景和所处环境会影响我们，塑造我们，但是我们必须对自己负责，变成自己想要变成的样子。我们需要明白，我们要对自己的假设和态度负责。你的所有潜能完全在你的掌控范围之内，当你接受了这个观点，潜能的力量也会大幅增加。那么，超级英雄，让我们开始释放你的思维模式，解除对它的束缚与限制，就像斯坦·李的口头禅那样："精益求精（Excelsior）！"

Mark Twain

马克·吐温

著名作家

让我们陷入困境的不是无知，而是看似正确的谬误论断。

LIMITLESS

第 5 章

逃出信念体系的魔咒

为什么你的信念会对你的生活产生如此巨大的影响？

为什么限制性的信念会阻碍你实现目标？

如何对限制性的信念说"不"？

想象着你怀抱一桶爆米花，因为我们要一起去看电影了。电影的场景是这样的。

一个超级反派撼动了一座大桥的桥墩，大桥即将坍塌，眼看着整座大桥就要轰然倒下，沉入河中。在大桥已经摇摇欲坠、嘎吱作响的时候，我们的超级英雄闻讯而来。他是唯一一个有能力避免灾难发生的人，是唯一一个有能力拯救数百条生命的人。

我们的超级英雄距离大桥还有不到 10 秒的路程了。但是，随着大桥越来越清晰地展现在他的眼前，他的脑海中突然响起了一个声音，让他想起了小学时候，一次翻筋斗不小心脸部着地的经历。几秒之后，他又想起了父亲告诉他，未来眼光要放低一点。眼看大桥已经映入眼帘，他的脑海中又浮现出另一幅画面：他此前最好的朋友嘲笑他，觉得他狂妄自大，对自己的能力过分自信。

　　大桥上的碎石已经在向水中滑落。桥体嘎吱作响的声音越来越大。空气中，人们的惨叫声此起彼伏。

　　我们的超级英雄呢？他正不知所措地坐在路边，双手捂着脸，沉浸在自怜之中。

等一等……这是什么情况？

　　你肯定没有在超级英雄的电影里看过这一幕，对吧？原因有很多。第一，这绝对是一个糟糕的故事。第二，无论超级英雄的过去有多么黑暗，也不管他们可能面临何种道德冲突，真正的超级英雄不会屈服于限制性的信念。超人不会有这种思维模式，他不会觉得只有在状态好的时候他才能纵身跃上摩天大厦或者至少是低层楼房的楼顶。托尼·斯塔克（Tony Stark）也绝不会想："穿着这套钢铁侠战衣，我依旧会在情况危急的时候被击垮，因为我本身只是个凡人。"惊奇队长不会在穿越大气层的时候突然想："我不确定自己的情感是否已经准备就绪，让我能只身穿越宇宙。"超级英雄具有超能力，所以人们觉得他们不应该感受到任何的限制。

　　你知道吗？你也有超能力。你该如何释放出自己的超能力呢？你要从改变思维模式开始。

找到你的罗杰·班尼斯特

　　记得在我大概 9 岁或 10 岁时，我们在一家食客众多的大型餐厅里组织了一次家庭聚会，几十个人围坐在一张大桌子旁。那天是周六，所以餐厅里挤满了人，服务员以最快的速度为大家服务，他们像乒乓球一样往返于各个餐桌之间。

　　在我们一家人到齐后，服务员就过来让我们点菜。你应该想象得到，因为我们人多，所以点菜是个漫长的过程。点菜进行到一半时，终于轮到我了，服务员问我要点什么菜品和饮料。这时我才发现，她并没有把我的家人点的东西记在纸上。这让我特别好奇。我们一共有 25 人，我看她还要为其他客人服务，所以我知道我们不是她服务的唯一一桌客人。她怎么可能记住我们点的所有东西呢？我告诉她我要点什么，然后仔细地观察她，看着她围着桌子走了一圈，给所有人点了餐。

那时我非常确信，她给我们上的菜肯定不会与我们点的一模一样。即使那时的我还小，但是我已经对事情抱有怀疑态度，当然只是适度的怀疑。这并不是因为我为人消极，而是因为我对人的能力缺乏信心，而且对于不同寻常的事情，我需要眼见为实，否则我不会相信。这次，我觉得服务员端上来的菜可能大部分会是我们点的，但是她可能会记不清哪道菜是哪个人点的，到时候我们恐怕要伸着胳膊、探出身子隔着桌子交换餐品。

我拭目以待，看看她会不会搞错。首先上来的是饮品，每个人都拿到了自己的饮品，即便是我的两位表妹，其中一个表妹点的可乐是去冰的，另外一个表妹的饮料里要加一条柠檬皮卷、一条青柠皮卷以及两颗樱桃，她们也都拿到了属于自己的饮料。我想，好吧，还挺准确的。但是后面等着上的菜品还有很多呢。几分钟之后，沙拉上桌了，这次依旧是每个人都拿到了自己点的沙拉。无论是要求沙拉调味汁单独另盛，还是要求沙拉调味汁洒在沙拉上，都按照要求摆在了我们面前，而且酱料的种类丝毫不差。我对服务员的怀疑似乎是错误的。随后上来的是主菜，依旧是准确无误的，即便很多要求细小而烦琐。所有的菜品都是按照我们的要求进行烹饪的，数量众多的配菜没有一个被弄错。

虽然上菜之后我狼吞虎咽地吃着，但是心里却一直在回想服务员了不起的表现。在那时，我才刚刚能够顺畅地阅读，脑部受伤给我的学习带来了各种障碍。然而，正是这位服务员让我知道，我们的大脑具备的能力远远超过我们的想象。

那位女服务员就是我的罗杰·班尼斯特（Roger Bannister）。班尼斯特是 20 世纪 50 年代的田径明星。在班尼斯特职业生涯的早期，人们普遍认为，运动员在 4 分钟内跑完 1 英里①是不可能的。大家觉得人类的身体无法承受在这个时间内完成 1 英里带来的负荷。然而，1954 年 5 月 6 日，班尼斯特用 3 分 59.4 秒跑完了 1 英里，证明 4 分钟大关确实是可以突破的。最让我感兴趣的是，不到两个月，又有人打破了班尼斯特的纪录，随后新的纪录又再次被打破。从那以后，1 英里的世界纪录一直被刷新。

班尼斯特向大家证明 4 分钟这个障碍其实根本就算不上是什么障碍。在我的眼中，女服务员之所以让我震惊也是同样的道理。通过她，我明白了我对于大脑能力的认知其实远远低于它的真实能力。如你所知，随后我在学习的道路上又艰难跋涉了数年，但是从那顿晚餐起，我对于自我极限的思维模式改变了。

那位女服务员在她从事的领域里已经进入了无限可能的境界。她在我面前展示的本领是我做梦都想不到的。虽然我与她并不相识，但是我永远对她心存感激，因为她对我个人的影响，永远地改变了我对于自我极限的认知。她转变了我的思维模式。曾经，我觉得虽然别人可以凭借大脑的非凡智力取得巨大成就，但是我凭借自己的大脑只能完成渺小、卑微的事情；现在，我绝不可能再接受这种观点了。关键在于，我需要找到正确的方法。

我将在本书中与大家分享其中的很多方法。这些方法的核心是一个基本概念：突破极限。让自己进入无限可能境界的关键，就是抛弃那些错误的假设和预判。所以很多时候，我们之所以没有完成某件事情，是因为我们相信自己做不到。让我们回到罗杰·班尼斯特的故事中来。在 1954 年 5 月 6 日之前的日子里，大家笃定在 4 分钟之内跑完 1 英里超出了人类的能力范围。但是在班尼斯特突破这个极限的 46 天后，又有人打破了他的纪录，随后又有 1400 多名选手跑完 1 英里用时少于 4 分钟。即便是现在，在不到 4 分钟的时间里跑完 1 英里依旧是一件了不起的事情，但是已经不会再有人认为这是不可能完成的壮举了。

---

① 1 英里 ≈ 1.6093 千米。

一旦破除了"障碍",克服了心魔,很多人都能突破极限。

你要如何降服限制性的信念呢?

打破限制性信念

限制性信念往往会在我们与自我对话时暴露出来。这种对话发生在你的内心,对话的焦点往往不是你已经非常擅长的事情,也不是你现在和未来能够持续做好的事情,而是你做不到的事情。你是否经常劝说自己放弃努力尝试或者放弃追求梦想,因为你内心的声音说服了你,让你觉得目标无法企及?如果你的情况也是如此,不要担心,很多人都存在这样的问题,但是这些内心对话实际上对你百害而无一利。

雪莉·莱弗科(Shelly Lefkoe)善于改变人们的信念,她是这个领域的专家。在做客我的播客节目时,她表示,"我们来到这个世界上,一开始对生活是艰辛困苦的还是轻松安逸的一无所知,对生活是一贫如洗的还是腰缠万贯的也一无所知,对我们是轻于鸿毛的还是重于泰山的还是一无所知。我们把目光投向两个人,他们什么都懂,那就是我们的父母"。[1]父母是我们的第一任老师,尽管他们绝无伤害我们的意思,然而在我们的童年岁月中,他们还是会不经意间把限制性信念灌输给我们。

限制性信念会让你停下脚步,即使在做你非常擅长的事情时也是如此。你是否有过这样的经历:你需要完成某项任务,通常情况下对于你来说这轻而易举,比如说写备忘录或者进行速算,但是如果是在面临巨大压力的情况下,重压会让你自我怀疑,最终导致任务失败。限制性信念就是这样拖了你的后腿。如果你能摆脱自己脑子里的想法,完成任务就会易如反掌,但你内心的那个声音让你踟蹰不前。

现在,我们再来放眼你的整个人生,看看你的职业理想或者你的交友能力。

如果是限制性信念在支配你的人生，你会发现自己在失败的泥潭中苦苦挣扎，要么苦苦思索自己为什么没能出人头地，要么已经听之任之、相信自己无法获得成功。

亚历克西斯（Alexis）和我一起创立了奎克学习学院，她和我一样，孩童时代在学习方面饱受挫折，但是原因完全不同。她出生在韩国，父母创办了企业，在商场打拼。她的家庭并不富裕，她的父母要努力工作才能维持生计。为她遮风避雨的家是一个位于韩国的地下室单间，而且一家四口都挤在里面。在第二次创业失败后不久，她的父母收到了一封来自美国的信件，告知他们的签证申请已经获得通过，这已经是他们申请美国签证的第七个年头。徘徊在绝望的边缘，她的家人认为这是一个契机，于是他们借了约合 2000 美元的韩元，踏上了前往美国的旅程。

亚历克西斯初到美国时，连一个英文单词都不会说。她承受了巨大的文化冲击，她不知道周围的人在说什么，而且美韩两国的文化规范也完全不同。她的父母也不会说英语，所以他们一家人都在艰难地了解这个全新的世界。

她们一家安顿了下来，新家附近的一所学校录取了亚历克西斯。她是一个羞涩内向的学生，由于语言不通，为了避免尴尬，避免如同弃儿一般的感受，她经常独自坐在餐桌边吃午饭，有时候甚至会躲到卫生间的隔间里吃饭。

亚历克西斯花了 6 年的时间才真正学会英语，学校里的同学和老师都不明白为什么她的学习之路如此艰难、漫长。同学们都讥讽她，因为她的学习速度太慢。"你是怎么回事啊？""你是不是蠢啊？""你真是个怪胎。"她的童年就是在这些嘲笑、斥责中度过的。

在学校，她不仅在文化课上遇到了困难，体育课也不例外。乍看之下，体育课似乎不涉及语言问题。她记得自己坐在看台上，反复抄写"我要带运动服来上课"。但是她不知道她抄的这句话是什么意思，也没有人设法告诉她，她需要带一套替换的衣服。

在她 20 岁出头的时候，亚历克西斯通读一本英文书都显得非常吃力。每当她努力学习时，她都要与内心的声音做斗争。一个震耳欲聋的声音总是在不断地批评和怀疑她的能力，而另一个细小、轻微的声音则在质疑这个批评之声。在内心深处，她始终无法接受自己永远只能默不作声。她的父母为了给她第二次机会而努力工作，她不能让他们失望。虽然有的时候，她觉得自己不够优秀，很难在生活中取得一番成就，但有的时候，她确信生活决不能只是接受现状，一定要有所改变。

如果亚历克西斯任由那些外界的声音摆布，按照它们塑造自己的现实，恐怕她早已止步不前，更不会探寻问题的解决方案。相反，她通过观察他人和向他人学习，寻找属于自己的答案。别人追逐成功和幸福的方式与自己不同，她想知道他们是怎么做到的，究竟是依靠纯粹的运气与天才，还是背后存在某种方法。在探寻如何成功的过程中，她参加了我早期组织的一个培训班。她都不知道自己到底报名参加了什么课程，只知道自己需要一些不一样的东西，需要感受到一丝希望。

第一天，我们学习了记忆的内容。这是 8 小时的紧张训练，但在课程结束时，亚历克西斯反而觉得神清气爽，甚至对所学的内容感到兴奋不已。"我还能怎么用我的大脑呢？"她想知道。这是她有生以来第一次感觉到自己的学习进度并不慢，她对学习产生了浓厚的兴趣。

第二天的内容是快速阅读。因为此前她在阅读方面遇到过种种困难，所以在初始阶段，她对此并不感兴趣。但是在学习了智能阅读习惯（smart reading habit）并进行了快速阅读练习之后，亚历克西斯的心智被点亮了。她发现了自己在阅读方面的潜能，甚至找到了阅读的乐趣。她意识到自己的阅读障碍并不是因为自己反应迟钝或者太愚蠢，而是因为没有人告诉她如何学习，如何启动她两耳之间的"超级计算机"。在体验过学习的力量之后，她脑海里负面的自我对话和限制性信念烟消云散。

课后，亚历克西斯第一次完整地阅读了一本书，她的理解力和记忆力令她自己感到震撼，她也深深地爱上了这样的体验。

这是她人生中一个巨大的转折点。此前她具有的是有限的思维模式，觉得"事情只能如此"。上过课后，她知道自己可以改变和塑造思维模式，实现自己的目标。她开始相信自己，畅想自己能够做到的事情。

如今，亚历克西斯在学习新内容的时候不会有丝毫的害羞、胆怯。如果有内容搞不懂，她也不会觉得是因为自己不够聪明，她会努力寻找答案并加以应用。出于对学习的热爱，她还和我一起创办了在线教育平台——奎克学习学院，与世界上 190 多个国家的学员分享她所经历的转变。

简·布鲁斯、安德鲁·沙特博士、亚当·帕尔曼博士合著的《自我平衡》（*MeQuilibrium*）中称这种信念为**冰山信念**（iceberg beliefs），因为其中有很多信念都隐藏在我们的潜意识之中（见图 5-1）。《自我平衡》中提道："冰山信念根深蒂固，难以撼动，它们影响着我们的情绪。这座冰山越是坚固，对于我们的危害和破坏就越大……让你的日常安排杂乱无章、手忙脚乱、阻碍你坚持节食减肥、妨碍你抓住机会。"

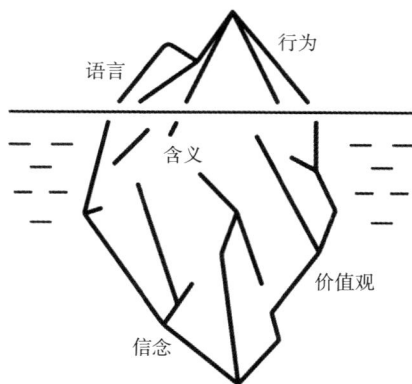

图 5-1　冰山信念示意图

所以书中提到，最关键的一点在于"如果我们能掌控自己的'冰山'，我们就能掌控大部分感情乃至左右自己的生活。如果一座冰山融化，那么它对下游所造成的影响也就随之消失不见"。[2]

詹妮斯·维尔豪尔（Jennice Vilhauer）博士是埃默里大学医学院精神病学和行为科学系成人门诊心理治疗项目的主任。她希望我们能直面内心的批评之声，"你脑子里的那个声音对你评头论足、充满质疑、挖苦贬低，不断地告诉你，你不够优秀。它用负面的话语伤害你，你做梦都不会对别人说出那样恶毒的话语，但是却将之倾泻在自己身上。比如，'我真是个笨蛋''我就是个骗子''我什么事情都做不好''成功对我来说简直是痴人说梦'"。

她补充道，"内心的批评之声绝不是无害的。你受到它的妨碍和限制，它让你无法追寻你真正想要的生活，也让你无法获得内心的宁静和健康的情绪。如果这种内心的批评之声长期得不到控制，甚至会导致你产生严重的心理健康问题，比如抑郁症或焦虑症"。[3]

让我们再重温一下本章开头那个落败的超级英雄。当然，他去拯救大众的动力非常充足，但是他欠缺思维模式。他内心的批评之声说服了他，让他觉得自己不够强大，所以他坐在一旁自怨自艾，而不是去拯救生命。当然，从这个故事里我们看到这位超级英雄并不合格，他把事情搞砸了。他在关键时刻掉链子了，因为他没有摆脱自己的心魔。

当然我们还需要看到这个故事非常重要的另外一面：我们的超级英雄具备成功所需的所有能力。<u>如果能战胜那些阻碍他的信念，他的非凡才能就会大放异彩。</u>

我想你已经清楚了，战胜自己的限制性信念是多么重要。

找到自己的天才类型

说到天才，你首先会想到哪些人？我想你脱口而出的肯定是爱因斯坦和莎士比亚，可能还会有霍金、比尔·盖茨、玛丽·居里或者鲁斯·巴德·金斯伯格。这些人名会出现在我们的脑海中，是因为他们每个人都拥有非凡的智慧，而我们总是将他们和天才画上等号。你的名单上有勒布朗·詹姆斯吗？碧昂丝呢？奥普拉呢？有没有你自己呢？

你想不到我最后列举的那几个名字，这并不奇怪。大多数人都倾向于用智商这个单一的衡量标准去判断一个人是不是天才。智商超常的人是天才，而智商较低的人可能也会在某些方面做得不错甚至出类拔萃，但是我们依旧不会认为他们是天才。

你的想法可能与之接近，这样定义天才的人绝非只有你一个，但是这样的定义方式存在两个问题：其一，它让你无法欣赏形形色色的人们展现出的各种天赋；其二，它让你无法发现你自己其实就是一个天才。

天才的形式多种多样。专家们对天才的种类也莫衷一是，但是他们普遍认为，天才的表现形式有 4 种。千百年来，我们一直用以下标准判断一个人属于哪种天才。

- **发电机型天才**（dynamo genius）：通过创意和观点展现自己天赋的天才。莎士比亚属于发电机型天才，因为在他写出的精彩故事中，我们总是能看到自己的身影。伽利略是发电机型天才，因为他在仰望天空时，能看到别人看不到的东西。说起天才，我们最常想到的就是发电机型天才。

- **火焰型天才**（blaze genius）：通过与他人的互动展现自己才能的天才。奥普拉·温弗瑞（Oprah Winfrey）属于火焰型天才，因为她拥有非凡的能力，能够与不同的人就情感、思想等进行沟通。马拉拉·优素福·扎伊（Malala Yousafzai）也是火焰型天才，因为她能让全世界的人在了解她的故事之后产生共鸣。火焰型天才往往是沟通高手。

- **节奏型天才**（tempo geniu）：通过广阔的视野和坚持不懈的努力展现自己才能的天才。纳尔逊·曼德拉（Nelson Mandela）属于节奏型天才，因为即便面对重重困难，他也能够看到自己的远见卓识中所蕴含的智慧。特蕾莎修女（Mother Teresa）也是节奏型天才，所以即便是在最黑暗的时刻，她也会为身边的人争取更美好的环境。节奏型天才目光长远，他们对于未来的理解常人无法企及。

- **钢铁型天才**：这个类型的天才擅长兢兢业业地做好细小的事情，擅长在别人无法想到或者无法预见的细节上着力。谢尔盖·布林（Sergey Brin）就是这种天才，他的天赋让他看到了海量数据的潜在价值，所以他与别人共同创立了谷歌。如果你读过《魔球》（*Moneyball*）这本书，你肯定知道比利·比恩（Billy Beane）和他的员工们一起，通过统计和数据分析，重新定义了棒球运动。钢铁型天才喜欢尽其所能获得所有的相关信息，他们具有一种独特的视野，可以发现别人错过的信息并凭借这些信息取得成功。

大脑升级训练

你觉得你属于上述哪类天才？写在下面的横线上：_____

_____

很有可能你属于上述两种甚至两种以上天才的组合，我们中很少有人单纯擅长处理数据或者只是具有超强的共情能力。但是对你来说，一定要明白一点，即天才的范畴并不仅限于在学术上出类拔萃或者有按序背诵元素周期表的能力，直白地说，你就是一个天才。

如果上一段最后一句话依旧令你感到惊讶，你可以重读本书前面的一些章节。让你自己进入无限可能的境界，就是释放你的内在天才。也许你不是莎士比亚那种发电机型天才，也不是奥普拉那样的火焰型天才，但是你的天赋可能是上述几种天才所具有的天赋的组合，你的天赋正在等待初次登场或者进一步展现自我的机会。关键在于，你应该充分地释放它。

积极信念有益健康

接下来我会教给你一些方法，帮助你转变思维模式，变得积极主动。在此之前，我们先花点时间聊聊积极的思维模式有多么重要。积极的思维和健康的身体之间存在明显的关联。约翰斯·霍普金斯大学（Johns Hopkins）进行过相关研究，该校的丽莎·雅内克（Lisa Yanek）博士发现，"在大部分普通人中，心态积极的人群与心态消极的人群相比，罹患心肌梗死和其他心脏疾病的概率要低 13%"。[4]

同时，梅奥医学中心（Mayo Clinic）也有研究表明，"积极的思维通常都伴随着乐观的态度，这也是有效管理压力的重要方法。而有效管理压力能够为健康带来许多益处"。

梅奥医学中心指出，相关的益处包括：

- 延长寿命；
- 降低抑郁症发病概率；
- 降低苦恼程度；
- 提高对普通感冒的抵抗力；
- 改善心理和身体健康状况；
- 改善心脑血管健康状况，降低心脑血管疾病死亡风险；
- 面对困难和压力时具备更好的应对技巧。[5]

如何创造积极信念

此前，我在帮助大家摆脱限制性信念的时候，总会用到一个比喻，我觉得特别恰当。我会告诉大家，限制性信念与无限可能的思维模式之间的区别，就像温度计与恒温器之间的区别。温度计只有一个功能：对环境的变化做出反应。你能从温度计上看到温度，仅此而已。这就像在通常情况下人们对限制性信念的反应一样，人们会感到自己受到了限制，只能以受限和受控的方式做出反应，并且生活方式也受到种种制约。

恒温器与温度计不同，恒温器测量环境的温度，然后改变环境的温度。如果恒温器发现环境太冷或太热，它会改变环境的温度，达到它设置的理想温度。同样，如果你遇到外部或内部对你施加的限制性信念，你可以像恒温器一样拒绝那些限制性信念，创造一个与你的雄心壮志相适应的环境。

那么，你该如何最大限度地减少限制性信念，培养出一种超级英雄的思维模式呢？我认为可以采用以下三个步骤。

第一步，找到你的限制性信念

在此前的章节中，你已经读到了一些关于限制性信念的例子，但是限制性信念并不限于本书中的几例，它们数量众多。稍后，我们将重温一下与学习有关的七个最常见的限制性信念（七个关于潜能的谎言）。它们会影响你的天赋、性格、人际关系、接受的教育，也会导致你内心的自言自语妨碍你实现自己的目标。现在开始留意一下，你在做什么事情的时候会对自己说"我不行"，即便你认为这件事情可能对你的生活并不重要。

比如，也许你会告诉自己，你并不擅长讲笑话。也许这对你来说并不是什么大不了的事，因为成为善于讲笑话的人并不是你的个人愿望。但是，你可能无意间告诉自己，"我没有娱乐天赋，不是个有趣的伙伴或者算不上一个能为对方带来欢乐的伴侣"；而这种自我对话最终会导致你在重要的社交场合或者需要在众人面前发言时，变得笨嘴拙舌。所以，当你发现你在对自己说"我做不到……""我不是……""我做不了……"或者类似的话语时，你需要留心。在做某件事情的时候，你打击、质疑了自己，即便只是一件琐碎的小事，对于你如何看待自己似乎并不重要，实际上你向自己传递的这些信息影响到了你对自己人生的整体判断。

Les Brown

莱斯·布朗

励志演说家

生命没有极限，除非你自己设置。

LIMITLESS

与此同时，你要努力找出这种自我对话的起因。限制性信念通常始于童年时期。但这并不意味着你的家人就是它们唯一的来源。你在童年时期所处的社会环境和教育环境也会让你产生限制性信念。有时候限制信念的产生仅仅是因为你在孩童时代对某件事情的最初几次尝试并不顺利。

你还需要意识到你的自我对话是如何阻碍你前进的，然后花点时间找到这些信念的来源，这样你才能完全挣脱束缚。因为只要你意识到这些限制性信念的存在，并且清楚它们只是你对自己的主观看法而非真实情况，这些限制性信念就会自然而然被你划入错误观点的行列。

一旦你发现了脑海中那些总是不断告诉你"你办不到"的声音，你就可以有力地回击它们。比如，当你发现自己在想"我总是把这类事情搞砸"，你就可以反驳"我过去并不擅长做这类事情，并不意味着我现在不能做好。你还是省省吧，别唠叨了"。

第二步，直面事实

限制性信仰最为恶劣的地方就在于，在很多情况下，它们完全是无稽之谈。你真的不擅长在公共场合演讲吗？你带领团队就会搞得一团糟吗？不管走到哪里，你都是现场最无趣的那一个吗？有什么证据支撑这些结论呢？你实际遇到过多少次这样的情况呢？结果如何？

限制性信念最大的危害在于，它们会对我们的情绪产生极大的影响。当你产生限制性信念的时候，你很可能会发现理性自我在与限制性信念交战，而且往往会败下阵来。但是，自我对话中的限制性信念在现实中到底有多少事实基础呢？想想你在公共场合演讲的经历（顺便说一句，很多人对此深感恐惧，这很正常）。与其关注你在演讲时的感受，不如想想事情的具体经过。你被听众嘘下台了吗？演讲之后，人们有没有走到你的跟前嘲笑你，告诉你讲得多么糟糕？第二天，你的老板把你叫到他的办公室，让你考虑一下将来找一份可以一言不发的工作了吗？

我猜这些事情都没发生过。相反，你的听众很可能感觉你的演讲颇具感染力。如果演讲涉及专业内容，或许他们还会做笔记，从你的演讲中收获良多。这是否意味着你的下一次演讲应该搬到TED[①]的讲台上？当然不是。但这绝对意味着，在向一群人传递信息方面，你本人与你脑海中那个声音所描述的你相比，更加优秀。

随之而来的问题是，自认为糟糕的表现在多大程度来源于自我对话的纠缠不休？对很多人来说，这才是关键问题。如果他们缺乏对某件事的自信，在做这件事的时候，内心的那个批评之声就会让他们分心，无法完全专注于手头的事情……最终导致事情以失败告终。这就是为什么我们要学会降服你的限制性信念，让它闭嘴息声，这非常重要。你在这方面做得越好，在面对成长过程中的困难时，你就越能避免注意力分散。

所以，在你深入了解自己大脑中限制性信念背后的事实时，一定要考虑两件事情：第一，是否有证据证明面对某项任务，你确实有所欠缺或存在问题；第二，这些证据是否真实，是否只是被你内心批评、质疑之声扭曲后的伪证。

第三步，创造新信念

既然你已经找到了限制性信念，也深入了解了这些信念背后的实际情况，是时候采取最重要的一步了——创造一个信念，这个信念要比你一直以来接受的那些限制性观点、谎言更加真实，并且有利于让自己进入无限可能的境界。

你将在第 6 章中看到这个过程是如何发挥作用的，但是让我们现在就来浏览一下这一过程。比如，你的某个限制性信念总是让你在关键时刻表现欠佳。

---

① TED（指 Technology，Entertainment，Design 三个单词首字母的组合，即技术、娱乐、设计）是美国的一家私有非营利机构。该机构以它组织的 TED 大会著称，这个会议的宗旨是"传播一切值得传播的创意"。——编者注

你首先确定了它属于限制性信念，随后按照步骤了解了真实情况。你发现你会偶尔因为巨大的压力陷入紧张，但是即便你感到紧张，也鲜有灾难性的后果。经过仔细回忆，你可以想起好几次从紧要关头挺过来的经历。事实上，现在你认真想想，你成功的次数远远多于你跌跌撞撞的次数。

现在是时候创造一种新信念了。你的新信念是，没有人能够在紧要关头保持百分之百的成功率，你应该为自己在面对巨大压力时表现出色而感到自豪。新信念有充分的事实支持，它会取代旧信念，在下一次的关键时刻，你就能拥有更加健康的思维模式。

我还为你提供了另外一种方法。这些年来，我和很多专家聊起过这个话题，而我们的谈话总是聊到同一点：只要你相信内心的批评、质疑之声是你真实的心声，是来自那个最聪明的你，那么它就会一直牵着你的鼻子走。我们中的许多人甚至会先说"我了解我自己"，然后紧接着说出一个限制性信念。

但是，如果你能为内心的批评、质疑之声创造一个独立的角色，与真实的你不同的角色，你就能更好地让它安静下来。这非常有效，同时你也可以从中获得乐趣。给你内心的批评之声起个荒谬、怪诞的名字，再套上丑陋、滑稽的面容。你可以想象它是从动画片里走出来的人物，就像那些低成本烂片里的角色。你可以嘲笑它只知道输出负能量。当他跳入你的脑海时，你就白眼相对。你越善于辨别这个声音与真实的你之间的不同，你就越能更好地阻止限制性信念妨碍你。

追求无限可能

既然你已经知道了如何克服你的限制性信念，现在就可以开始用积极的思维模式去追求无限可能的境界了。这听起来可能是一个大胆的计划，但有大量证据支持思维模式与个人成就密切相关。

詹姆斯·克里尔（James Clear）是《纽约时报》畅销书《掌控习惯》（*Atomic Habits*）的作者，他曾经做客我的播客，在本书后面的章节中，我还会提到他。他给我们描述了北卡罗来纳大学（University of North Carolina）积极心理学家芭芭拉·弗雷德里克森（Barbara Fredrickson）博士的一项研究。他以在森林里遇到一只老虎举例，强调了负面情绪对我们的影响，以此开始了我们的谈话。他指出："研究人员早就知道，消极情绪会设置命令，让你的大脑做出特定的动作。例如，当有只老虎从你的面前走过，你会逃之夭夭。世界上的其他任何事情都已经无关紧要。你的注意力全部集中在老虎身上，集中在老虎带来的恐惧之上，集中在思考如何摆脱老虎之上。"[6] 克里尔认为，消极情绪驱使我们缩小能力范围。我们的注意力全部集中在如何摆脱比喻中的老虎之上，其他任何事情都变得无足轻重。如果我们受制于消极情绪，比如限制性信念，如果我们总是以这种**幸存模式**（survival mode）生活，生活中可能性的范围便会缩小，我们只能受困其中。

弗雷德里克森博士发现，积极的思维模式会导致完全相反的结果。她设计了一个实验，参与者被分成 5 组，观看电影剪辑视频。第一组观看的是能让人开心的视频片段；第二组观看的是能让人产生满足感的视频片段；第三组观看的是能让人产生恐惧的视频片段；第四组观看的是能让人产生愤怒的视频片段；第五组为对照组。

在他们看完视频后，研究人员要求参与者想象与他们刚刚观看视频相似的情况，并考虑如何应对这种情况。然后，参与者要填写一张表格，表格上有 20 个以"我想要"开头的句子，但是内容空白，需要参与者补全句子。那些经历过恐惧和愤怒的参与者写出的答案最少，而那些经历过快乐和满足的参与者比对照组给出的答案还多。克里尔指出："换言之，当你体验到快乐、满足和爱等正面、积极的情绪时，你会在生活中看到更多的可能性。"[7]

　　同样需要注意的是，积极的思维模式具备的好处远远超出了积极情绪所带来的好处。克里尔给出了这样一个例子。

　　　孩子在外面跑来跑去，在树枝上荡秋千，和朋友们一起玩耍，这样就能开发运动能力（身体技能）、与他人玩耍和与团队沟通的能力（社交技能），以及探索和审视周围世界的能力（创造技能）。通过这种方式，游戏和快乐的积极情绪会促使孩子学会日常生活中所需的技能，这些技能不仅实用而且极具价值……推动探索和学习新技能的童年幸福时光可能早已逝去，但是童年学会的技能却永远留存下来。[8]

　　弗雷德里克森称之为"**拓展和构建**"（broaden and build）理论，因为积极的情绪拓展了个体对可能性的认识和个体的思维，反过来又让个体构建新的技能和资源。这些技能和资源可以为个体生活中的其他领域提供价值。

　　　该理论和上文提到的研究表明，积极情绪可以：①拓展人们关注事物的范围和人们的思维；②消除挥之不去的负面情绪唤醒；③增强心理韧性；④建立相应的个人资源；⑤触发向上的螺旋式上升，使人们获得更强烈的幸福感；⑥为人类的繁荣昌盛播撒种子。这一理论还传递了一个重要的信息，它告诉人们，无论在自己的生活还是周围人的生活中，都应该培养积极的情绪。之所以这样做，不仅是因为这会让他们在当下感觉良好，更是因为这会让人们自我提升，走上成功和健康的长寿之路。[9]

　　新的思维模式让你内心的批评、质疑之声不再躁动，也为你呈现了一个充满各种可能性的世界。当你的内心充盈着积极的情绪时，你可以看到此前从未留意到的东西，而且能够紧紧地抓牢它们。此外，如果方法得当，你还可以顺利地踏上通往无限可能境界的大道。

小结

此前，我们对什么是可能的、什么是不可能的形成了自己的定义，为了提升学习速度，我们必须超越这些狭隘的定义。接下来，你将了解到七个关于潜能的谎言，很多人对它们深信不疑，然而它们恰恰是阻碍我们前进的限制性信念。在我教导人们如何学习的几十年中，我看到学生和客户坚持这些错误的信念。你所面临的这些限制正是你通往无限可能境界的唯一障碍。毕竟，如果人们认为提升阅读速度毫无可能，他们就无法学会更快地阅读。如果人们一直告诉自己记性不好，他们就无法提升记忆的效率。一旦你摆脱了这些所谓"极限"的蛊惑与催眠，所有的事情就会变得井然有序、顺顺利利。通过戳穿谎言，你将击穿通往无限可能境界道路上的核心障碍。在进入下一章之前，我们先来回顾一下本章的内容。

- 想一想，当你看到别人取得了成功，并且给你留下了深刻的印象，你可以从中汲取怎样的灵感？
- 想象一下你内心的批评、质疑之声，给它换一副面孔或一种声音，这样它在你心中的可信度就会逐渐下降。
- 现在就直面一个限制性信念。对于哪件事情，你会经常告诉自己"我办不到"？找出证据来证明这个信念背离事实。

Wayne Dyer

韦恩·戴尔
畅销书作家，演讲大师

我们能力有限，这绝对是一个弥天大谎。
唯一能限制我们的就是相信极限的存在。

LIMITLESS

第 6 章

七个关于潜能的谎言

在你自我灌输的谬论中，最具限制性的是哪些？

你如何才能克服这些谬论的削弱效应（debilitating effect）？

你怎样才能把这些限制性信念转变成积极信念呢？

你被骗了。有时候你反复被欺骗，有时候受骗的只有你一人。有关我们能力极限的错误信息几乎无穷无尽，我们都是这些错误信息的受害者。我们频繁地接收这些信息，大部分人别无选择，只能信以为真。问题在于，这些信息的内涵与你进入无限可能境界的追求背道而驰。"我们已经接受的限制性看法"，你也可以称之为"与潜能有关的谎言"，它们会让我们停滞不前，误入歧途。让我们来看看七个限制性信念，详细地了解它们，揭开它们的真面目，然后用积极信念取而代之。

谎言 1：智力是个固定值

瑞伊是个相当积极的人，她经营着自己的企业，社交圈子也很广，喜欢与那些胸怀大志的人相处，因为这些人敢于想象大多数人做梦都不敢想的事情。

可是当瑞伊有了女儿之后，她才意识到也许她的思维并不像她想象的那样积极。一种不同的思维模式开始以非常微妙的方式显现出来。首先是瑞伊对于尚且年幼的女儿的行为方式的看法。瑞伊坚持的观点是"她生性如此"，她并不相信自己可以影响女儿的行为方式。当她的老公试图教女儿新东西时，瑞伊发现她感到一种微妙的不适，想去保护女儿，如果女儿不学习，也就不会在学习的过程中遭遇挫折，从而可以避免随之而来的失望与沮丧。她注意到，她总认为女儿"学习这个为时尚早"。

有一天，瑞伊的老公望着她，说道："你认为她缺乏学习能力吗？她要永远原地踏步，驻足不前吗？"答案当然是否定的，她爱自己的女儿，小姑娘不仅聪明而且好奇心强，每天都在学习新知识。情况显然与瑞伊想的不一样，但是瑞伊发现她的内心深处有一个信念在对她低语："不，孩子生性如此，难以改变。"瑞伊对自己女儿的智力始终抱有一种成见，这令她非常痛苦。

这些信念非常微妙。我们中鲜有人会有意识地思考自己遇到的限制或者我们认为别人遇到的限制。但是在生活中的关键时刻，这些限制还是会影响我们的幸福，影响我们的工作、家庭生活甚至我们的孩子。如果我们认为自己无法进步，那么我们就只能止步不前。如果你从一开始就不相信自己可以取得成功，那么在做任务时就会感到困难重重。

斯坦福大学心理学教授卡罗尔·德韦克（Carol Dweck）阐述了**固定型思维模式**（fixed mindset）与**成长型思维模式**（growth mindset）之间的区别。

在固定型思维模式下，学生认为自己的基本能力、智力、才能都只是固定不变的。换言之，他们具备定量的基本能力、智力和天赋，一成不变。所以他们一直以来的目标就是让自己在别人的眼中看起来很聪明，永远不会像个傻瓜，这样就好。在成长型思维模式下，学生明白自己的才能和能力可以通过个人努力、优质教学和坚持不懈得以提升。并不是说他们相信人人一样或者人人都能成为爱因斯坦，他们相信的是只要努力，每个人都能变得更聪明。[1]

许多人与瑞伊一样，从来没有考虑过自己是固定型思维模式还是成长型思维模式。大部人只是在不知不觉间采取与家人一致的思考模式。尽管这非常微妙、难以琢磨，但是采取不同的思维模式，我们对待生活的方式也会不同。如果你的思维模式属于固定型思维模式，那么你会认为"事情只能如此，我们没有能力改变现状"。如果你的思维模式属于成长型思维模式，那么你的观点就是"我们有能力去改进任何事情"。

如果瑞伊认为她的女儿无法进步或成长，哪怕是一丁点儿女儿都办不到，她不去教导女儿，那么她会做什么呢？她可能会安抚女儿，让女儿暂时休息，分散女儿的注意力。这些做法确实能缓解女儿当下的压力，但对女儿的成长毫无益处。同样，作为成年人，如果我们自认为学习能力不足，不去承担责任，不去自学我们想要或者需要知道的知识，我们会怎么做？我们会告诉自己这些知识并不是必学的，会给自己找借口，我们会埋怨其他人或者抱怨环境，然后把注意力分散到那些让我们感觉良好的事情上。

对于这种限制性信念，可能你已经忘记了它们产生于何时，抑或它们诞生于你的童年时期。这种限制性信念对于你如何看待你的智力和学习能力会产生深刻的影响。智商分数及测试诞生于 20 世纪的第一个 10 年，目的是更好地评估哪些学生会在学校接受教育的过程中遇到较多的困难。法国政府委托很多科学家设计可以衡量智力的测试，法国心理学家阿尔弗雷德·比奈（Alfred Binet）和他的学生泰奥多尔·西蒙（Theodore Simon）是首批完成任务的科学家。[2] 他们设计出的测试考虑到了年龄因素，因为年龄与智商有关。另外，因为他们设计的测试可以在其他语言和文化中非常方便地被实施，所以颇受青睐。[3]

自智商测试诞生已经 100 多年了，这些测试是否真的能用来衡量人类的智商，或者说是否真的能用来衡量人类获取和吸收知识与信息的能力，至今仍然存在激烈的争论。非常有趣的是，比奈本人对他的测试方法并不满意，因为它测量不出创造力和情商（emotional intelligence）。[4] 此外，我们的文化氛围让智商分数得到了本不应该有的重视程度。我们倾向于认为，固定不变的智商得分正确地反映了我们的智力水平，事实并非如此。实际上，智商测试衡量的是我们目前在学习方面的能力，而非天生的智力。[5] 直到今天，智商测试仍然无法衡量创造力或**实践智力**①（practical intelligence），当然也无法衡量情商。[6] 而创造力、实践智力、情商这三项素质在工作和生活中的重要性日益提升。

最重要的一点是，我们要记住考试成绩与你的学习能力之间并不能画等号。爱尔兰国立大学的布莱恩·罗奇（Bryan Roche）表示："有些人声称人类的智商终生不变。实际上，相对不变的是我们的智商测试得分，并非我们的智力水平，我们的智力水平是不断上升的。"[7]

戴维·申克（David Shenk）在他的著作《天才基因》（*The Genius in All of Us*）一书中进一步阐述了这一观点。他写道，每个人都有成为天才的潜力，或者说至少每个人都拥有巨大的潜力。但是，我们更愿意相信我们要么是天才，要么不是，或者我们要么有天赋，要么没有，因为这样的想法可以让我们逃避掌控自己生活的责任。"相信天赋和限制是与生俱来的，这样心理更容易承受：我之所以不是一个伟大的歌剧演唱家，是因为我天生就没有这种能力。这就是我固有的看法。认为天赋是与生俱来的，能让我们更轻松地面对这个世界，免于承担他人期望的重荷。"[8]

智力不仅具有可塑性，而且培养成长型思维模式的能力决定了智力的可塑性。开始审视你的态度吧。倾听你的说话方式，固定型思维模式通常会从你的语言中流露出来。也许你会对自己说"我不擅长阅读"，这种说法意味着你认为这

---

① 它是指那些经过实际经历积累的知识。

种情况恒定不变，你的技能无法提高。你可以试着换种说法——"这是我目前还不擅长的事情"，你可以将这种话语上的转变应用于任何事情，从而帮助自己取得进步。

智商测试的分数无法决定你的未来。它们不能决定你的学习能力，也不能决定你的最终成就。你要把你的学习牢牢掌握在自己的手中。

事实是这样的：重要的不是你多么聪明，而是你在哪些方面聪明。智力分为多种类型（我稍后将详细介绍）。智力是态度与行为的结合，并且受到环境的影响。

新信念：智力是不断变化的。

谎言 2：我们只开发了大脑的 10%

我们都听说过这个谬论。可能有的人是听老师说的，有的人是从朋友口中得知的，还有些人是通过媒体（可能是纪录片、电视节目，也可能是电影）知道的。每每提到人们朝思暮想的能力上限时，我们总能看到这个谬论：如果我们能开发我们大脑剩余的部分，那么我们能取得怎样的成就？

这个谬论有许多不同的来源，与其他公众舆论形成的过程类似，它也是建立在一系列连续的事件之上的。有人认为它来自威廉·詹姆斯（William James），他是一位作家，同时也是一位哲学家。他在《人类的能量》（*The Energy of Men*）一书中写道："我们只利用了自己思维和身体禀赋的一小部分。"[9] 它也可能源于法国物理学家皮埃尔·弗卢龙（Pierre Flourens）的作品，他在 19 世纪末发现了大脑和神经系统的工作原理以及二者是如何协同工作的，并因此享有盛名。

这个谬论也可能与卡尔·拉什利（Karl Lashley）博士在 20 世纪 20 年代

的研究有关。当时，拉什利移除了实验鼠一部分大脑皮层①，发现实验鼠仍然可以重新学习一些任务。所以他做出了错误的假设，认为我们并没有使用大脑的所有部分。[10] 有些人则将这种谬论归咎于早期 PET 扫描② 和功能性磁共振成像（fMRI）扫描生成的神经图像③。有些人对这些图像做出了简单的解释，"你拿起某件东西时，你的大脑就是这个样子"。在这些图像里，大脑通常只有一部分是高亮的，所以外行很容易得出结论，认为我们在某一时刻只使用了大脑的一小部分。[11]

在过去的 100 年中，无数的广告和电影也为这一假设推波助澜。2011 年上映的电影《永无止境》改编自小说《暗黑领域》（The Dark Fields），片中提到我们仅使用了 20% 的大脑功能；2014 年上映的电影《超体》（Lucy）也称无论何时，我们对大脑功能的利用率仅仅达到 10%。剧集《黑镜》（Black Mirror）援引事实或数据素来都会经过深入的研究和反复的斟酌，并以此闻名。而在 2017年，《黑镜》也加入了吹捧前述谬论的行列，在该季其中一集提道："即便在极佳的状态下，我们也仅仅利用了 40% 的大脑能力。"所有这些电影、小说或者电视剧的情节，都认为大脑最大的潜能始终处于隐藏状态，它们关注的焦点是如何才能释放大脑的这种潜能。

毫无疑问，这个谬论流传甚广，几乎无处不在，但是，它是错误的。

在美国国家公共广播电台的节目中，主持人播放了一段来自《超体》的片段，摩根·弗里曼（Morgan Freeman）用他那充满感染力的低音提出数个问题："如果有一种方法可以让我们百分之百利用我们的大脑，那会怎样？我们能做哪些事情？"《超体》这部电影正是基于这种假设。

神经学家大卫·伊格尔曼（David Eagleman）给出的答案直截了当："到那

---

① 大脑皮层是负责高级认知功能的区域。

② 检验胴体尤其是脑部新陈代谢的断层扫描。

③ 屏幕上的这些扫描图像会存在亮点。

时，我们能做的事情和我们现在做的事情别无二致，也就是说，我们其实已经百分之百地利用了我们的大脑。"[12]

支持大卫·伊格尔曼观点的证据不计其数，无法在这里一一列举，加拿大不列颠哥伦比亚省西蒙弗雷泽大学（Simon Fraser University）的心理学教授巴里·拜尔斯坦（Barry Beyerstein）也列举了一些重大科学发现，以此驳斥这一谬论，转述如下。[13]

- 研究遭受过损伤的大脑得出的结论，与之前各种理论得出的结论相反，事实上，大脑中没有一个区域可以承受损伤而不丧失能力。通过扫描大脑可以发现，无论我们进行哪种活动，大脑所有的区域都处于活跃状态。即使在我们睡觉时，我们大脑的所有部分也都处于活跃状态。
- 我们的大脑是耗能大户。从重量来看，大脑的重量仅占人体体重的 2%，但是它在耗能方面却占到了身体总耗能的 20%，多于任何其他器官。如果一个器官仅有 40% 或者更少的部分处于工作状态，我们绝无必要为了它消耗如此巨大的能量。
- 同时，科学家已经得出结论，大脑的不同区域具有不同的功能，它们是协同工作的。几十年来，科学家绘制了整个大脑的图谱并得出结论，大脑的每个区域都有自己的功能。换言之，根本不存在无功能的区域。

最后，正如我们所知，大脑会利用突触修剪①（synaptic pruning）的过程。如果我们不去使用大脑中较大的一部分，这一部分就会大面积地退化（不必担心，我们不会出现这种情况，除非患上脑部疾病）。[14]

---

① 突触修剪包括轴突和树突完全衰退和死亡，是在许多哺乳动物（包括人类）的幼年期和青春期开始之间发生的突触消除过程。到成年时，婴儿大脑的大小将增加多达 5 倍，最终达到约 86（±8）亿个神经元的大小。有两个因素促成了这种增长：神经元之间的突触连接的增长和神经纤维的髓鞘化。然而，神经元的总数保持不变。修剪受环境因素的影响，被广泛认为代表学习的机制之一。青春期后，由于突触修剪，突触连接的体积再次减少。——编者注

总而言之，这个谬论毫无真实性可言。神经学家巴里·戈登（Barry Gordon）供职于约翰斯·霍普金斯大学医学院（Johns Hopkins School of Medicine），该院位于巴尔的摩。巴里在接受《科学美国人》（*Scientific American*）杂志的采访时表示，这个观点"错得离谱，简直可笑"。[15]

事实是这样的：我想让你们从这部分学到的是，你们现在可以利用的就是你的整个大脑。电影和电视节目所描绘的乌托邦对你来说完全可以实现。所有人都在使用自己的整个大脑，但是有些人显然用得更好。这好比绝大部分人都肢体健全，但是有人比其他人更快、更强壮、更灵活、更有活力。关键在于要学习如何尽可能更高效地使用你的大脑，读完本书之后，你将掌握相关的方法。

新信念：我正在学习用最好的方式使用我的整个大脑。

谎言 3：犯错等于失败

每当我们听到爱因斯坦这个名字，我们想到的是才华横溢、智力非凡，而大多数人都会认为自己永远无法取得与他类似的成就。我们把爱因斯坦的伟大成就与他的聪慧过人联系在一起是理所当然的；爱因斯坦推动了整个科学领域的发展，在物理学方面的贡献尤为突出，他在这方面的贡献胜过其他任何科学家。我们现代最重要的科学技术，正是因为他的研究发现。

爱因斯坦声名显赫，所以大家觉得他极少犯错，事实并非如此。首先，如果用一个词来概括他的人生发展之路，那就是"缓慢"。作为学生，老师一度认为他无法达到平均水准。[16]幼年时代，他的思维和学习方式都明显与班上其他学生不同。例如，他喜欢解决较为复杂的数学问题，对于"简单的"问题则不太擅长。[17]

在科研生涯的后期，爱因斯坦还犯了简单的数学错误，这些错误出现在他最重要的几本著作之中。他犯过许多错误，比如在各个版本的相对论中因为疏忽大意，共有七处重大错误；计算与实验有关的时钟同步时，他也犯了错误；为了确定液体黏度，在运用数学和物理知识进行计算时他也犯了很多错误。[18]

因为爱因斯坦犯过错误，大家就会觉得他是失败者吗？绝不可能。最重要的是，他没有让错误阻止自己前进的脚步。他不断地进行实验，并在自己从事的领域做出了伟大的贡献。他说过一句话："一个人从未犯错是因为他不曾尝试新鲜事物。"大家经常引用这句名言。没有人会记住他犯过的错误，我们记住的是他的丰功伟业。

那么，我们为什么如此畏惧错误呢？这是一种根深蒂固的想法，比如在学校上学期间，学校的评价体系针对的就是我们犯下的错误；在任何考试中，我们犯错的数量决定着我们能否通过考试。在课堂上，回答问题时说出了错误的答案，大部分人会觉得羞愧难当，下次不会再主动举手。遗憾的是，人们没有把犯错作为学习的方法，而是将其作为衡量一个人能力的工具。犯错过多，会让你考试不及格甚至留级。

我们需要改变这种看法。很多人未能兑现自己的能力，而且这种人不计其数，究其原因就是太惧怕犯错误。与其把错误视为失败的证据，不如把它们当作你正在努力尝试的证据。

贝丝·康斯托克（Beth Comstock）曾任通用电气（General Electric）副董事长。在她任内，通用电气被迫放弃了投资的一个新产品系列，贝丝和她的团队学会了如何面对错误。贝丝后来写了《先见之明：勇气、创造力与改变的力量》（*Imagine It Forward: Courage, Creativity, and the Power of Change*）一书，她经常会谈及企业和从业者需要面对不断增多的各种要求，并且需要尽快适应，及时变革。[19]她回顾了此前的经历，她和她的团队并没有把犯下的错误视作一次失败，而是作为学习过程中的重要教训，最终他们开发出了新的产品系列，推动公司继续前进。[20]她们没有陷入错误的泥沼，而是思考自己从中学到了什么。

事实是这样的：错误并不意味着失败。错误证明你在尝试新事物。你可能觉得自己必须是完美的，不能犯错，但是在生活中，你无须与别人比较，而应该与昨天的自己进行比较。如果你能从错误中吸取教训，那么错误就会成为推动你进步的能量，让你变得比昨天更好。

另外，切记：犯错是人之常情，并不是你的个人错误。犯错与个人品行无关。很多人在犯错之后便轻易地得出结论，认为自己天生一无是处。错误是你造成的，但是错误绝不是你主宰的。把错误踩在脚下，就像垫脚石一般，帮助你提升自我以达到更高层次。<u>决定我们人生走向的，绝不是我们为什么犯错，而是我们如何面对错误</u>。

新信念：犯错绝非失败，不能从中汲取教训，才是最大的失败。

谎言 4：知识就是力量

我们都听过"知识就是力量"这句话，很多人把它视作我们学习的原因，好像只有知识才能给予我们力量。你可能也听过这个句子的另外一层意思，但是意图与之完全相反：因为"知识就是力量"，所以我们要对他人隐瞒信息或者知识，比如在谈判之中。

尽管人们通常认为"知识就是力量"这句话出自弗朗西斯·培根（Francis Bacon）之口，实际上，这句话首次出现在托马斯·霍布斯（Thomas Hobbes）于 1651 年出版的《利维坦》（*Leviathan*）一书中。托马斯年轻时曾担任培根的秘书，他在《利维坦》中使用拉丁语表述"scientia potentia est"，即"知识就是力量"。1655 年，他的另外一本书《论物体》（*De Corpore*）出版，书中详细阐述了"知识就是力量"这一观点。但是多年以来，人们对于霍布斯原话的理解只是断章取义。在原著中，霍布斯说："获取知识的目的是获得力量；应用定理是为了构建难题。最后，全部思辨的目标乃在于**践履某项活动，或是把事情办成**。"[21]

换句话说，知识固然重要，但是要想把知识转化成力量，就需要"践履某项活动"。我们的社会文化正是在这个环节出了问题。如前所述，我们每天都会接收大量的信息。<u>我们获得知识的机会比人类历史上任何时候都要多，然而，这种信息过剩反而让我们采取行动的难度陡然提升</u>。

我也曾经相信"知识就是力量"这个谬论。当我还是那个"脑子坏掉的孩子"时，我最大的愿望就是能够像教室里的其他孩子一样正常地学习。但是当我能够做到这一点之后，我很快就意识到，拥有知识并不会让我与众不同，真正让我脱颖而出的是能够应用学到的知识。

事实是这样的：知识不是力量。它只是具有转化成力量的潜力。你可以阅读本书，学习书中的一切，但如果你没有吸收并应用知识，那么本书便毫无用处。世界上所有的图书、播客节目、研讨会、其他在线节目和社交媒体上的励志类文字，只有在你把知识付诸行动的时候才能发挥作用。

谈论学到的知识非常容易，但我希望你们不要仅仅是口头讨论，而是用双手去展示所学。做得好远远胜过说得好。不要只是做出口头承诺，要用行动去证明。行动的结果会为你发出最响亮的掌声。

新信念：知识 × 行动 = 力量。

谎言 5：学习新东西非常困难

听到"学习"这个词的时候，我们通常会想到学校。学校很难给人留下美好的记忆。即使有些人在学业方面成绩出色，但学校依旧是我们经历青春成长痛苦的地方，是我们第一次感受浪漫爱情的地方，当然也可能是我们第一次表白被拒的地方，还可能是我们体验百无聊赖的地方。包括我自己在内，<u>很多人在校期间都在苦苦挣扎，心中增添的是一分羞愧、一分怀疑，总是觉得自己太</u>

蠢、太笨，什么也学不会。这样的念头挥之不去，给"学习"二字蒙上了一层灰暗的颜色。难怪我们一想到学习，就会把它和"困难""斗争"联系在一起。

卡罗尔·格雷德（Carol Greider）是美国著名的分子生物学家。她因为"发现端粒①和端粒酶如何保护染色体"而与伊丽莎白·布莱克本（Elizabeth Blackburn）和杰克·绍斯塔克（Jack Szostak）一起获得 2009 年诺贝尔生理学或医学奖，这项研究最重要的应用前景就是加深我们对于癌症的理解并用于癌症治疗。[22] 格雷德获得了"彭博杰出教授"（Bloomberg Distinguished Professor）和"丹尼尔·那森斯教授"（Daniel Nathans Professor）等殊荣，她也是约翰斯·霍普金斯大学分子生物学和遗传学主任。拥有如此辉煌的职业生涯，人们多半会猜测格雷德在校学习期间是位尖子生，顺风顺水地完成了学业，然而事实并非如此。

卡罗尔回忆道："上小学时，老师觉得我拼写不好，也不会发音，所以让我参加补习班。我记得有位老师把我带出教室，带到另外一个地方参加补习班。当然，那时的我感到自己没有其他孩子优秀。"[23]

结果老师发现卡罗尔患有诵读困难症。诵读困难症是**学习无能**（learning disability）的一种，会影响大脑中处理语言的部分。在识别语音和将它们与字母和词汇建立联系等方面，患有诵读困难症的人会遇到障碍，从而导致阅读困难，有时候还会导致说话困难。[24] 格雷德觉得自己很愚蠢，也感到这种情况很难克服，但她并没有因此放弃。

> 我一直在想办法迎头赶上。虽然我不会拼写单词，但是我学会了如何高效地记忆。后来在化学和解剖学之类的课程上，必须记忆知识

---

① 端粒（Telomere）是存在于真核细胞线状染色体末端的一小段 DNA- 蛋白质复合体，它与端粒结合蛋白一起构成了特殊的"帽子"结构，作用是保持染色体的完整性和控制细胞分裂周期。端粒、着丝粒和复制原点是染色体保持完整和稳定的三大要素。端粒的长度反映细胞复制史及复制潜能，被称作细胞寿命的"有丝分裂钟"。——编者注

点，我发现自己非常擅长记忆知识点。我从来没有规划过我的职业生
涯。我觉得这就像是我戴上了眼罩，笔直向前，我经历了很多可能会
是阻挡我前进的事情。我埋头向前。我要不断地调整、适应，这是我
很早便掌握的技能。[25]

尽管在校学习最初遭遇困难，但是她找到了其他方法来弥补自己的短板，
正是因为她具备了适应能力，最终她不仅在学习中化解了难题，更在科研领域
攻坚克难，做出了巨大的贡献，改变了我们对癌症的看法。卡罗尔曾在学习过
程中遇到困难，但是她想出了办法，克服了自己的不足之处。这也就是我要说
的，关键不在于你有多么聪明，而在于如何变得聪明。因为卡罗尔解决了她在
学习过程中遇到的问题，一路走来，现在她的工作甚至已经对全世界产生了巨
大的影响。

事实上，学习并非总是轻松愉快的，但是努力总能收获回报。我认为，学
习总是伴随着一丝不舒服的感觉，否则，你仅仅是在巩固已知的知识。如果你
曾经尝试用钝刀砍木头，你肯定清楚用钝刀和用利刃完成任务需要的时间和精
力差别巨大。与此类似，缺乏动力或者方法不当，都会让你放慢脚步，让你觉
得学习难于登天，我们将在本书后面告诉你如何解决这些问题。

关键是向前的脚步要稳健，不宜太大。想一想石匠的工作，他们会坐在工
作台前，敲打着自己面前的石头，感觉这项工作似乎永无止境，只能在石头的
各处凿下一些细屑或者敲出凹痕。但是很快，石头就裂开了。这是一蹴而就的
结果吗？当然不是，之前长时间进行种种工作都是为了最终分开石头做准备。

对待学习要具有石匠般的精神。这需要你培养耐心，保持积极的态度，根
据自己的需要做出调整。如果你最擅长拿着书本进行学习，这自然是一件好事，
但是如果你已经明白书本学习对你不起作用，为什么还要一直尝试同一件事
呢？你需要寻找其他有效的学习方法。

明白这个道理并不困难，但是想要取得进步，就要付出努力。其实付出的努力可能没有你想象中那么巨大，但关键在于坚持。你必须耐着性子，一遍又一遍地像石匠般重复工作。如果你能做到这一点，你不仅能收获来之不易的知识，还能培养坚韧不拔的毅力，让自己的意志品质变得更加优秀。

事实是这样的：有时学习新事物确实很难。更准确地讲，你必须理解学习需要一套方法，当你知道如何学习的时候，学习这个过程也会轻松许多。

新信念：当你学会了新的学习方法时，学习新事物这个充满挑战的过程会变成一件乐事，也会更容易、更愉快。

谎言 6：其他人的批评很重要

几年前，迪帕克·乔普拉（Deepak Chopra）举办了一次活动，他邀请我发表主旨演讲。演讲结束之后，我坐在观众席观看剩下的节目。这时，一个高大的身影走近我，影子掠过我的头顶，我猛地一抬头，居然是我最喜欢的戏剧演员之一金·凯瑞（Jim Carrey）。

随后，在活动现场，大家开始深入讨论关于创造力的话题。其间，金·凯瑞对我说："吉姆，我正在拍摄《阿呆和阿瓜 2》（*Dumb and Dumber 2*），我需要变得非常聪明，才能变得越来越蠢，从而进入阿呆和阿瓜的世界。"

几周之后，我便前往他的家中与他合作。在一次休息期间，我在厨房做牛油果沙拉，这是我最喜欢的健脑食品之一。我问他："你为什么会那样表演？你的表演风格独一无二，你在镜头面前显得有点极端。"金·凯瑞说："我这么表演是因为我想让观众做他们自己。这个世界上最滑稽的事情就是人们因为害怕别人的看法，所以阻止和限制自己表达内心的真实想法。"对金·凯瑞来说，这种观点如同宗教信仰一般，他认为这种观点可以"让人们从忧虑中解脱出来"。

他在玛赫西管理大学（Maharishi University of Management）的毕业典礼演讲中详细地阐述了这一点。

> 一直以来，我的人生目标都是让人们从忧虑中解脱出来……你将如何为这个世界服务？你的才华能为人们提供什么？你需要弄清楚这些问题……你对于别人的影响是最有价值的货币。我们一生所获得的一切终会腐烂、破碎，你能够留在世间的只有内心的思想。[26]

在这个世界上，孩子的学习速度是最快的，部分原因是他们不在乎别人对他们的看法。孩子不会对失败感到羞愧。在学习走路的过程中，他们会多次跌倒，但是也会多次爬起来，绝不会觉得尴尬，他们满脑子只有学会走路。随着年龄的增长，我们很难再保持这种开放的心态。比如，我们会去学习歌唱或者编程，一旦我们有个音调唱低了或者在学习过程中犯了其他错误，我们就会畏首畏尾甚至停滞不前。

想要进入无限可能的境界，就要摆脱对他人批评的恐惧。历史上不乏这样的例子，很多人战胜了周遭的负面评价，迈向了成功。莱特兄弟让比空气重的机器在天空中飞翔，完成了那时令人难以置信的壮举，然而最初，他们的想法几乎没有得到任何赞誉。1903 年 12 月 17 日，他们完成了首航，回家的路上既没有乐队欢迎，没有人递上雪茄，也不见彩带飘飘。唯一"欢迎"他们的却是质疑的声音。

弗雷德·凯利（Fred Kelly）是莱特兄弟个人传记的作者，他写道，莱特兄弟的邻居觉得莱特兄弟的成功难以相信。其中一个邻居说："我知道你们很诚实，你们说你们坐在机器里在天空中飞翔，我相信你们。但是，那是因为在卡罗来纳海岸，有特殊的条件可以帮助你们。也就是说，你们在其他地方是办不到的。"[27]

这与我们预期中的热烈反响相距甚远，对吧？

报纸和其他媒体也没有报道他们的成就。根据凯利的说法，当时很多著名科学家都已经解释过人类不能飞行的原因，因为记者也怕自己沦为笑柄，所以没有报纸愿意报道他们的故事。[28] 备受尊重的科学家都曾表明飞行在科学上是行不通的，所以也没有任何编辑想要刊登、报道直接驳斥科学家此前的观点。缺乏公众认可并没有让莱特兄弟感到不安，他们知道还需要做更多的工作，着手完善他们的飞行器，最终他们的飞行器赢得了应得的认可。

在考虑尝试新事物的时候，大多数人都会害怕别人的看法。莱特兄弟的故事表明，公众的想象力平淡无奇，甚至到了令人悲哀的地步。与事实相比，人们更愿意相信他们认为可能会发生的事情。

事实是这样的：创造你想要的生活可能会遭遇一些可怕的事情。但你知道什么更可怕吗？后悔。总有一天，我们会咽下最后一口气，那时别人的意见或者你的恐惧都不再重要。重要的是，我们如何度过自己的一生。如果你听从某人的建议，那么他的批评也值得一听；对于无法为你提供中肯建议的人，你完全可以忽视他们的批评。无论你做什么，人们都会质疑你、批评你。你总是会对自己下不公平的判断，只有打破这些判断，你才能知道自己真正的潜能。不要让别人的观点和期望左右甚至毁了你的一生。

新信念：我不会强求你喜欢、爱上或者尊重我的工作。我的事情与你无关。

谎言 7：天才是与生俱来的

李小龙是公认的电影明星、哲学家，也是武术搏击史上最成功的搏击家之一。然而，回顾他的一生，如果你假设天才是与生俱来的，你肯定想不到他会成为很多人的偶像。

李小龙的家人在他出生不久后就从美国旧金山搬到中国香港。[29] 他们到达香港后不久，香港就被日军占领，李小龙在政治和社会动荡的香港度过了他的童年。年轻时，李小龙也深陷困境，他是最尴尬的局外人：因为他是在美国出生的中国人，所以同班同学都会取笑他。他也不像私立学校里的其他孩子，他们都是英国人，也会因为李小龙是"东方人"而嘲弄他。时时刻刻，他总是受到这种紧张感和压迫感的困扰，所以他选择通过打斗渡过难关。[30] 他因此变得非常好斗。他的成绩不好，而且经常在学校打架，所以他只能转学到其他小学。

13 岁时，李小龙遇到了武学大师叶问。叶问把他招入自己开设的武馆，开始向他传授咏春拳。与他在其他学校的情况一样，在武馆里，李小龙依旧会受到其他同学的嘲弄，他们觉得李小龙与他们不同，所以不具备学习武术的资格。李小龙必须不断地证明自己，证明自己的能力，他甚至开始在街头斗殴。李小龙参与斗殴的时间远比他坐在书桌前的时间长，而他的好斗成性也让他在街头"声名鹊起"。

一次特别严重的街头斗殴之后，一位高级警官联系到李小龙的父母，告知他们自己将逮捕他们的儿子。因为前一天被他毒打的男孩正是这位警官的儿子。李小龙的父亲赶紧安排他返回美国。李小龙返回美国时，口袋里只有 100 美元。后来在一次访谈中，李小龙说："就像大多数刚到美国的华人孩子一样，我的第一份工作是在餐馆刷盘子、打扫餐桌。"[31] 刚开始，他打零工养活自己，后来他开始教授武术。

李小龙不仅才华横溢，而且愿意教导他人。他乐意接纳所有向他拜师学艺的人，不分种族和背景。

这很快激怒了奥克兰当地的华人群体，他们认为武术技巧不应该教授给华人以外的群体。最终，李小龙被迫出手，捍卫自己教学的权力。坚持中国功夫传内不传外的武术家向他提出比武挑战，并表示如果他赢了，他可以继续开办武馆；但是如果他输了，他就必须关闭武馆，停止向华人以外的族群教授武术。

李小龙的武术风格不同于其他任何一种武术形式。当他还在香港地区的时候，他上过舞蹈课。1957 年，他还因为出色的舞姿而赢得了香港地区恰恰舞冠军。他把自己在舞蹈中学到的动作引入格斗技巧。其他拳手大多采取双脚固定的站姿，而他却不断地移动双脚，让他能够迅速应对对手的动作。李小龙的一生都在不断地求变，不断地调整自己，适应对手。最终，他的武术风格不仅囊括了咏春拳，还融合了拳击、击剑和舞蹈。

新势力对阵旧势力，这是一个重大的转折点。李小龙的妻子琳达（Linda）当时怀孕 8 个月了，她对那场比试记忆犹新，整个过程近乎滑稽。她回忆说，李小龙只花了 3 分钟就把对手击倒在地，而且在被击倒之前，对手满场乱跑，试图摆脱李小龙。

比赛结束之后，尽管李小龙赢得了对决，琳达却看到李小龙双手掩面。他告诉琳达，他的训练没有让他为这样的战斗做好充足的准备。如她所说，由此李小龙的武术向着自己的风格演化。

此战之后，李小龙不再将他的知识或者教诲束缚在条条框框之中，也抛弃了原来的许多训练方式。他怀着开放的心态，从咏春拳和功夫之外的格斗领域汲取养分，加以利用形成了自己的武术哲学。在后来的采访中，他谈道："我不再迷信武术风格，我不再相信存在什么中国的格斗方式、日本的格斗方式。"[32] 李小龙认为，搏击是一种自我表达的终极方式，应该突破传统的套路。"当人们找我学习武术时，他们并不是来找我学习如何防身自卫的。他们想要学习如何通过动作、愤怒或者决心表达他们自己。"他相信个性比任何风格或者流派都更重要。

人们记住李小龙，不是因为他在学术上的造诣，而是因为他的坚韧不拔、他击败对手的能力，以及他设法打破传统思维的条条框框，将不同的格斗风格融合在一起，创造出一种全新的哲学理念。那么，他一生下来就是天才吗？他不经雕琢就能在身体上、精神上和哲学上取得非凡成就吗？

丹尼尔·科伊尔（Daniel Coyle）在《一万小时天才理论》（*The Talent*

Code）一书中深入探究了天才到底是天生禀赋，还是可以通过后天进行开发培养的。他认为"伟大并非与生俱来，而是通过后天培养出来的"。<u>通过深入练习、启迪、激发以及大师的指导，任何人都可以深入地发掘自己的天赋，让自己看起来就像天赋与生俱来的天才一样。</u>[33]

李小龙的女儿李香凝（Shannon）在我们的年会上谈到了她的父亲在记忆和学习方面的方法。她说，李小龙在成为电影明星和著名教练之前，完成的深度练习时长已经达到成千上万小时，当然其中包括他早年在街头的打架经历。在随后的生活中，他也不是一夜之间就掌握了名震天下的寸拳。仅仅这一项技术就需要多年的反复练习和艰苦努力。即便背部有伤，李小龙依旧继续训练，锻造自己，日复一日，周而复始。启迪、激发为你带来动机，是你奔向目标的燃料。李小龙作为美籍华人，在其他同学都不接纳他的情况下，他感受到的紧张压迫感成了他初始阶段的助推燃料。后来，激励他前进的是他想要追求自我表达的终极方法。另外，李小龙还接受了叶问大师的教导，叶问自少年时代也接受过数位大师的栽培。李小龙成为叶问的徒弟时，叶问已经教授功夫长达数十年。

李小龙的才华来自他的亲身经历和所处的环境，二者在他成才的过程中起到了至关重要的作用，如果换作别人，他可能就会被这样的经历和环境击倒。有多少人会预测一个打架成性、成绩不佳的孩子将来能成为大师级的导师和哲学家呢？

事实是这样的：成为天才总是有迹可循的。看似神奇的东西背后自有其方法。

新信念：天才并不是与生俱来的，而是通过深度练习达成的。

大脑升级训练

阅读本书之前，上面这些常见的限制性信念，即这些谎言，其中有多少你信以为真？你还有什么需要补充的吗？

现在就把它们写下来：＿＿＿＿＿＿＿＿＿＿＿＿＿＿＿＿＿

＿＿＿＿＿＿＿＿＿＿＿＿＿＿＿＿＿＿＿＿＿＿＿＿＿＿＿＿＿

＿＿＿＿＿＿＿＿＿＿＿＿＿＿＿＿＿＿＿＿＿＿＿＿＿＿＿＿＿

小结

你需要明白，这些常见的限制性信念都是谬论，明白这一点是进入无限可能境界的关键一步。如果你说服自己相信这些谬论，你就会背负不该背负的负担。虽然前面列举的七个谬论最为常见，但是你还要密切注意任何会限制你潜力的"传统智慧"。对于这些"传统智慧"，你需要保持警觉，仔细思考。在大多数情况下，你会发现，只要有冲破限制的意愿，这些限制性信念就根本无法束缚住你。在进入下一章之前，先试一试以下内容。

- 回顾一下你此前犯过的错误。你是否让这些错误限制了自己？读完本章之后，你对这些错误的看法是否有所改观？

- 尝试一下，把你最近哪怕是今天学到的东西付诸行动。当你把知识转化为力量时，感受一下自己的成就。

- 思考一下，在哪种情况下你会任凭别人的意见左右你的行动。如果唯一值得你重视的是你自己的意见，你会如何处理相同的情况？

Lynne Doughtie

琳恩·多蒂

毕马威会计师事务所首席执行官

人类的动力滋养了文化，人类的动力是一种
取之不尽、用之不竭的资源，然而我们时常
会低估它。

LIMITLESS

第三部分

创造强大的、可持续的动力

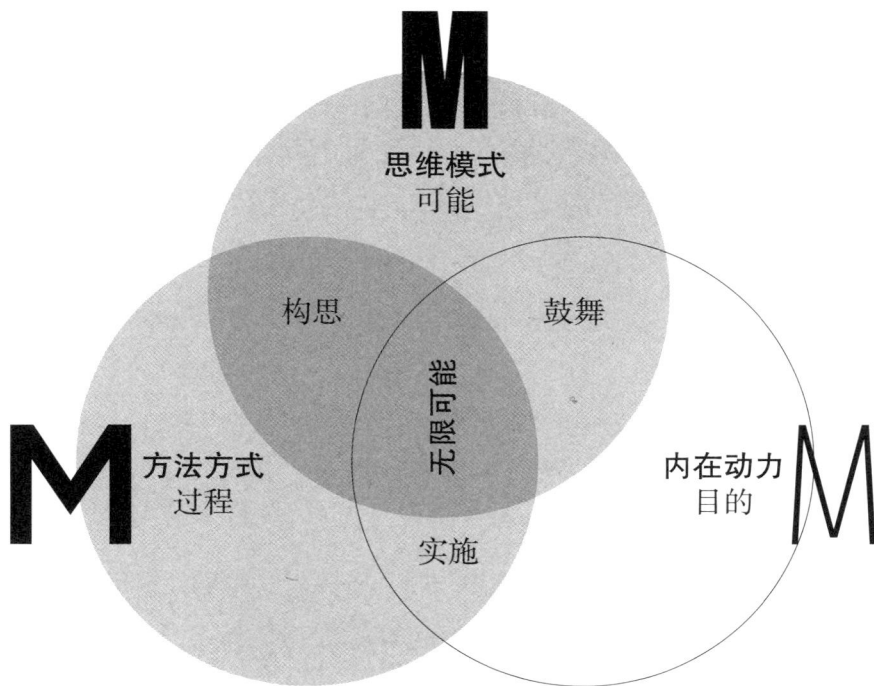

人们说自己缺乏动力的时候，可能正动力十足地躺在床上玩手机，实际上，"我毫无动力"正是在自我催眠。动力要靠行动去争取。我们进行的最艰苦的斗争往往会为我们带来最强劲的力量。它是一个过程，更是一种策略，动力既可控也可创造。

在电影《永无止境》里，主角埃迪·莫拉（Eddie Morra）在影片开始的时候无论对工作还是对生活都缺乏动力，找不到关注的焦点，也没有充足的精力。当他吃下能够促使自己迅速行动的药丸之后，他的生活发生了翻天覆地的变化，因为只要他想到的，就能做到。

让我们来破除一些与内在动力 [①] 相关的常见限制性信念。与普遍的看法相反，与思维模式一样，我们的内在动力也不是固定不变的。没有人的动力始终处于固定水平。人们说自己缺乏动力的时候，其实情况并非如此，比如他们可能有十足的动力让自己躺在床上看电视。

内在动力并不意味着在完成需要完成的任务时，你必须乐在其中。我的朋友汤姆·比利厄（Tom Bilyeu）是一名企业家，他虽然讨厌锻炼，但是他锻炼的理由清晰、明确且让人无法抗拒，所以他每天早上都会健身。我真的不喜欢洗冷水澡，但我每天都会洗，我将在第 8 章中解释原因。

内在动力不是你一觉醒来就会存在或者消失的。我们对自己说，"我毫无动力"，实际上，这是在催眠自己。内在动力不是你拥有的固定资产，而要靠行动去争取。而且内在动力完全是可持续的，它绝不是洗个舒适的热水澡，不是你体验一会儿便结束了，除非你再次加热洗澡水，否则休想再感受。内在动力也不是开个短暂的研讨会便能即时引发的，它是一个过程，更是一种策略，你能够控制它，并且可以遵循正确的方法不断地创造它。

这里有一个公式：内在动力 = 目的 × 精力 × S3

当你把目的、精力和小而简单的步骤（S3）结合起来时，你就会获得持续不断的动力。而动力的最终形式是心流状态。把内在动力想象成精力管理，去创造动力，为动力投入，不要浪费动力，拥有明确的目的或者理由会让你精力充沛。进行相关的练习可以为大脑和身体其他部分创造能量，而我提供的小而

---

① 一个人采取行动的目的，或者以特定方式行事所需的能量。

简单的步骤也只需你投入极少的精力。

在本书的这一部分，我将放眼今后的长期学习与生活，讨论如何创造强大的、可持续的动力。为了实现这个目标，我们先来明确你的目的，然后教你如何创造精神和体力两个层面的能量，让你的前进之路能量满满，最后我会为你提供创造动力的小而简单的步骤。此外，你还要利用好心流状态。

目的驱使我们采取行动，因此我们的目的必须足够明确，也就是说，知道为什么要行动，知道自己希望获得什么。产生足够的精力和能量是至关重要的，如果你感到疲乏倦怠，或者你的大脑如坠云雾，那就说明你缺少采取行动的燃料。小而简单的步骤只需花费少量的精力，这样你就不会因为不堪重负而手足无措。最后，进入心流状态是获取动力的终极解决方案。

Jim Kwik

吉姆 · 奎克

好的理由收获好的结果。

LIMITLESS

第 7 章

找到最能激发你的核心目的

如果让你描述自己的特点，你会使用哪些词汇？

你具备怎样的价值观？

你具备怎样的目的感？

在很长一段时间里，我的致命伤都是睡眠不足，就像超人面对氪石一样。对我来说，入睡从来就不是一件轻松的事情。当我还是个孩子时，经常通宵达旦地学习，试图通过延长学习时间解决我在学习上遇到的困难。所以最终我出现了严重的睡眠问题。我在学校时总是昏昏欲睡，但是我想尽一切办法克服疲劳感，因为我非常想努力学习，想取得好成绩，让家人以我为傲。我的目的和理由非常清晰，所以我动力十足。即便我在 18 岁时掌握了快速学习的技能，不需要每天疯狂工作长达数小时，但是成年之后睡眠问题依旧困扰着我，而且我的睡眠情况越来越糟糕，20 年来，我每天的睡眠时间只有 2 ~ 4 小时，期间还会经常醒来。

缺乏睡眠的时间越长，就越难保持对现实世界的感知能力，或者说越难保持自身的动力。缺少睡眠会损害你的认知技能、注意力、记忆力和大脑的整体健康。缺乏睡眠是导致抑郁症和许多情感障碍（mood disorder）的常见原因。

我非常清楚，由于缺乏睡眠，我的处境无比糟糕。我的日程安排得非常紧张，我到处演讲，去全球各地出差，这对睡眠没有丝毫帮助；有一年，我在旅途中的日子长达 235 天。跨越时区，倒时差，陌生、陈旧的酒店房间散发着难闻的气味，你的大脑应该能够勾勒出这样的画面。我的大脑真切地感受到自己缺乏睡眠；你可以想象一下，一个记忆专家一觉醒来却忘记了自己身在何处。

这让我颇为困惑，我长期学习冥想，我的大脑在晚上并没有冥思苦想些什么，也没有在飞速运转，而是尽可能地处于平静状态。就在几年前，我因为连续几个晚上没有休息，最后住进了医院。我参加了一项针对通宵失眠的研究，医生诊断我患有严重的阻塞性睡眠呼吸暂停低通气综合征（obstructive sleep apnea-hypopnea syndrome，OSAHS），这是一种身体上的疾病，我每天晚上都会停止呼吸 200 多次。

现在，经过多次治疗之后，我很高兴地告诉大家，我的睡眠情况已经得到了极大的改善。通过手术修复身体方面的阻塞之后，我就能通过本书第 8 章介绍的方法优化我的睡眠了。

在我最困难的时刻，我会问自己，为什么我要继续做我正在做的事情，为什么我要努力克服困难？本来我只需简单地告诉自己，我已经没有能量再去完成这些工作了，完全可以停下来。当我还是个孩子时，我的目的和内在动力（采取行动的动机）是努力学习，以此弥补我在天赋方面的不足，向自己证明我能行。但是，在提升了自己的学习水平之后，为什么我还要如此努力地工作呢？为什么我筋疲力尽，缺乏睡眠，极度内向，还是要做一次又一次的演讲，制作一段又一段的视频，主持一个又一个的播客？这和我小时候的驱动力是一样的：我有清晰、明确的目的。我绝没有让别人经历我的痛苦和挣扎的意思。我的使命驱动我前进，那就是解锁大脑，让大家的大脑变得更优秀、更聪明。

我们进行的最艰苦的斗争往往会为我们带来最强劲的力量。童年时期，我面临两个主要的困难：一是学习；二是公开演讲。生活似乎特别有幽默感，截至目前，我的大部分时间都用来进行公开演讲，演讲主题就是学习。曾几何时，我无法阅读，但是现在我指导来自世界各地的人们如何更好地阅读。曾几何时，我费尽周折想了解我的大脑，但是现在我当着成千上万的听众授课演讲，帮助他们理解他们所拥有的神奇工具——大脑。我现在知道，所有的困难与挫折中都蕴藏着一份馈赠。同样，几十年睡眠不足的经历，让我收获了两个非常重要的教训。

第一，睡眠不足迫使我在自己的生活中不断地实践本书中的所有内容。如果我没有学到这些方法，就不可能达到目前的水平，所以我对这些方法深信不疑。每次在进行演讲前，我几乎无须准备，因为我每天都在使用这些技巧。我的生活就是在实践这些方法。这就是我。

第二，睡眠不足迫使我必须有明确的目的、对身份的认同、价值观和理由去完成每天的工作。当睡眠不足时，我的精力是有限的，而且注意力集中的时间也是有限的，所以我不能浪费它们。我必须对自己的事业有清晰的认识，明白自己为什么要从事这些工作，然后根据轻重缓急合理安排工作。我所做的这些选择让我充满动力、不知疲倦。我会在本章中讨论相关的内容。

坚持问"为什么"

西蒙·斯涅克的《从"为什么"开始》(*Start with Why*) 是我最喜欢的图书之一，我也在自己的节目中采访过他很多次。他经常强调，你要能够向别人传达你为什么要做你所做的事情，这非常重要。斯涅克解释道，如果你能清楚地表达驱使你的信念（你的"为什么"），人们就会接纳你提供的东西。或者，正如斯涅克经常说的："人们购买的不是你生产的产品本身，他们购买的是你生产这款产品的原因，因此，如果连你自己都不知道为什么会生产这款产品，别人又怎么会知道呢？"

第二个具有魔力的问题是"为什么我非用这个不可"，这是有原因的。你还记得其他两个具有魔力的问题吗？对于大部分孩子来说，他们最喜欢问的就是"为什么"，他们总是不停地问"为什么"。你知道为什么记住元素周期表或历史日期很重要吗？如果你不知道它们的重要性，你可能就无法记住周期表和历史日期。在商业中，我们经常会听到"目的"（purpose）和"目标"（goal）这两个词，但你真的知道它们的含义吗？它们的意义是相同的还是有所区别的呢？"目标"是一个人想要到达的位置，而"目的"是一个人想要实现目标背后的原因。

无论你的目标是每周读一本书、学习一门外语、塑形健身，还是准时离开办公室去看望家人，这些都是你想要实现的事情。但是你要怎么实现它们呢？设定 SMART（智能）目标是极受欢迎的一种方式。是的，SMART 是以下 5 个英文单词首字母的组合。

- S 代表 Specific（具体的）：你的目标应该明确。不要以变得富有为目标，你需要明确自己想要赚多少钱，这需要你设置具体的金额。

- M 代表 Measurable（可衡量的）：如果你无法衡量你的目标，就无法管理它。保持身体健康就是一个无法衡量的目标，但是 6 分钟跑完 1 英里却是可以衡量的。

- A 代表 Actionable（可行动的）：你不会在搞不清路线的情况下，开着车前往陌生的城镇。你需要制定实现目标的行动步骤。

- R 代表 Realistic（现实的）：如果你住在父母的地下室里，那么成为百万富翁对你来说就过于困难。你的目标应该是挑战自我和提升自我，但是步子不宜过大，否则你很容易便会放弃。

- T 代表 Time-based（有时间限制的）：谈到这点，我的脑海里总是会浮现出

"目标是有最后期限的梦想"这句话。设定完成目标的时限，这会让你更有可能实现目标。

对许多人来说，前文叙述的整个过程虽然合乎逻辑，但是令人有些无从下手。你的目标是在脑中构思然后依靠双手实现的，你需要确保它们与你的情绪相匹配，即与你的 HEART（内心）相匹配。

- H 代表 Healthy（健康的）：你怎样才能确保你的目标服务于你的人生幸福？你的目标应该有利于你的心理、身体和情绪健康。
- E 代表 Enduring（持久的）：当你想放弃时，你的目标应该能够激励和支撑你度过困难时期。
- A 代表 Alluring（诱人的）：你不应该总是强迫自己去实现你的目标。你的目标应该是令人兴奋的、诱人的、迷人的，它们应该具有巨大的吸引力，牵引你向它们靠近。
- R 代表 Relevant（密切关联的）：在不知道设定目标的意义的情况下，不要设定任何目标。在理想状况下，你的目标应该与你正在面临的挑战、人生目的或核心价值观密切相关。
- T 代表 Truth（真理）：不要因为你的邻居在做某件事情或者你的父母期望你做某件事情，就将它设定为你的目标。确保你的目标是你自己想要做的事情，是你发自内心认可的事情。如果你自己都不喜欢你的目标，那么在完成目标的过程中，你很可能会懈怠、拖延甚至会妨碍自己。

关于目的和热爱

了解你的人生目的有助于你正直地生活。清楚自己的生活目的也就清楚了自己是怎样的人，自己要做什么，以及自己为什么要这么做。只有了解自己，才能更轻松地过上符合自己核心价值观的生活。

生活目的包含生活中最能激发个人潜能的核心目标，它们是我们早起奋斗的原因。目的可以指导我们在生活中做出决策，影响我们的行为，塑造我们的目标，并为我们提供前进的方向，让我们的生活充满意义。对我来说，我生活的目的是为世界打造更出色、更聪明的大脑。

英语中充斥着这样的单词，它们可以互换使用，并且好像意思并没有发生什么变化。比如，nice（美好的）和 kind（友好的）。人们在使用这两个词时通常不会加以区分，但是这两个词的词根却有不同的故事。"nice"一词来自拉丁词汇 nescius，意思是"无知的"，而"kind"一词源于日耳曼语，与 kin（亲戚）相关。"kind"一词的本意是"自然、自然的秩序"，还有"固有的品质、形式或条件"。它由"亲戚之间的感情"这个意思演变而来，最终变成了"友好的，刻意为他人做好事"的意思。[1]

热爱和目的也属于同一类词，人们经常将它们混为一谈。无论在网络上、励志图书中还是在 TED 演讲里，这两个概念总是频繁地被提及。如果你在生活中感觉不到充满激情的热爱或者强烈的目的性，你总会觉得自己缺少些什么。然而，依我的经验来看，热爱和目的绝不是一回事；相反，其中一个导致了另一个。

找到你的热爱不是选择正确的生活道路，也不是找到完美的职业生涯。寻找热爱就好比试验，你要看看是什么点燃了你的快乐。当我们重新找回最本质、最鲜活的自我时，热爱油然而生。这个最本质、最鲜活的自我已经沉默寡言了良久，淹没在别人的期望所带来的重压之下。重新找回这份自我，让它重见天日的正确方法有很多种。我相信，当我们从固定型思维模式转换为成长型思维模式时，就像我们在第 6 章中讨论的，如果能戳穿那些谬论，我们就会明白，兴趣和热爱可以通过个人的经历、投入和努力培养。

此外，我们可以同时培养多种热爱。当进行探索时，你可以同时选择很多想要探索的事物，没必要选择其中一个而放弃另一个。找到你的热爱就像找到你的真爱一样，你必须经过多次约会才能找到完美的伴侣。即使你找到那个特别的人，彼此的感情也不会像魔术般迅速建立，因为建立一段感情需要付出与努力。找到你的热爱也是一样的，你需要进行实验，看看你到底对什么感兴趣，这需要你付出努力。

总而言之，热爱可以照亮你的内心。我对学习的热爱诞生于努力和奋斗中，它们也定义了我的人生。

大脑升级训练

你目前所热爱的是什么？列出 3 点。

1.＿＿＿＿＿＿＿＿＿＿＿＿＿＿＿＿＿＿＿＿＿＿＿＿＿＿

2.＿＿＿＿＿＿＿＿＿＿＿＿＿＿＿＿＿＿＿＿＿＿＿＿＿＿

3.＿＿＿＿＿＿＿＿＿＿＿＿＿＿＿＿＿＿＿＿＿＿＿＿＿＿

然而，目的代表你与他人的关系。目的就是你来到这个世界上最想与他人分享的东西。它需要你运用你的热爱。当我们仔细研究目的时，你会发现我们都有一个共同的目的：通过我们的热爱去帮助别人。我们承担的最伟大的任务就是分享我们积累的知识和技能，这就是我们的目的，仅此而已，它并不复杂。

你的热爱可能是在水下做编织，你的目的就是与他人分享这件事情，让大家都参与进来。我的热爱是学习，我的目的是教别人学习。这种目的深深地根植于我的内心，我不需要强迫自己去行动，因为它已经内化为一种本能。当每天清晨醒来时，我就已经充满了动力，整装待发，心怀兴奋地想帮助他人解决在学习过程中遇到的问题。

美好人生工程（Good Life Project）的创始人乔纳森·菲尔兹（Jonathan

Fields）曾经到我的播客做客，他认为人一生中会拥有许多热爱的事情。因为我们自身会发生变化，我们表达热爱的媒介也会发生变化。他认为，如果你把自己局限在一种热爱中，一旦你的人生发生变化，让你无法再去追寻所爱之事，那么你很可能会感到迷茫。你需要找到你的热爱背后的深层意义，找到一种新的方式去引导你如何表达热爱。

大脑升级训练

　　你清楚自己的人生目的吗？即使你还不知道，把可能的选项写在下面：_____

_____

_____

_____

_____

你认为你是谁

　　人们经常讨论如何获得动力，在这个过程中，大家经常忽略一个内容——你的身份认同，即你是谁……从内心深处来看，你认为自己是怎样的人。有人说英语中最强有力的同时也是最短的两个词是："I am"（我是）。你在这两个词语后面加上的内容决定了你的命运。

　　比如你想戒烟。起因可能是医生向你发出了警示，最终你接受了应该戒烟这个想法。如果你认同自己烟民的身份，并且经常说"我是烟民"，那么除非你能彻底瓦解这个身份认同，否则你很难成功戒烟。当你认为某个特定的行为定义了你自己时，实质上，你是在引导自己做出并且认同这种行为。

对于行为改变（behavior change）来说，这点至关重要。斯坦福大学进行过一项有趣的研究，揭示了**启动效应**（priming effect）对于参与者的影响。研究人员克里斯托弗·布莱恩（Christopher Bryan）将实验参与者分为两组。第一组参与者填写一份问卷，问卷中包含"投票"这样的词语，以及"投票对你来说有多重要"这样的问题。第二组的问卷在措辞上对问题进行了些许调整，比如"对你来说，当一个选民有多重要"[2]。实验参与者还被问及是否计划在即将到来的选举中投票。之后，研究人员使用公共投票记录来确认实验参与者是否投票。布莱恩和他的团队发现，问卷中包含"选民"等身份认同陈述内容的参与者投票的可能性比那些只被问及是否会参加投票的实验参与者高出 13%。[3]

你有意识地认同你想要养成某种习惯、达成某个目标，或者有意识地不认同你不想再继续的习惯时，你会感受到巨大的助推力。如果你此前总是在告诉自己你的学习速度很慢或者你没有学习的能力，那么现在你要开始告诉自己"我不仅学习速度快，而且很高效"。只要我们采取的行动永远与我们对自己的看法保持一致，我们就能获得最强劲的驱动力，它是宇宙中最强大的力量之一。

大脑升级训练

思考 60 秒，梳理你的意识流，用"我是……"造句，写满下面的横线。

_____

_____

_____

_____

审视你的价值观

接下来，我们来看看我们的价值观。你的习惯可以在深思熟虑之后建立，但是如果你的价值观与终极目标不匹配，你就无法实现你的人生目标。例如，如果你想要记住别人的名字，你就应该重视人际关系。你的行为必须以某种方式体现你的价值观，否则你的行为会缺乏动力。

我们的价值观是分层级高低的。如果我问你，对你来说，生活中的什么是最重要的，你可能会告诉我家庭是你最珍视的东西之一。那么我进一步追问，家人为你做了什么呢？对我来说，家庭为我提供了爱。对你来说，它可能给你带来了归属感。这里，我们需要注意的区别是，家庭是一种手段价值（means value），即一种达到目标的手段，而目标价值（end value）是爱和归属感。当我们审视自己的价值观体系时，我们可以确定我们所述的价值到底是目标还是达到目标的手段。

我们需要确定价值观的优先级。我的价值体系从高到低依次是爱、成长、贡献和进取。每种价值都建立在低一级的价值之上，又为比它更高一级的价值做出贡献。一个人的价值观绝不会一年一变，除非你的生活发生了重大变化，比如说有了孩子、失去了挚爱、结束了恋情等。

当我们对自己的价值观和我们最亲近的人的价值观不够敏感时，就可能会催生我们与亲近之人之间的冲突，不和谐的关系通常是由价值观冲突引起的。假设你的价值观包括冒险和自由，而你的伴侣看重安全和稳定，那么你们之间争执频发也就不足为奇了。问题并不在于谁的价值观是正确的、谁的是错误的，而在于两个人的价值观具有本质上的不同。或者你们两个都非常重视别人对自己的尊重，但你们对于尊重的定义不同。也就是说，除非你讨论过到底如何定义尊重，否则还是会产生分歧。

找到充足的理由

在生活中，做所有事情都需要充足的理由才能收获回报。我自己的亲身经历就证明，即便自我感觉不佳，也可以充满动力。当初我的睡眠问题不断恶化，我的个人感受极差，但是我依旧没有停下脚步，依旧继续教导别人更好地学习。此外，经常会出现当天感觉极好，但最终没有完成计划的情况。如果你只是感觉良好，但是缺乏行动的理由，最终依旧会一事无成。

理由与你的目的、身份认同和价值观紧密相连，它将充分激励你采取行动，即便面对生活中随处可见的日常障碍也是如此。一位 70 岁的老人喜欢早上 4:35 就去健身房，因此他身体硬朗，这并不是因为他喜欢健身，而是因为他希望保持身体健康，这样才能更久地陪伴家人，这就是他充满动力进行锻炼的原因，即便他内心与很多人一样，更愿意睡个懒觉。学霸认真读书，并不是因为读书让他快乐，而是因为他想要在考试中获得第一名，这样他就极有可能拿到实习机会，然后获得梦寐以求的工作。

<u>你需要完成的每一项任务（即便是那些令人不快的任务）背后，都需要一个充分的理由。</u>你不喜欢做饭，但是你希望家人能吃到可口的美食，而且过度依赖外卖和快餐的危险众所周知，所以你还是会亲自下厨。演讲让你感到不适，但你知道你的团队需要你在会议上凝聚整个公司的力量支持你们的项目。你觉得经济学不仅令人望而却步，还有些枯燥，但是你需要学习这门课程，才能拿到市场营销学位，你已经迫不及待地要在现实世界中运用自己的营销技能，所以你必须学好经济学。

如果你正在苦苦寻找学习的动力或者完成其他事情的动力，这说明你很可能还没有发现你学习或者完成其他事情的理由。考虑一下你的热爱、你渴望的身份认同或者你的价值观：它们如何为你的理由奠定基础？你已经知道，当你有记住某个内容的动力时，你才更有可能记住它。相反，如果你找不到任何动

力去记住别人的名字，那么可能只是转头和别人聊天的工夫，你就已经把对方的名字忘得一干二净。又如，你热衷于帮助别人建立更好的关系，你认为自己善于牵线搭桥，爱是你的价值观之一。那么，你学会记住别人名字的理由就能很容易地找到："我想学会记住别人的名字，这样我可以与周围的人建立更融洽的关系，可以与我关心的人联系得更加紧密。"

现在，先停下来，想一想你让自己学习得更好的三个理由。你的理由必须是具体的，比如"我想要学西班牙语，这样我就可以和我的西班牙籍岳父交谈了""我想学习美国历史，这样我就能帮助我的孩子更好地完成学业"或者"我想学会如何更好地进行调研，这样我就能完成我的商业计划，帮助我的公司找到投资者"。把它们写在下面：

1.＿＿＿＿＿＿＿＿＿＿＿＿＿＿＿＿＿＿＿＿
＿＿＿＿＿＿＿＿＿＿＿＿＿＿＿＿＿＿＿＿＿

2.＿＿＿＿＿＿＿＿＿＿＿＿＿＿＿＿＿＿＿＿
＿＿＿＿＿＿＿＿＿＿＿＿＿＿＿＿＿＿＿＿＿

3.＿＿＿＿＿＿＿＿＿＿＿＿＿＿＿＿＿＿＿＿
＿＿＿＿＿＿＿＿＿＿＿＿＿＿＿＿＿＿＿＿＿

找到行动的理由会让我们更清晰地认识到自己应该致力于何种事业。自己对自己的爱，很大一部分体现在保护自己的时间和能量上。在任何时候都要合理分配你的时间、情绪、心理健康和空间，这非常重要，尤其是当你缺乏睡眠时。如果身体缺乏必要的燃料，比如睡眠或食物，你的身体资源就不像其他时候那么丰富，所以保护现有的资源就变得极其关键。

当我做决定时，我对事情所持的态度要么是肯定的，要么是否定的，我的态度清晰明确，绝不含糊。如果我觉得我并不是完全认同某件事情，我就不会行动，因为我没有多余的能量。坦白地讲，我并没有所谓的错失恐惧症。在过去的几周，几个社交和工作聚会邀请我出席，我都婉言谢绝了，因为我非常清楚自己花费时间写这本书的目的和动力，我希望你能和我一样享受错失带来的快乐。

当今社会，很多人每天都会感到疲惫困乏，那是因为面对每个机会、邀请或者请求，他们都觉得必须说"好的"。虽然保持开放的心态并考虑各种选择无可厚非，但是当你想要接受某件事情，给对方肯定的答复时，你需要慎重，因为你很可能无意之中拒绝了自己和自己的需要。

写下你的得失

什么是内在动力？内在动力是一系列（痛苦或愉悦的）情感，它们是我们行动的燃料。内在动力从何而来？它源于我们的目的，即当我们充分感受到行动（或不行动）的后果并建立情感联系时，内在动力随之产生。

让我们做个练习。想一想，如果你没有学会如何利用本书的内容，你必将面对的所有损失是什么？写下它们。眼下或者未来，这会让你付出何种代价？例如，你可以写下来："我必须努力学习，否则就只能接受平庸的成绩或者工作""我就无法和我爱的人在一起"或者"我很难获得加薪"。关键在于，你需要让自己感受到那种情感。不要完全凭借理智行事，我们做出决定的依据是切身感受，去想象、去感受如果你未能行动，最终可能产生的痛苦，这是你最终做出改变并坚持到底的唯一方法。

如果你能利用痛苦，而不是让痛苦掌控你，那么痛苦就可以成为你的老师。如果你能诚实地面对自己，你可能会写下这样的话："我只能接受一份我讨厌的工作，工资很低，工作时间很长，没有空闲时间留给自己和陪伴他人，余生只能忍受这份工作，在无聊和沮丧中度过。"这种想法能让你采取行动，改变现状！

按照本段的例子，写下你内心的想法：

_____

_____

_____

_____

现在，让我们进行令人兴奋的练习。写下通过学习本书的技巧和技能，你能收获的好处和利益。将那些能让你兴奋起来和带来动力的事情列一份清单。比如："我能够在考试中取得优异的成绩，有更多的时间陪伴家人，开始创业，学习新的语言去环游世界。"或者，"我会有更多的空闲时间，可以锻炼身体，会更加健康，可以外出度假，可以陪伴男朋友（女朋友）！"或者只是简单的一句，"我终于能有空闲时间了，好好放松一下！"

重申一下，要确保你的理由有足够的说服力，有真实的情感来支撑。你必须让自己清晰地看到、真切地感受到学习这些内容的益处。按照本段的例子，写下你内心的想法：

_____

_____

_____

_____

我是如何创造动力的

现在，让我们把前面学到的内容应用到我们的学习之中。当你阅读本书的"创造强大的、可持续的动力"这部分时，我希望你能思考你的热爱、身份认同、价值观和理由可以如何被用在学习之中。

直到我长大成人，我才找到我的热爱和目的。在我历尽艰辛的学习过程中，我培养了自己对学习的热爱，因为它帮助我进入无限可能的境界，我的目的是教别人学习，这样他们就可以突破自己在学习方面的极限。

小时候，我强迫自己学习，努力达到平均水准。我在自我认同方面有很多问题：我是那个大脑坏掉的男孩，我认为自己很愚蠢。我必须改变看待自己的方式，放弃这种让我无法学习的自我认同。我并没有告诉自己"我的脑子坏了"，我对自己说"我是学习者"。

在价值观方面，如前所述，我看重成长和冒险。对我来说，成长和冒险的过程都涉及学习，学习直接帮助我成长，让我体验到冒险的感觉。特别是在我学习新奇和困难的内容时，这种感觉更加强烈。没有丝毫犹豫，我万分确定，学习直接作用于我实现价值观的过程。

我行动背后的每个理由都让我充满动力，这样我就能帮助更多的人改善他们的学习效率。所有作家都清楚，写书是一项艰巨的任务。但是我写作这本书的理由是我想把我的方法教授给全世界更多的受众，特别是那些无法观看我的在线课程的读者，这个理由让我永远不会停下脚步。

如果没有解决这些看不见的限制性身份认同，逼迫自己产生动力，那么你很难走远。当你感到身陷困境、手足无措时，思考你的目标和价值观是否匹配，然后问问自己，需要进行怎样的调整。

回看前一章列出的阻碍你前进的七个限制性信念，也许第八个限制性信念就是你"拥有"动力，一觉醒来便能感受到充满动力。实际上，动力无法"拥有"，而是需要"实践"。归根结底，动力是由许多习惯和惯例组成的，是在价值观和身份认同的指引下，你周而复始每天都会做的事情。

小结

寻找热爱的过程，就是不断地给自己带来新鲜感，让自己进入全新的环境，看看什么能让自己眼前一亮。如果你觉得自己受到限制或者自己看起来很糟糕，那么你就很难找到自己的热爱，所以一定要放下这些想法，享受探索新鲜事物的过程。在探索的初始阶段，你会感到不适，但是随后你便能找到生命中全新的热爱和目的。在我们进入下一章前，试着回答下列问题。

- 写下你最常说的"我是……"句子，列出清单。你觉得这些句子从哪些方面定义了你？
- 列出你最看重的东西，然后按重要程度排序，想想这与你对自己的定义是否一致。
- 养成在做任何事情之前问"为什么"的习惯。

Michelle Obama

米歇尔·奥巴马

当你尽可能地为身体提供最好的燃料时，你会拥有更多的能量，身体变得更强壮，思维变得更敏捷。

LIMITLESS

第 8 章

让大脑产生无限能量的 10 条建议

如何确保大脑既健康又充满活力呢？

如果想让大脑处于最强状态，在饮食方面应该注意什么？

怎样才能始终拥有优质的睡眠呢？

　　你做某件事情的目的非常明确，并且已经把项目或者目标分解成几个简单的小步骤。这样就能保证动力源源不断吗？

　　例如，即便你有充足的理由每天阅读，也制订了每天的阅读计划，时长只有 5 分钟，但是疲劳会让你无法完成计划。精神和身体的活力是助推你行动的燃料。我们知道时间管理极其重要，归根结底，充足的内在动力依靠我们对能量的管理和优化。

　　下面我将介绍让大脑产生无限能量的 10 条建议。针对每条建议，从 1 到10 给自己打分（1 分为关注程度最低，10 分为关注程度最高），评估你对该领域的关注程度。你的答案会让你感到惊讶。

为大脑提供良好饮食

伊娃·塞尔赫布（Eva Selhub）博士是身体恢复领域的专家，她经常把大脑比喻为高性能的汽车。她写道："你的大脑就像一辆昂贵的汽车，只有得到优质的燃料，它行驶起来才能风驰电掣。吃含有大量维生素、矿物质和抗氧化剂的高质量食物可以滋养大脑，保护大脑免受氧化应激（oxidative stress）的影响。氧化应激是指身体利用氧气时产生的'废料'，也就是自由基（free radical），它会损害细胞。"[1] 她还指出，如果大脑被迫使用劣质燃料，那些它原本能够做好的事情也会变得无法完成。例如，精制糖会损害人的大脑功能，导致炎症，甚至可能导致抑郁。所以，下次你想用一桶冰淇淋驱散一天的阴霾时，你需要三思而行。

我曾经在自己的播客节目中采访过神经学家、综合营养学家丽莎·莫斯科尼（Lisa Mosconi）博士，她著有《大脑食物》（*Brain Food*）和《女性大脑》（*The XX Brain*）这两本书，她为我们解释了为什么大脑对饮食的需求不同于其他器官。"要发挥最佳功能，人类大脑需要 45 种不同于其他器官的营养物质。虽然这些营养物质大部分由大脑自己制造，但是剩余的则需由饮食提供。"[2]

既然你已经知道了良好的饮食与健康的大脑之间有直接的联系，你就必须用大自然提供的最好的食物来滋养你的大脑。下面有一份清单，你会看到我最喜欢的 10 种健脑食品。如果你讨厌别人说教或讨厌别人强迫你吃蔬菜，在采用这份清单时，你可能需要稍微调整一下。但是也有好消息，有证据表明，在你的食谱中加入一点黑巧克力，你的大脑会运行得非常良好。记住，吃什么极其重要，对你的大脑灰质来说更是如此。

大脑升级训练

你最喜欢的健脑食物是什么？在你的日常饮食中，如何能再加入一种健脑食物？

十大健脑食物

牛油果：牛油果提供单不饱和脂肪（monounsaturated fat），有助于保持健康的血液流动。

蓝莓：蓝莓保护你的大脑免受氧化应激的影响，降低老化对大脑的影响。也有研究表明它可以帮助我们提高记忆力。

西蓝花：维生素 K 的重要来源，众所周知，它可以改善认知功能和记忆力。

黑巧克力：黑巧克力有助于你集中注意力，提升专注度，并刺激内啡肽（endorphins）的分泌。巧克力中还含有黄酮类化合物（flavonoids），研究人员已经证明这种物质可以改善认知功能。巧克力颜色越黑越好，因为最黑的巧克力含糖量最少，我们已经讨论过应该更少地食用糖类。

鸡蛋：鸡蛋能提供改善记忆力和强化大脑的胆碱（choline）。

绿叶蔬菜：绿叶蔬菜是维生素 E 和叶酸的优质来源，维生素 E 可以减缓大脑衰老，叶酸已经被证明可以改善记忆力。

三文鱼、沙丁鱼、鱼子酱：它们富含 Omega-3 必需脂肪酸，有助于延缓大脑的衰老。

姜黄：姜黄有助于减少炎症，提高大脑抗氧化剂水平，同时还能改善大脑的氧气摄入量。也有一些研究表明，姜黄有助于减少认知衰退。

核桃：核桃可以提供高水平的抗氧化剂和维生素 E，可以保护神经元，防止大脑老化。它们还富含锌和镁，对情绪很有好处。

水：你的大脑大约 80% 是水。脱水会导致大脑模糊、疲劳、反应和思维速度减慢。研究表明，水分摄入充足的人在脑力测试中的得分更高。

莫娜·莎尔马（Mona Sharma）是威尔·史密斯及其家人的营养师，我在 Facebook 的《红桌谈话》（*Red Table Talk*）节目中见到了她，当时在场的还有马克·海曼（Mark Hyman）博士。她告诉我："我们吃的食物会对我们的能量、健康情况和大脑功能产生巨大影响。要关注关键成分，比如优质的富含 Omega-3 的脂肪、富含抗氧化剂和植物营养素的蔬菜以及调味品，这样才能改善我们的消化能力，提升注意力，为大脑功能提供短期和长期的支持。"以下是她优化大脑能量和活力的一日饮食的首选食谱。

早起滋补大脑

份数：1

配料：

2 英寸①的生姜片，去皮，切成片

2 英寸的姜黄片，去皮，切成片（注意：姜黄会弄脏衣服和台面，请留意）

4 杯（一杯 ≈ 237 毫升）经过过滤的水

有机绿茶（散装茶叶或者无塑料成分的茶包，2 份）

1/2 个有机柠檬，榨汁

少许黑胡椒

生蜂蜜（根据个人喜好添加）

将姜黄、生姜和水放入一个小号的炖锅中。

用中高火慢炖。加入绿茶，炖至少 5 分钟。

将锅从火上移开。加入柠檬汁、少许黑胡椒和蜂蜜（根据个人喜好添加）。

滤掉杂质，趁热饮用。在服用这种补品后，20 分钟内不要进食。

注意：你也可以提前做好大量的滋补饮品。只需在榨汁机中加入大量的姜

---

① 1 英寸 =2.54 厘米。

黄、生姜和柠檬即可。将这种果汁放入冰箱，用盖子盖紧，最多存放 7 天。饮用时，只需加热水和绿茶即可。

晨间神奇奶昔

份数：1

配料：

　　1/2 杯冷冻野生蓝莓

　　1/2 杯切碎的木薯（去皮）

　　一大把有机菠菜（你也可以加大分量）

　　2 汤匙麻籽

　　1 茶匙中链脂肪酸（MCT）油

　　1 茶匙有机螺旋藻粉末

　　1/2 杯无糖椰子水

　　1/2 杯无糖杏仁奶

　　冰块（根据个人喜好添加）

　　把所有配料加入搅拌机里搅拌，新的一天为大脑和身体其他器官注入燃料！

强化大脑沙拉

份数：2

沙拉：

　　2 杯有机芝麻菜

　　2 杯有机菠菜

　　1/4 杯石榴籽

　　1/4 杯生核桃，切碎

　　1 个牛油果，切片

　　4 个有机鸡蛋，煮熟，冷却后切片（如果你是纯素食主义者，用 2 汤匙麻籽和 1 汤

匙南瓜子代替鸡蛋）

沙拉调味料：

    3 汤匙生苹果醋

    1/4 杯特级初榨橄榄油

    1/2 个柠檬，挤汁

    1 汤匙生蜂蜜

    1/4 茶匙喜马拉雅海盐

    2 茶匙黑芝麻（装饰用）

将所有沙拉调味料（黑芝麻除外）放入碗或搅拌容器中，搅拌均匀备用。

把芝麻菜、菠菜、石榴籽和核桃放到一个大沙拉碗里。

将沙拉调味料倒在沙拉上，充分搅拌。

把搅拌好的沙拉分开放到两个盘子里。

在每份沙拉上放上 1/2 个牛油果和 2 片切片的鸡蛋，并用黑芝麻装饰。

请享用吧！

简易烤三文鱼 & 西蓝花配唐莴苣

份数：2

配料：

    2 汤匙新鲜柠檬汁

    2 茶匙切碎的大蒜

    5 汤匙特级初榨橄榄油，分成 2 份

    2 片三文鱼片，最好为野生三文鱼而非养殖三文鱼（每片 4 ~ 6 盎司[①]）

    2 ~ 4 片柠檬

    1 大头有机西蓝花，切成一口大小的小花球（3 ~ 4 杯）

---

① 1 盎司 =28.35 克。

2 茶匙喜马拉雅海盐，分成 2 份

1 小颗红葱头，切碎

1 小束有机唐莴苣（也叫牛皮菜）切碎

1 茶匙有机芥末籽粉

在一个大的烤盘上铺上烤盘纸，把烤箱预热到华氏 400 度 [①]。

在一个小碗里混合柠檬汁、切碎的大蒜和 2 汤匙橄榄油。

将三文鱼放在烤盘的中央，将柠檬、大蒜、橄榄油的混合调料均匀地倒在每块鱼片的上面，然后把柠檬片放在每块鱼片的上面。

将西蓝花、2 汤匙橄榄油和 1 茶匙海盐在一个大碗里混合，然后放在烤盘上每块三文鱼片的周围。

放入预热的烤箱，烘烤 20 分钟。

在烘烤三文鱼和西蓝花的同时，在平底煎锅里用小火加热剩下的 1 汤匙橄榄油。加入切碎的红葱头，不断搅拌，直到红葱变色炒熟。在平底煎锅中加入唐莴苣和 2 汤匙水，煮 3 ~ 5 分钟，偶尔搅拌，直到唐莴苣变软。将锅从火上移开。

把三文鱼、西蓝花和唐莴苣放到两个盘子里。在西蓝花上撒上芥末籽粉，增强抗炎症功效。上菜，尽情享用吧！

可可粉 – 肉桂 – 生姜 "热巧克力"

份数：2

配料：

4 杯无糖杏仁乳或椰奶

2 英寸的姜片，去皮，纵向切片

3 汤匙不加糖的生有机可可粉

---

① 摄氏度（℃）=［华氏度（℉）– 32］÷1.8，即华氏 400 度约等于 204.4 摄氏度。

1 茶匙有机肉桂粉

1 ~ 2 汤匙椰子糖（根据需要加糖）

1/2 茶匙香草精

少量海盐

2 根肉桂，作为装饰品

将杏仁乳和姜片放在一个中号炖锅里用中大火加热，偶尔搅拌，随后用文火慢炖。

加入可可粉、肉桂、椰子糖、香草和海盐，搅拌至溶解。

继续使用文火炖煮，随后把锅从火上移开。倒入两个杯子，用滤网防止生姜进入杯子。给每个杯子加一根肉桂棒，尽情享用吧！

注意：这种饮料可以在夏季做成冷饮。此外，作为甜点，可以加入一小块椰子奶油，充分混合，味道更甜，泡沫更多。

给大脑提供所需营养物

此前我们已经讨论过，饮食会影响大脑功能。但是，如果因为日程安排或者生活方式的问题，你不能经常食用富含健脑成分的食物，那么该怎么办呢？研究表明，特定的营养物质会直接影响你的认知能力。我更喜欢从自然、纯粹、有机的食物中获取我的营养物质。你可以与有资质的保健医生聊聊，了解你可能缺乏哪些营养物质。

麦克斯·卢加维尔（Max Lugavere）是《天才食物》（*Genius Foods*）一书的作者，他曾经做客我的播客节目，讨论补充磷脂 DHA 的好处，大脑需要这种物质来创造健康的细胞膜（cell membrane）。[3] 细胞膜之所以非常重要，是因为我们所有涉及情绪、执行功能、注意力和记忆力的受体（receptor）都位于细胞膜上。研究已经证明，B 族维生素可以改善女性的记忆力。姜黄素是一种在姜黄中发现的营养物质，可以预防认知衰退。

这些营养物质都可以从自然界中获取，但是把它们全部纳入你的食谱可能与你的生活方式及胃口不符。好消息是，所有这些营养物质的补充剂都很容易购买。但是，并不是所有的营养品都质量出众，所以一定要谨慎选购。你也可以结合本章讨论的健脑食物，为你的大脑提供所需的燃料。

锻炼

《哈佛健康通讯》的执行主编海地·戈德曼（Heidi Godman）曾说："锻炼能够保护记忆和思维能力，进而改善大脑功能。"在不列颠哥伦比亚大学进行的一项研究中，研究人员发现，经常进行有氧运动，特别是让心脏剧烈跳动、汗腺活跃起来的有氧运动，似乎可以增加海马体（海马回）的体积，而海马体是大脑中负责语言记忆和学习的区域。[4]

我几乎可以听到某些读者在读前面一段内容时内心的抱怨和寻找的借口：锻炼很无聊；我没时间；健身房的会费太贵了。但是事实简单明了，如果想要解开束缚大脑的枷锁，锻炼极具价值。想想看，在简单活动或者剧烈运动时，你能觉察到自己的感觉变得更加敏锐了，没错吧？很多人甚至需要来回走动，才能让大脑保持高效运转。这是因为运动和大脑密切相关。但也不需要你为了保持头脑敏锐而成为奥运会选手。大量证据表明，即使每天做 10 分钟的有氧运动也能带来巨大好处。

当你的身体动起来时，你的大脑就会处于最佳状态。

大脑升级训练

设置好手机闹钟，提醒自己每小时都要运动几分钟。

杀死 ANTs

丹尼尔·亚蒙（Daniel Amen）博士是临床神经学家，也是我们播客节目的常客，著有畅销书《幸福脑》（*Change Your Brain, Change Your Life*）。某天，他在诊所度过了特别糟糕的一天，当天的患者有焦虑不安、存在自杀风险的青少年，精神失常的夫妇。他回到家后，发现厨房里居然有数千只蚂蚁。

他写道："简直太恶心了，当我开始清理蚂蚁（英文为 ant）时，这个首字母组合词跃入了我的脑海。我想起了那一天的患者，就像我的厨房受到了侵扰一样，患者的大脑也遭受了负面想法的侵扰，这些想法剥夺了他们的快乐，窃取了他们的幸福。第二天，我带了一罐除蚁喷剂去上班，以此作为视觉辅助，提醒我自己，从那以后我一直在努力帮助我的患者根除蚂蚁（ants）。"[5]

在这里，"蚂蚁"（ANTs）指的是"负性自动思维"（Automatic Negative Thoughts），如果你和大多数人一样，你肯定会在某些时候有这种想法，即给自己施加限制。也许，你会告诉自己，你不够聪明，无法学到真正想要的技能。或者，你可能会无休止地告诉自己，自己咬牙进行的任务最终只会以失望收场。

各种负性自动思维（ANTs）如同蚂蚁一般，无处不在，我们不可能用除蚁喷雾除掉全世界的所有蚂蚁。但是，要想突破大脑的极限，就必须把负性自动思维从生活中去除。原因很简单：如果你在为自己的限制而战，那么你就只能永远被它们束缚。如果你告诉自己，你缺乏完成任务的能力、你岁数太大错过了最佳年纪，或者是你不够聪明、力不能及，那么你肯定会放弃尝试。只有当你从这种破坏性的自我对话中走出来，才能真正实现心中的目标。

大脑升级训练

你最极端的"负性自动思维"是什么？你会用怎样的想法取而代之？

保持干净的环境

2018 年，医学杂志《柳叶刀》(*The Lancet*) 的一篇文章指出，"30% 的中风可能是因为空气污染引起的，所以空气污染可能是全球中风的主要致病因素"。本篇文章还表示，"鉴于中风、血管危险因素 (vascular risk factor) 与痴呆症之间的密切联系，空气污染与痴呆症之间存在联系，也是意料之中的"。[6] 你呼吸的空气对你的大脑功能影响巨大。如果你曾经与吸烟者共处一室，你就会明白，呼吸有毒空气是一件想一想就令人难受的事情。相反，如果你曾在山间徒步旅行，深吸一口清新干净的空气，你可以感觉到你的感官都敏锐了起来。

如果你住在满是污染物的工业区或者大城市，你可能对所处环境的空气质量无能为力，但幸运的是现在有了空气净化器，可以用它清洁家中和办公室里的空气。你还可以努力创造更好的条件，让自己多去空气清新的地方。

清洁的环境不仅指空气质量。从你的环境中清除杂乱和让你分心的东西也会让你感觉更轻松，还可以提升你集中注意力的能力，所以花点时间，像近藤麻理惠 (Marie Kondo) 整理房间那样整理自己的大脑，移除任何多余的东西。

大脑升级训练

今天你可以做些什么来清洁所处的环境？

找到积极的同伴

你的大脑潜力不仅与你的生物或神经网络有关，还与你的社交网络有关。"近朱者赤，近墨者黑。"励志演讲家吉姆·罗恩说，你最熟悉、相处时间最多的五个人决定了你的高度，你能达到的高度等于这五个人的平均水平。可能你会提出质疑，但是我认为我们身边的人对我们的生活影响巨大，我想你会赞同这个观点。天普大学（Temple University）最近的一项研究表明，人们特别是青少年，在独处时的行为和与他人在一起时的行为是有区别的。

塔拉·帕克–波普（Tara Parker-Pope）在《纽约时报》上报道了该项研究，"本项研究的主持人之一斯坦伯格（Steinberg）博士注意到，大脑中参与奖赏处理（reward processing）的系统，也会参与社交信息的处理，所以同龄人会对我们的决策产生显著影响"。[7]

正是因为这种影响，你与谁相处，谁就会对你的大脑功能产生真切的影响。当然，这些人也会影响你的自我对话，因为大多数人至少会有部分的内心信念与别人对自己的看法相关。你身边的人可以影响你生活的方方面面，从饮食到运动量，甚至是睡眠时长。市面上已经有很多图书帮助你区分与哪些人相处对你有益，而与哪些人相处对你不利，但是为了达到本章的目的，还是请你花几分钟的时间思考自己平时都与谁相处，他们对你的生活产生了怎样的影响，他们又会对你突破自我极限的愿望产生何种影响。

🧠 **大脑升级训练**

你需要更多地与谁相处？现在就行动起来，约那个人出来吧。

保护大脑

这一点可能是不言而喻的，但如果你想最大限度地利用你的大脑，保护你的大脑显然至关重要，因为你只有一个大脑。如果你一辈子只能拥有一辆车，你会如何对待你的座驾？你肯定会精心呵护它，就好像你的生命都系于它一般。意外不可避免，但是你需要降低脑损伤的可能性，避免出现最糟糕的情况。如果你想最大限度地利用你最宝贵的财富，剧烈的身体对抗或者是极限运动肯定不是理想的选择。骑摩托时每小时的超速达到 20 英里更是不可取的。如果你特别喜欢这些活动，不愿放弃，就请尽可能多地采取预防措施，使用安全防护工具。

学习新内容

为了大脑健康，我们能做的最重要的事情之一就是坚持学习。任何人都有能力扩展自己大脑的容量，即使年岁增长了很多的人也是如此，这一点我们在第 3 章讨论神经可塑性时已经提及。

这意味着，只要我们不断学习，我们就能持续在大脑中创造新的通路。我们要保持大脑的可塑性和灵活性，始终以合理的方式处理新信息。这一点在学习中体现得淋漓尽致，因为在学习中我们需要面对各种严峻的挑战，比如试图掌握一种新技能，学会一门新语言，了解自己所处的文化或者接受其他新文化，这些学习过程都会不断地激活你的神经元，创造新的通路。开拓使用大脑的新方式，实际上就是在提升大脑的能力。

🧠 大脑升级训练

列表写出"需要学习的内容"，并不断更新。你的列表上有哪些内容？在下面列出两个。

1._____

2._____

做好压力管理

在日常生活中，我们都承受过一定程度的压力，当然有时会面临巨大的压力。每当我们感受到压力时，一种叫作皮质醇（cortisol）的激素就会被释放出来，以减轻我们的身体因为压力产生的麻木、僵硬。如果这种情况只是偶有发生，并不会产生问题，但如果这种情况成为常态，大脑中皮质醇的积聚可能会导致大脑无法正常运作。

但是压力对大脑的影响远远不止于此。哈佛健康博客（Harvard Health Blog）有博文称，"有证据表明，慢性的（持续的）压力，实际上会重构你的大脑。科学家已经了解到，在长期承受压力的动物大脑中，处理高级任务的部分，如前额皮质（prefrontal cortex），活跃度较低，而大脑中专门处理生存问题的原始部分，如杏仁核（amygdala），则较为活跃。就像如果你在锻炼时只运动身体的某一部位，而不运动另外一个部位，经常得到激活的部位就会变得更强健，受到的关注较少的部分则会变得孱弱。大脑在持续的压力下，似乎也会产生类似的结果：压力增强了大脑用来处理威胁的部分，而大脑负责更加复杂思维的部分只能退居次席"。[8]

既然有如此确凿的证据表明压力会削弱大脑的能力，那么找到减轻或避免压力的方法就变得至关重要。在本书中，我将在这方面提供一些建议。

大脑升级训练

为了应对压力，你最喜欢做的事情是什么？你上一次这么做是在什么时候？

睡个好觉

如果你想更好地集中注意力，你需要睡个好觉；如果你想更清晰地思考，你需要睡个好觉；如果你想做出精准的决策或者拥有更好的记忆力，你需要睡个好觉。美国国立卫生研究院的数据表明：

> 高质量的睡眠和在正确的时间获得足够的睡眠，对于人类的生存来说与食物和水一样重要。如果缺乏睡眠，你就无法在大脑中形成或维持通路（这些通路是学习和记忆的基础），也很难集中注意力并快速做出反应。睡眠对大脑的许多功能都很重要，包括神经细胞（神经元）之间的相互沟通。事实上，当你睡觉时，你的大脑和身体依旧会保持非常活跃的状态。近期的研究结果表明，睡眠还起到了清洁打扫的作用，可以清除你清醒时大脑中积聚的毒素。[9]

结论：如果你想最大限度地利用大脑，充足和高质量的睡眠是必不可少的。

非睡不可

我知道，很多人说他们并不需要太长时间的睡眠，或者他们根本没有时间睡觉，有些人甚至觉得他们的日程太满，活动繁多，所以他们"别无选择"，只能牺牲睡眠时间。这种想法大错特错，如果你是其中一员，我希望你现在就重新思考一下你对睡眠的态度。

乔治·华盛顿大学（George Washington University）临床精神病学副教授琴·金（Jean Kim）博士表示："越来越多的证据表明，睡眠不足与诸多精神和身体障碍之间存在关联，其中就包括抑郁、易怒、心血管疾病等。一项研究指出，睡眠实际上就像是大脑的洗衣过程（laundry cycle）。在睡眠过程中，大脑中的血管和淋巴管（lymphatic channels）会进行类似灌注的过程，冲出白天新陈代谢积累的废物，清除神经毒素，分配促进细胞修复的成分。"[10]

俄勒冈健康与科学大学（Oregon Health and Science University）的杰夫·艾利夫（Jeff Iliff）博士在有关睡眠的 TED 演讲中进一步说明了"洗衣过程"这个比喻。他指出，当我们清醒时，大脑忙于做其他事情，没有时间清理废物。现在，还有研究表明 β - 淀粉样蛋白这种废料的积聚会导致阿尔茨海默症。

"大脑处于清醒状态时是最忙碌的时候，它会推迟清理细胞之间的垃圾的时间。随后，大脑进入睡眠状态，在不需要那么忙碌时，切换到清洁模式，清理细胞之间堆积了一整天的垃圾。"[11]

在演讲的后半程，艾利夫还警告大家，不要效仿很多人的做法：牺牲睡眠，随后再补觉。"就像做家务一样，打扫房间是一份脏活、累活，而且费力不讨好，但是非常重要。如果你一个月不打扫厨房，你的家很快就会变得无法居住。但是在大脑中，工作落后的后果可能比肮脏的灶台要棘手得多，因为清洁大脑关乎大脑和身体的健康与功能，所以今天了解大脑的这些非常基本的家务管理功能，对明天预防和治疗精神疾病来说是极其重要的。"[12]

还有很多人想把每天的睡眠时间压缩到极致，这样生活非常危险，如果你也是其中一员，那么是时候改变想法了。睡个好觉，你会拥有丰富的收获，甚至能在梦中学到很多的东西。

熬过长夜

嘴上说要睡个好觉是一回事，要做到这一点却是另一回事了。每年约有 1/4 的美国人会经历不同程度的失眠。[13]

然而，研究表明，即使对于慢性失眠症患者来说，锻炼也能有效地促进睡眠。凯瑟琳·J. 里德（Kathryn J. Reid）博士和其他研究者进行了一项研究，参与者经常受到睡眠问题的困扰，结果表明有氧运动会对他们产生显著影响。研究人员称，"这项研究的结果表明，对于患有慢性失眠的老年人，为期 16 周的中等强度有氧体育活动加上睡眠卫生教育可以有效地改善参与者的自述睡眠质量、情绪和生活质量。这一结果突显了**结构化体力活动项目**（structured physical activity program）是具有潜力的，它可以提升**标准行为方法**（standard behavioral approach）治疗失眠的效果，特别是针对久坐不动的老年人群体尤为明显"。[14]

西北大学（Northwestern University）范伯格医学院（Feinberg School of Medicine）的一个研究小组让前述研究更进一步，他们深入挖掘了收集到的数据，研究了锻炼与睡眠之间的关系。他们的发现引人深思：锻炼并不是灵丹妙药。如果你的睡眠存在问题，它不会因为你在健身房上一次课就轻松解决。他们发现，即便是在两个月后，锻炼对于睡眠的影响也是微乎其微的。但是，在为期16周的研究结束时，锻炼对于睡眠的影响是巨大的，参与者每晚的睡眠时间有所延长，最长可达1小时15分钟。[15]

所以，锻炼与睡眠之间存在显而易见的关联，但你需要给锻炼一些时间。考虑到锻炼对身体整体健康的好处，尽管你可能不会马上感受到它对睡眠的改善作用，但是坚持锻炼的习惯绝对是个好主意。

关于需要多大的运动量才能促进睡眠，人们看法不一，通常来说，推荐的运动量是每周2.5小时的有氧运动，再加上一些阻力训练。匹兹堡大学（the University of Pittsburgh）的克里斯托弗·E.克兰（Christopher E. Kline）博士建议："快步走、骑行、使用椭圆机，任何运动都可以，只要可以提高心率又能保证你在锻炼时仍然可以说话即可，要达到每说几句话要喘口气的强度，这样的运动量就是适度的。"[16]

让大脑歇一会儿

我们难以入睡的原因有很多，其中之一就是无法关闭大脑。我想我们都有过这样的经历：有一个重要的会议即将到来，白天发生了让你情绪起伏的事情（无论是好事还是坏事），或者是你在睡觉前接到了一个让你生气的电话，你可以一头倒在枕头上，但是你也可能会选择在屋子里跑几圈，因为你的大脑依旧忙于处理这些令你情绪激动的事情。最终你躺在床上，辗转反侧几小时，难以入睡。

好在你随时都可以使用一种方法来帮助你解决这个问题——冥想。冥想的益处不胜枚举，市面上详细介绍冥想的图书也是多如繁星，它可以增强免疫力，降低焦虑，增加大脑灰质。当然，其中的一个好处就是可以治疗失眠。

大卫·S. 布莱克（David S. Black）博士和其他研究人员进行过一项研究，实验对象是一组有睡眠问题的老年人，研究人员向他们介绍了正念冥想（mindfulness meditation），随后参与实验的老年人进行了 6 次、每次 2 小时的正念冥想。在疗程结束时，这组实验对象的失眠问题得到了极大的改善。[17]

如果冥想对你来说比较陌生的（如果是这样，你属于绝大多数人，因为只有不到 15% 的美国人会冥想），这很可能是因为别人告诉你冥想很难或者它需要你完全清空大脑。[18] 阿里尔·加腾（Ariel Garten）纠正了这种说法，她认为冥想并不是一定要清空你的大脑，而是"训练你的大脑关注当下"。[19]

她告诉我，你可以在任何时间、任何地点进行冥想，只要闭上眼睛，深深地吸气，然后吐气，反复进行这个过程，边走动边数数，持续 3 分钟，你就能感受到冥想的好处。她倡导的另一种方法是集中注意力，这是一种将你所有的注意力都放在呼吸上的方法，整个过程非常简单。当你的注意力从你的呼吸中飘移时（这很正常），你只需留意到这一点，然后把注意力拉回来就行了。这种技巧揭开了冥想的神秘面纱，你无须成为禅宗大师，也能从冥想中获益。我们很少有人能够长久地将注意力锁定在一件事情上，所以我们需要知道能够拉回注意力也是极具价值的。

当你重新将注意力集中在呼吸上时，加腾说："你在运用一项重要的技能，在学习观察自己的思维。你没有沉湎在自己的思维中，相反，你在观察你的思考过程。你开始意识到你可以控制自己的想法，可以选择思考的内容。"[20]

💠 **大脑升级训练**

你的入睡绝招是什么？写下来：＿＿＿＿＿＿＿＿＿＿＿＿＿＿＿

＿＿＿＿＿＿＿＿＿＿＿＿＿＿＿＿＿＿＿＿＿＿＿＿＿＿＿＿＿＿＿

＿＿＿＿＿＿＿＿＿＿＿＿＿＿＿＿＿＿＿＿＿＿＿＿＿＿＿＿＿＿＿

＿＿＿＿＿＿＿＿＿＿＿＿＿＿＿＿＿＿＿＿＿＿＿＿＿＿＿＿＿＿＿

＿＿＿＿＿＿＿＿＿＿＿＿＿＿＿＿＿＿＿＿＿＿＿＿＿＿＿＿＿＿＿

小结

给大脑补充燃料是进入无限可能境界的基础，要想做好这一点，我们还有很多事情要做。但是首先，我们要停下来关注本章的重点内容：

- 列出一份购物清单，把目前你的家中没有的健脑食物写进去。我知道并不是所有的健脑食物都符合你的口味，但是尽量多写几种。然后你要做的就是，带着这份清单去购物。

- 花点时间，找到你的"负性自动思维"。你对自己施加了哪些限制？花几分钟回答这个问题。你告诉自己，哪些事情是你做不到的，将它们写下来。

- 思考一下，你想如何拓展你的学习能力。哪些东西是你一直想要掌握而又没有时间去掌握的？一门外语？计算机编程？新的销售或营销技巧？现在你该怎么做才能把它纳入你的生活之中呢？

- 使用本章介绍的一种方法来增加你的睡眠时长，提升质量。至少追踪和记录一周的时间。

John Dryden

约翰·德莱顿

英国戏剧评论鼻祖

起初是我们养成习惯，然后是习惯造就
我们。

LIMITLESS

第 9 章

用 WIN 法则养成有价值的新习惯

> 我现在能迈出的幅度最小的简单一步是什么？
>
> 我们如何养成好习惯或者结束坏习惯？
>
> 每天规律性地做好哪些事情，能帮助我进入无限可能的境界？

如果你有了行动的理由和目的，有了必需的能量，那么你还缺少什么？

小而简单的步骤（small simple step，S3）是指为了更接近目标，你可以采取的最微小的行动，这些行动只需要花费极少的努力或精力。随着时间的推移，这些小而简单的步骤会使你形成习惯。这就是为什么我在这本书里加入了许多小而简单的步骤，它们叫作"大脑升级训练"。

早在 20 世纪 20 年代，俄罗斯心理学家布尔玛·蔡格尼克（Bluma Zeigarnik）就有了相关发现。当时在维也纳一家繁忙的餐厅里，她注意到，在她身边转来转去的服务员在顾客点菜的过程中非常高效地记住了他们的订单，但是订单完成之后，他们往往很快就会忘记哪位客人点了什么。

她对此很感兴趣，于是进行了一项研究，她让实验对象执行许多简单的任务，但是在部分任务中会打断他们。之后，她询问实验对象记得哪些任务，没有记住哪些任务，结果表明：实验对象记住被打断的任务的概率是那些没有被打断的任务的概率的两倍。她得出的结论是未完成的任务会给人们造成一定程度的紧张感，任务在完成之前，它一直是人们思维优先关注的对象，后来人们称之为**蔡格尼克效应**（Zeigarnik Effect）。

如果你有拖延症，那么十有八九你会非常熟悉这种紧张感。某件事情有待完成，但是你一直在拖延，那么它就会给你带来压力，甚至你会觉得只要这项任务没有完成，你就很难去做其他事情。你面对的任务看起来颇具难度；或者与其他你现在能做的事情相比，要枯燥许多；或者会让你感到不适；或者未能完成任务仅仅是因为你说服自己之后的时间依旧充足。虽然我们清楚自己的生活愿景，知道自己想成为怎样的人，但是在完成各种任务时依旧不会是心甘情愿的。为什么即便我们有了源源不断的动力，采取行动仍然如此困难？

我们没能行动起来的一个最重要的原因是，我们觉得需要做的事情过于繁重。工作项目或者家务杂事可能乍看之下或庞杂或耗时，你都不敢想象你将如何完成。我们从宏观上审视工作中的项目，会马上觉得自己面对的任务无比纷繁，所以只能停工或者拖延。心理学家哈达萨·利普斯基克（Hadassah Lipszyc）称："未完成的任务或者拖延的工作，往往会频繁地导致负面的思维模式。这些想法会影响人的睡眠，使其产生焦虑症状，并且会进一步影响一个人的精神和情感状况。"[1]

把任务切成小块

如果你在生活中做事总是拖延，不能有计划、有规律地完成任务，你极有可能会对此感到内疚和自责。这样做弊大于利。我们已经知道了未完成的任务会让你的大脑紧张。如果再加上你的内疚和羞愧，完成任务就会变得愈发困难，你自己最终也会陷入痛苦之中。

阿特·马克曼（Art Markman）博士是得克萨斯大学奥斯汀分校（University

of Texas，Austin）心理学专业和营销学专业的教授，他认为，"如果你因对工作任务无能为力而远离工作，那么你会感到内疚，但这种感觉并不会让你更好地完成工作，反而会让你感到痛苦。中断工作带来的内疚会让你对工作的整体感觉变得更加糟糕，破坏你和亲朋好友共度的时光，或者让你在参加任何活动时都开心不起来。羞愧感的情况又有所不同：有证据表明人们会故意拖延，避免面对没有完成的工作，从而避免羞愧感。对没有完成的工作感到羞愧并不能解决问题，反而会让问题变得更糟糕，也会进一步影响你的工作。[2]

工作没有进展，心情不好，这会促使你继续拖延下去。所以，让自己休息一下。自责绝不会让任何事情得到改善，而且既然你现在正在读这本书，就说明你已经在采取措施，避免在未来继续拖延。

根据我的经验，处理这个问题的最好办法是找到把任务切分成几个小块的办法，这样其实也是在培养走向成功的好习惯。让我们再回头看看蔡格尼克效应，你每完成大任务中切分出的一项子任务，就可以减轻思想上的一份负担。而每完成一项子任务，你就离完成整个任务更近一步。

迈着婴儿的步幅前进

B. J. 福格是斯坦福大学行为设计实验室（Behavior Design Lab）的创始人和负责人，也是《小习惯》（*Tiny Habits*）一书的作者，他研究人类行为已经有20多年了，也曾做客我的播客节目。他的研究表明，只有三种方法可以长久地改变一个人的行为。第一种是顿悟。但是对于顿悟，很少有人能随心所欲地驾驭它。第二种是改变所处的环境。对大部分人来说，做到这一点并不困难，但是它在短时间内却不见得可行。第三种方法用福格博士的话说就是"**迈着婴儿的步幅前进**"。[3]

我喜欢下面这个故事，它很好地阐述了小而简单的步骤这个原则。

一天，一位国王在观看魔术大师表演。表演吸引了很多群众驻足围观，国王也在聚精会神地观看表演。表演结束时，观众们爆发出热烈的喝彩之声。国王说："这个人天赋异禀，这是上天赐予的才华。"

但是有位睿智的大臣对国王说："殿下，天才是后天锻造而成的，并不是与生俱来的，魔术师的技艺是他严格自律和刻苦练习的结果。天才靠的是坚定决心、严守纪律、长时间的学习和训练。"

大臣的话显然让国王有些心烦意乱，也破坏了他对魔术师精湛技艺的兴趣，"你不仅目光短浅，而且言辞歹毒。你胆敢批评一位真正的天才。如我所说，人要么天生有才，要么天生无才，我敢肯定，你没有"。

国王对侍卫说："来人，把他扔进最深的地牢！"国王还补充道："为了让你不寂寞，我会让两个你的同类陪伴你，我会让两只小猪和你做狱友。"

从入狱的第一天起，这位聪明的大臣就开始练习两只手各抓一只小猪，跑上牢房的台阶，跑到监狱门口。他每日、每周、每月从不间断练习，小猪也逐渐长成健壮的成年猪。通过每日的练习，这位聪明的大臣的体力和力量有了大幅度地提升。

忽然有一天，国王想起了那位聪明的大臣，他想知道锒铛入狱是否让那位大臣变得谦卑，他召来了那位大臣。

那位大臣出现在国王面前时，国王看到的是一个体格强健的男子，两只手各抓着一只猪。国王惊呼道："这人天赋异禀。这是上天赐予的才华。"

聪明的大臣回答道："陛下，天才是后天培养的，不是与生俱来的。我的技能是自律和实践的结果。天才靠的是坚定决心、严守纪律、长时间的学习和训练。"[4]

渐进式的进步（incremental progress）可能是唯一可以改变你的行为的方法。你不想做饭？你可以先做一些简单的小吃给家人吃，然后再开始做大餐。你在为下个月即将举行的会议要用的那篇重要的演讲稿而头痛？请你先写出演讲的主旨和提纲吧。经济学课程的阅读量极大，你感到不知所措？你可以为自己设定目标，先读完书的第一章。就像故事里聪明的大臣，你必须一步一步地前进，专注于每天的任务。

在上述情况中，你可以发现两件事。第一，渐进式的进步让你能够完成一项任务，如果完成整个工作就像取得比赛最终的胜利，那么渐进式的进步让你可以拿下夺冠途中一场又一场比赛的胜利。第二，渐进式的进步可以让你做好充分的准备，让你对取得进一步的成就跃跃欲试。既然你都下厨做小吃了，不妨再做一顿大餐。既然你已经确定了演讲的主题且进展顺利，不妨再接着写几页。既然你已经翻开了书本，而且经济学课本的第 1 章也不像表面上那样枯燥，那么不妨再读几章。

<u>把你一直在拖延的任务分解成小块，完成它的通路就会清晰起来。</u>

你的工作目标和你目前已经完成的工作之间会有差距，这种差距让你感到不安，应对这种不安的最佳方法其实正是蔡加尼克效应教给我们的道理。在你完成整个任务之前，它始终会萦绕在你的心里，所以让自己朝着完成任务的方向前进吧，无论从工作的哪个部分入手都可以，<u>即便你没有完成整个任务的能力和动力，你也要迈出完成整个任务的第一步。</u>你会感到欣慰，因为你终于从紧张的情绪中解脱。

🧠 大脑升级训练

挑一项你一直在拖延的重要任务。这项任务的具体内容是什么？
怎么才能把它分解成每天都能完成一点的更加简单的子任务呢？

Debbie Ford

黛比·福特

《接纳不完美自己》作者

在你突破自我极限时，旧习惯、旧模式总会阻碍你前进，没有事实依据证明它们是正确的，它们的存在只是因为你已经重复了它们成千上万次。

LIMITLESS

习惯是如何养成的

重复小而简单的步骤可以培养良好的个人习惯。习惯是决定我们人生的核心要素之一。各项研究表明，我们每天做的所有事情中，40% ~ 50% 都是习惯的产物。这意味着我们的生活的一半是被科学家所说的**自动性**（automaticity）支配的。乍听之下，你们肯定会觉得这个数值有些夸张，我第一次听到这个结论时也是这么想的，但是回想一下，在我们每天做的事情之中，有多少事情是未经仔细思考的。我们会不假思索地刷牙，每隔一段时间就会看看手机，开车去单位，但是你不会刻意考虑家到单位的路线，而是会拉上外套的拉链，从橱柜里拿出玻璃杯，自然而然地用遥控器打开电视。

当然，习惯对我们的生活方式至关重要。你能想象如果要做的每一件事情你都要认真思考，思考量会有多么庞大？ 如果连刷牙都需要意识层面的计算，不到早上 10 点，你就会筋疲力尽。

查尔斯·都希格（Charles Duhigg）在自己的畅销书《习惯的力量》（*The Power of Habit*）中写道："如果没有习惯回路（habit loop），人的大脑就会被海量的日常琐事压垮，停止工作。受伤或者疾病会导致人类的基底核（basal ganglia）受损，这类人会遭遇精神瘫痪的折磨。他们在进行诸如开门或者决定吃什么这样简单的基本活动时，都会遇到困难。他们失去了忽视那些微不足道的细节的能力。有研究发现，基底核因伤或疾病受损的患者无法识别面部表情，无论恐惧还是厌恶，他们都无法识别，因为他们永远都无法确定自己应该关注面部的哪一部分。"[5]

畅销书《掌控习惯》（*Atomic Habits*）的作者詹姆斯·克利尔（James Clear）认为："你每天重复（或者不重复）的习惯在很大程度上决定了你的健康、财富和幸福感。了解如何改变你的习惯，意味着知道如何自信地掌控和管理每一天，专注于影响力最大的行为，用逆向工程获得你想要的生活。"[6]

克利尔告诉我："从某种程度上讲，所有的习惯都会为你服务。你在一生中会遇到各种各样的问题。你需要系鞋带，大脑会自动解决这个问题，这就是习惯。在我们的一生中，有的问题会反复出现，习惯就是它们的解决方案，你会无数次不假思索地利用这些解决方案。如果解决方案不再起作用，那么你的大脑会对方案进行升级、更新。"[7]

克利尔认为习惯回路分为 4 个部分：提示、渴求、反应、奖赏（见图 9-1）。以你进入房间时打开灯为例，"提示"是走进房间，发现光线昏暗；"渴求"是感觉到房间里不应该这么黑；"反应"是打开电灯开关；"奖赏"是房间不再黑暗。[8] 这个回路适用于任何习惯，比如你下班回家时收信件。"提示"是在结束一天的工作回到家门口的车道或门前；"渴求"是希望信箱里有来信；"反应"是走向信箱，看看有无来信；"奖赏"就是把信件从信箱中取出来。在你真正把信件拿到手中之前，你可能从来没有想过这一点。

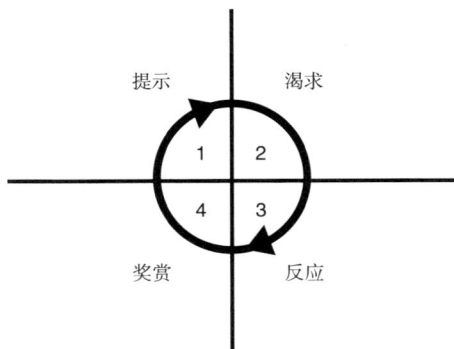

图 9-1　习惯回路

习惯是在不知不觉中养成的，它让我们生活中那些重要的基础部分自动运转，大幅度地提升我们的生活效率，我们能够从中受益。当然，生活中还有一些事情，我们放任它们自动运转，同样养成了习惯，但是这些习惯对我们有害无益。我想你肯定能想起两三件这种事情。"提示"是你走过厨房的储藏室；"渴求"来自你知道你最喜欢的薯片就在储藏室里，以及你内心对薯片的渴望；"反应"是你走进储藏室，打开装有薯片的袋子，拿出一大把薯片；"奖赏"是松脆、咸味、高脂肪的美味……但是它对你的健康毫无益处。在自动性方面，我们的负面习惯与健康的习惯处于同一水准。你的嘴巴还没有细细品味那些薯片，它们就已经进入你的胃里。

现在，因为你正迈向无限可能的境界，你知道长期存在的消极行为会让你的超能力消耗殆尽。那么，怎样才能改掉坏习惯？更重要的是，怎样才能养成能够助自己一臂之力的新习惯呢？

如何改掉坏习惯

在我们讨论如何养成好习惯之前，先让我们谈谈养成习惯需要多长时间。在伦敦大学学院的一项研究中，菲利帕·拉利（Phillippa Lally）、科妮莉亚·H. M. 范·贾斯维尔德（Cornelia H. M. van Jaarsveld）、亨利·W. W. 波茨（Henry W. W. Potts）和简·沃德尔（Jane Wardle）带领参与者养成了新的健康饮食习惯和锻炼习惯，例如午餐时喝水佐餐或晚饭前慢跑。研究者要求参与者根据特定的情景提示做出需要养成习惯的行为，每天如此，持续84天。研究人员表示："对大多数参与者来说，随着研究的进行，自动性稳步增加，这种情况证实了一种假设，即在同一个环境中重复一种行为会提升自动性。"在研究结束时，他们发现形成新的行为需要 66 天，尽管个别参与者只需要 18 天，时间最长的参与者则需要 254 天。[9]

大家普遍认为，改掉一个坏习惯并不意味着要终结这个坏习惯，而是要用另一个更具建设性的习惯来取代它。俄勒冈大学（University of Oregon）社会与

Nathaniel Emmons

纳撒尼尔·艾门斯

习惯要么是最好的仆人，要么是最坏的主人。

LIMITLESS

情感神经科学实验室（Social and Affective Neuroscience Laboratory）主任艾略特·伯克曼（Elliot Berkman）博士指出："比起没有替代行为，只是停止做之前习惯的某件事情，用新的行为取而代之会更容易。"[10]

如果养成一个新习惯的过程，比如每天留出时间读书的过程，与结束一个负面习惯的过程，比如每次经过食品储藏室都去拿薯片吃的过程，从根本上说是一样的，那么它是怎么起作用的呢？

正如我们在本书中讨论的许多事情一样，内在动力起着关键作用。斯坦福大学医学院（Stanford University School of Medicine）精神病学和行为科学系（Department of Psychiatry and Behavioral Sciences）临床副教授托马斯·G. 普兰特（Thomas G. Plante）博士专门谈到了有关人们改掉坏毛病的问题，他说："这取决于你改掉这个习惯的意愿。很多人非常矛盾，有人想减肥，但是他们也喜欢美食。有人想戒酒，但是他们依旧贪恋酒后的快乐时光。有人想戒掉咬手指的毛病，但是他们还是喜欢用这样的方式缓解压力。所以，第一个关键问题是：你改掉坏习惯的意愿有多么强烈？第二个关键问题是：这个坏习惯形成多久了？改掉新习惯比改掉旧习惯更容易。第三个关键问题是：不改掉这个习惯会有什么后果？你的伴侣会离开你？你会丢掉工作？你会生病？如果你不改变，真的会有糟糕的事情发生吗？"[11]

B. J. 福格博士创建了**福格行为模型**（Fogg Behavior Model），他用这个模型确定改变行为所需的环境。他指出："想要促成目标行为发生，一个人必须有充足的动机（motivation）、足够的能力（ability）以及有效的触发（prompt）。这三个要素必须同时具备，行为才会发生。"[12] 换言之，要想养成习惯，你需要具备以下三个要素：你需要拥有完成这件事情的强烈愿望，因为对于内心抵触的事情，想要养成习惯非常困难；你需要拥有完成这件事情的技能，因为如果你无力完成这件事情，那么养成习惯也就无从谈起；你需要拥有一些东西来启动习惯回路，詹姆斯·克利尔和其他人称其为**提示**（cue），我们依次看看每个要素。

动机

此前我们已经讨论过内在动力了，但是它在这里值得我们再次关注一下，我们从福格的角度来看看动机，福格认为有三个关键的激励因素。

快乐 / 痛苦（pleasure/pain）。这是最直接的动力。以快乐 / 痛苦作为动力，行为几乎立即会有回报，无论积极的行为还是消极的行为。福格说："我相信快乐 / 痛苦是一种原始的反应。它们在饥饿、性和其他与自我保护和基因繁殖相关的活动中发挥作用。"[13]

希望 / 恐惧（hope/fear）。快乐 / 痛苦是直接发生作用，而希望 / 恐惧是通过期待发生作用的。当你心怀期望时，你会期待某些好事的发生；或者当你心怀恐惧时，你会预感某些坏事即将到来。福格指出，"激励因素的这个维度有时比快乐 / 痛苦更强大，我们的日常行为已经证明了这一点"。例如，在某些情况下，人们会接受疼痛（接种流感疫苗）以克服恐惧（预期会得流感）。[14]

社会的认同 / 反对（social acceptance/rejection）。人类一直渴望同类的接纳、认同，这可以追溯到古代。在那个时代，遭受排斥可能意味着死刑，即便是现在"认同 / 反对"仍然是一个极其强有力的动机。"社会性动机的力量不仅深深地扎根于我们的心中，它对历史上依赖群居生存的所有其他生物都是如此。"[15]

能力

福格认为，能力就是简单性。他指出对我们来说，当事情非常简单时，我们更有可能行动起来。他定义了六个方面的简单性。

时间（time）。只有当我们觉得有足够的时间来完成任务时，我们才觉得任务是简单的。

金钱（money）。同样地，如果某件事使我们的财力捉襟见肘，我们绝不会认为它是简单的。

体力（physical effort）。我们认为这件事在体力上非常容易实现，那么这件事就是简单的。

脑力（brain circles）。简单的事情不会给我们的思维带来负担，我们会回避那些需要我们仔细思考的事情。

社会偏差（social deviance）。这与认同动机有关。简单的行为是符合社会规范的行为。

非日常惯例（Nonroutine）。某件事偏离正常的日常惯例的程度决定了它的简单性程度。

触发

福格将"触发"分为以下三类。

激发（spark）。激发是一种能立即导致某种形式的动力的触发。例如，如果打开电子邮件前，你会对邮件内容产生一定程度的恐惧，那么你很可能会养成一种习惯，去改变这种恐惧。

帮助（facilitator）。当你处于动力十足但是能力水平较低的情况时，这种类型的触发非常有效。例如，你想在计算机上使用某种软件，但是又不懂计算机技术，这时如果有工具能够让软件使用起来更加简单、方便，那么你使用软件的可能性就会提升。

信号（signal）。在某些情况下，你既有极强的动机，也具备很强的能力。要让一种行为形成习惯，你唯一需要做的是设置某种提醒或者信号。如果你喜欢做健脑奶昔，你需要做的仅仅是在早上走进厨房，看到搅拌机，提示自己做一杯奶昔。

大脑升级训练

你能确定你想改掉的习惯吗？是什么习惯阻碍了你去做其他重要
的事情？把它写下来，然后找出促使你养成这个习惯的触发或者提示：

_____

_____

_____

如何养成新习惯

福格行为模型向我们展示了促成特定行为所需的一切要素。我们都知道养
成对自己有益的行为习惯有助于我们成长，我们也知道改掉坏习惯的关键是用
更加有建设性的习惯取代它们。但是如何让行为成为习惯呢？我认为，你需要
记住 WIN（胜利）法则。

- W 代表 Want（想要）：确保你的确想要养成这个习惯。如果你压根儿就不
  想做这件事情，那么把它变成习惯就是无稽之谈。福格行为模型中列出的
  激励因素是否适用于你想要养成的习惯？如果并不适用，有没有类似这个
  习惯的事情，可能会对你产生类似的效果呢？

- I 代表 Innate（内在）：你想要养成的习惯与你的内在能力是否相符？切记，
  如果你自始至终难以完成某件事情，那么把它转化为习惯也是"不可能完
  成的任务"。如果你想要养成的习惯是你擅长的事情或是你清楚自己可以
  做好的事情，那么成功唾手可得。

- N 代表 Now（现在）：为自己创建一个触发，我鼓励你现在就开始养成新
  习惯。触发任何事情，既可以用手机上的备忘录，也可以在办公室里放一
  些东西，让你记得留出时间去完成计划。

祥的成长故事

如果你还在思索养成好习惯会对你的生活产生多大的影响，让我和你分享一个我的客户的故事。祥（音译）患有精神分裂症（schizophrenia）和抑郁症（depression）。他经常听到脑子里有个声音让他伤害自己或者伤害他人，因此他在精神病院接受了数次治疗。最终，医生找到了与他的病情对症的药物。在最近的一轮治疗结束后，他发现了我的播客，学习了我教授的一些策略。他开始定期收听我的播客节目，并参加了奎克快速挑战（Kwik Challenge）。奎克快速挑战是我带领大家进行的一系列训练，目的在于让大家对思维有一个全新的认识，使大脑充分地为学习做好准备。

起初，对祥来说，完成挑战中的内容非常困难，但是他只专注于做好两个挑战：用非惯用手刷牙和每天早上冲个冷水澡。每周，他都努力在冷水下多待 1 分钟。在这个过程中，他发现自己可以做好这种有些难度的事情，比如每天早上在冷水中坚持几分钟。这让他意识到，他在生活里的一些领域中，可以挑战自己的极限。在奎克快速挑战的基础上，他开始将他所学到的关于习惯和行为改变的知识应用到其他领域。

祥的生活得到了巨大的改善。他参加并通过了驾照考试。他改变了饮食习惯，戒掉了含糖饮料，每天早上在公园里慢跑 5 分钟。

他开始读书，他读的第一本书是卡罗尔·德韦克（Carol Dweck）的《终身成长》（Mindset），他一边看书，一边听巴洛克音乐调整阅读节奏，防止幻觉让自己分心。他花了 1 个月的时间读完了这本书。读完全书后，他感到了一种从未有过的自信。后来，对他来说，去图书馆已经是家常便饭。祥将自己的学习提升到了一个全新的水平，他还在当地的一所大学报名参加了计算机科学课程。最关键的是，他现在相信自己需要并可以终身学习。

你可能会认为，因为你过去所有改变生活习惯和惯例的尝试都失败了，所以永远接受失败就是注定的现实。祥的故事表明，只需改变你一天中的一两个小习惯，就可以取得令人难以置信的进步。像用非惯用手刷牙这样简单的事情，可以帮助你开启全新的生活方式。

形成晨间生活惯例

为什么早上的生活惯例如此重要？我坚信，如果你通过一系列简单的活动启动你的大脑，开始新的一天，这会让你赢在起跑线上。此外，如果你在清晨形成的生活惯例让你在一天之中无往不利，你就可以受益于托尼·罗宾斯所说的"**动量科学**"（the science of momentum），即一旦你让驶向成功的车轮运转起来，保持它的运转所需要的努力远远少于你让它从静止到运转所付出的努力。

要想大脑在一天之中都保持良好的状态，我们就需要让大脑在清晨做好准备。我精心制定了一系列晨间生活惯例，帮助你旗开得胜。

我并不是每天都会重复所有这些事情，特别是在我出差旅行时，但是我总是能完成其中的大部分事情，这会让我在心理层面做好准备，让我从起床的那一刻起，就为一天的优异表现、高产、高效和积极主动做好充分的准备。

让我带你看一看我在早晨都做了些什么吧。

我每天的晨间惯例甚至是在起床之前开始的，我会花一点时间回顾我的梦境。梦是对潜意识在你睡觉时所做的工作的一种表达，梦境就像有待我们发掘的金矿。纵观历史，许多天才都经常在梦中获得和收集最棒的想法，甚至是从梦中得到灵感从而收获了自己最伟大的发现。玛丽·雪莱（Mary Shelley）在梦中想出了科学怪人弗兰肯斯坦的创意。保罗·麦卡特尼（Paul McCartney）的《昨天》和爱因斯坦相对论的灵感也来自梦境。

所以，只要我的脑袋还挨着枕头，我每天早上做的第一件事就是回忆梦境，看看我在梦中对于现实世界手头的工作是否有能够助我一臂之力的一个想法、一种观点或一种新的方式。我知道回忆梦境对部分人来说会有些困难，所以下面是我为大家准备的回忆梦境的技巧。技巧的六个诀窍首字母正好组成"DREAMS"（梦）这个单词。

- D 代表 Decide(决定)：在前一天晚上入睡之前，你需要有意识地做出决定，告诉自己明早你要回忆你的梦境。如果设定了目标，你能够回想起梦境的概率会大幅提高。
- R 代表 Record（记录）：在床边放一支笔和一张纸，或者在你的手机上准备一个录音 App 随时备用。在你睡醒时，记录下任何你记住的梦中的内容。
- E 代表 Eyes（眼睛）：醒来后立即闭上眼睛。梦会在几分钟内消失在你的大脑之中，闭上眼睛可以帮助你回想梦境的内容。
- A 代表 Affirm（确认）：在你入睡前，确认你会记住你的梦境，因为确认是实现目标的关键方法。
- M 代表 Manage（管理）：管理好你的睡眠并养成良好的睡眠习惯是很重要的，这样做的原因有很多，但在这里主要是为了记住你的梦境。
- S 代表 Share（分享）：和别人谈论你的梦境。这样，为了讨论梦境，你对它们的记忆会越来越完整，这也会让你养成走入自己梦境的习惯。

起床之后，我做的第一件事情就是整理床铺。这是一个通向成功的习惯，也是我每天获得的第一个成就。对我而言，赢得这一成就非常轻松，它还有额外的好处，那就是我可以享受更愉快的就寝时光，因为当晚我回到家就寝时，能够躺在已经铺好的床铺上，这着实是一件令人感到惬意、放松的事情。这也是为什么士兵在早上首先要整理床铺，这会让他们做好准备，让他们在全天的任何事情中都有出色的表现。

随后，我会喝一大杯水。早上的第一件事是补充水分，这非常重要，因为即便在睡眠过程中，我们简单的呼吸动作也会让身体失去大量的水分。切记：水占大脑成分的 75%，如果想要大脑兴奋起来，就要补充充足的水分。我还会喝一杯芹菜汁，它可以提升免疫力，帮助肝脏清除毒素，有益于肾上腺。在这之后，我会服用益生菌，以确保第二大脑的需求得到满足。

其次，我会用我的非惯用手刷牙。这样做是为了训练我的大脑去做一些困难的事情，这样可以刺激大脑的不同部分，迫使我关注当下。为了做好这件事，我不会分心。

然后，我会锻炼 3 分钟。这并不需要全力投入，但是我认为在早上我需要进行加速心率的运动，这有助于睡眠和体重管理，更有助于大脑的氧合作用（oxygenation）。

运动结束之后，我会洗个冷水澡。我敢肯定，用冷水澡开始一天的生活会让你们中的某些人望而却步，但这种类型的**冷冻治疗**（cold therapy）能调整神经系统而且效果极好，还能帮助你控制炎症。

洗完澡后，我会通过一系列的呼吸训练为我的身体提供充足的氧气。然后，我会冥想大约 20 分钟，让我以清醒的头脑进入一天的生活。

接下来，我会做我的"健脑茶饮"，这种茶混合了积雪草（gotu kola）、银杏（ginkgo）、狮鬃菇（lion's mane）、中链甘油三酯油（MCT oil）以及其他成分。我会坐下来花点时间写日记，记录一下当天首先跃入我脑海中的想法。我每一天的目标都是完成工作上的三项任务，还有个人生活里的三件事情，我会在写完日记后制定目标。随后，我会阅读大约半小时。我的目标是每周至少读一本书，并把阅读作为我的每日晨间惯例，不断学习会让我始终保持正确的前进方向。

最后，我会饮用"健脑奶昔"，这是我们在前面讨论过的富含许多健脑食品的复合饮品（如果你忘记是哪种奶昔了，提示一下，是没有三文鱼的那款）。

不可否认，这个晨间惯例需要花费很长的时间。正如我在前文中提到的，我不可能每天都完成所有的事情，如果你觉得这超出了你能接受的范畴，特别是你还要帮助别人开始他们的一天，我非常理解。但是，如果你阅读本书的目的是提升你的大脑，那么改变自己的晨间生活惯例是你提升大脑过程中不可或缺的一部分。下面是一些关键点。

- 在起床前回顾一下你的梦境。你的梦中有宝藏等待着你去开采，所以我强烈建议你不要跳过这一步。
- 给自己补充水分和氧气。
- 用本书中提到的一些健脑食品滋养自己。
- 为全天的工作生活制订计划。

如果你能完成好上述四件事情，就好比你为大脑注入了高辛烷值的燃料，让大脑运转起来动力十足。每天清晨，尽可能多地完成上述事情。重点在于晨间生活惯例要富有成效，这点再怎么强调都不为过，它对于一天的工作、生活，良好的开端会起到决定性的作用。

大脑升级训练

形成新的晨间生活惯例。请记住，不一定要一次形成很多惯例。即使你的晨间生活惯例非常简单，只包含三个步骤，它也可以帮助你开启新的一天。当你一觉醒来要为赢下这一天做好准备时，你会坚持做哪三件事？把它们写下来：

1. _____
2. _____
3. _____

小结

所有人的生活中都存在各种习惯，但是我们需要有意识地在生活中努力养成有建设性的新习惯，用更好的习惯取代糟糕的习惯，这样你的超能力就会达到全新的水准。在进入下一章之前，我们来回顾一下下面的内容。

- 想一想日常生活中你最常见的习惯的四个组成部分，比如做早餐或遛狗，以此增强你对习惯回路的理解。这些习惯的"提示""渴求""反应"和"奖赏"分别是什么？
- 花几分钟审视自己的一个坏习惯，并用一个更有建设性的习惯取代它。使用福格行为模型，你可以采用哪些与该模型完美契合的新行为？
- 复习如何使用 WIN 法则，养成有价值的新习惯。

Steven Kotler

史蒂芬·科特勒

《纽约时报》畅销书作者

心流就是克拉克·肯特（Clark Kent）换装的
电话亭，是超人诞生的地方。

LIMITLESS

第 10 章

五种方法进入心流状态

为什么心流对于进入无极限的境界如此重要？

如何才能进入心流状态？

心流的主要敌人是什么？

我敢肯定，你一定有过这样的经历：有些时候你完全沉浸在你所做的事情中，这时，其他事情似乎都消失不见了，而你不会因为进入这样的状态而感到诧异，相反会觉得非常自然。当你有这样的经历时，时间可能会悄无声息地流逝。经常有人告诉我，当他们极度专注于自己手头的事情时，他们不会去留意时间的流逝，也没有意识到时间已经从下午走到了晚上，或者他们在做事的过程中已经错过了几顿饭。

这种体验就是心流。

心理学家米哈里·契克森米哈赖（Mihaly Csikszentmihalyi）在他的开山之作《心流：最优体验心理学》（*Flow: The Psychology of Optimal Experience*）中是这样描述心流的："心流是一种状态，人们全神贯注地投入一项活动中，似乎其他事情都不再重要；这种体验本身能给人带来极大的愉悦感，所以人们即便付出巨大的代价，也愿意享受这种体验。"对契克森米哈赖来说，心流是"最优体验"的一种表述。[1]

契克森米哈赖博士认为，心流具有如下 8 个特征：[2]

- 全神贯注；

- 专注一致；

- 主观感觉时间加快流逝或者慢下来；

- 感到有立即回馈；

- 轻松感；

- 力所能及具有一定的挑战性，但并不过分；

- 你的行动似乎都是自然而然、自动发生的；

- 对自己的行为感到舒适、满意。

你自己可能也体验过心流状态，它会极大地提高你的工作效率。甚至有报道称，心流状态可以让你的工作效率提升 4 倍。麦肯锡的人员甚至设想过让员工处于心流状态变得常态化。

> 例如，我们调研过：状态巅峰期的工作效率比平均水平高出多少？答案五花八门。但大多数高管的答案是 4 倍。尽管有部分受访者认为他们在高达 50% 的工作时间中都处于心流状态，但是大多数高管认为他们与自己的员工处于心流状态的时长不到整个工作的 10%。如果在高智商（IQ）、高情商（EQ）、高心商（MQ）的工作环境中，员工工作巅峰期时处于心流状态的工作效率是平均水平的 5 倍，那么可以假定，哪怕巅峰期的时长只是相对保守地提高 20 个百分点，企业的工作效率几乎能翻一番。[3]

一位多动症柔术运动员的成长故事

帕特里克（Patrick）是我们这个大家庭中的一员，他此前一直在与注意缺陷多动障碍（俗称"多动症"）做斗争，患上这种疾病意味着他很难集中注意力，这个问题始终困扰着他。他的注意力很容易被分散，反过来讲，他会过度专注于某件事情，这会伤害到周遭的所有人和事物，他甚至在参加巴西柔术比赛时出现过这样的问题。帕特里克在决定针对对手采取哪种技术动作时遇到了困难，那种感觉就像试图在同一时间使出所有招数，即使很多动作并不适用于眼下的比赛。他无法集中注意力，这影响到了他的工作、生活以及他最喜欢的柔术运动，而且他总是感觉自己背负着巨大压力。

有一天，他听到了我的播客节目，在节目中他了解到了心流的阶段（我们后文很快会提到），还了解到了其他几个能够提升个人表现的习惯。帕特里克将从节目中学到的内容应用到日常生活中，很快就看到了成效。他终于意识到也理解了自己的斗争对象到底是什么，较之以往，他可以全身心地投入自己的工作。进入"心流"状态恰恰是其中的关键。

在随后的柔术比赛中，帕特里克终于能释放自己高度集中的注意力，把自己关注的焦点从曾经让他分心的问题上移开。他很快就进入了自己的心流状态，他感觉自己仿佛是《黑客帝国》里的主角，能对对手的一招一式做出准确的预判。更令人欣慰的是，他在生活的其他方面也能进入心流状态。他在武术比赛中表现得越来越好，在生活中也愈发出色。对帕特里克而言，压力曾经如影随形，如今他终于挣脱压力的束缚，更加坚信自己能够展翅高飞，尽情享受生活。

心流的四个阶段

心流状态有属于自己的可预测的规律。史蒂芬·科特勒创立了心流基因组计划（the Flow Research Collective），并著有《超人的崛起》（*The Rise of Superman*）一书，他也是我们的播客的嘉宾，他认为心流分为四个阶段。[4]

第一阶段：挣扎（struggle）

这个阶段你需要深入挖掘，寻找进入心流状态所需的条件，可能是锻炼养生，可能是广泛的研究工作，可能是激烈的头脑风暴，还可能是任何你专注的事情。警告：这个阶段你会感到痛苦挣扎与心流状态的特征恰恰相反。

第二阶段：放松（relaxation）

这是你完全进入心流状态之前的休息阶段。这是必不可少的一步，因为它的存在，你不会因为刚刚经历的挣扎阶段筋疲力尽。这种休息可以是散步，可以是深呼吸，任何帮助你放松的活动都可以，而且它完全不同于让你分心的事情，比如转而进行其他任务或者是查看自己的运动成绩。

第三阶段：心流（flow）

科特勒称这个阶段为"超人体验"。希望你在人生的不同阶段都能经历这种心流状态。当你发挥出自己的最佳状态时，你会在不经意间自然而然地进入心流状态。

第四阶段：巩固（consolidation）

这是最后阶段，你需要整合你在心流阶段完成的所有事情。通常情况下，这个过程会伴随一定程度的失望。当你处于心流状态时，各种有益的化学物质一直在你的大脑中发挥作用，现在这种大脑的兴奋状态接近尾声。但是，下一个周期可能很快就会到来。

科特勒认为，找到心流状态是内在动力的"源代码"。当你找到心流状态时，大脑的奖励机制会给予你"最强劲的化学物质"，所以他认为心流状态是这个世界上最令人上瘾的状态。一旦我们体验过心流状态，我们便会动力十足地去完成能够带来心流状态的各种事情，以求更多地体验这种状态。但这是一种循环关系，如果你动力十足，努力完成任务，但是没有进入心流状态，那么你最终会感到筋疲力尽。内在动力和心流之间需要有协同作用，它们必须配合默契，动力带来心流，心流催生动力，就像良好的睡眠会增进食欲，而合理的膳食也能促进睡眠一样。

大脑升级训练

快速启动。

你有没有体验过心流状态？在什么地方？你当时在做什么？感觉如何？你在心流状态结束时取得了什么成就？尝试把心流状态可视化。即使你无法勾勒出具体的画面，也要尽力去想象。

找到心流

如果你想进入无限可能的境界，你肯定想让自己尽可能地频繁进入心流状态。如何做到这一点呢？我为大家提供下述 5 种方法。

消除分心

此前，我们讨论过，让你的分心降低到最低限度是非常重要的。如果你想进入心流状态，消除分心绝对是必要的。如果在做某件事情的时候分心，你可能需要长达 20 分钟的时间才能重新把注意力集中在手头的事情上。比如，你因为一条短信转移了注意力或者想先浏览一下社交媒体再工作，这样不断地重新集中注意力，你如何才能进入心流状态呢？所以，请你放下所有其他事情，全身心地关注你手头的工作。

给自己充足的时间

一定要为你进入心流状态留出大块的时间。人们普遍认为，当条件合适时，进入心流状态大约需要 15 分钟，而真正达到巅峰状态需要接近 45 分钟。只腾出 30 分钟左右的时间是不会让你完成很多事情的。在规划时间时留出至少 90 分钟，最好是整整 120 分钟。

做你喜欢的事情

每当提到心流时，我们往往会想到它帮助人们取得了极高水准的成就：运动员让自己在比赛中的表现臻于完美，音乐家创作出了理想的吉他独奏，作家迅速地在纸稿上写下文字，仿佛是在听写而非创作。这些人的共同点是他们都是在做对他们来说非常重要的事情。他们不会止步于也不会满足于"差不多就好"，因为他们的工作与他们之间的关系并不一般。他们在做的是他们喜欢的事情。

几十年来，我一直在和人们探讨与心流相关的问题，我从未听说有人做某件事情原本只是为了打发时间，结果进入了心流状态。这就像开着一辆快要报废的破车和驾驶一辆全新的阿斯顿·马丁之间的区别。两辆车都可以送你去办公室，但是显然两者中只有一个能让你真正地体验到驾驶的快感。如果你正在做的事情中有让你感到心烦、讨厌的成分，或者你觉得这件事情在绝大部分时间让你感到非常枯燥、乏味，这些负面的感受会阻碍你进入心流的步伐。

拥有清晰的目标

妨碍我们进入心流状态的主要原因之一是缺乏清晰的目标。如果你不知道你的努力是为了什么，自己想要完成怎样的目标，如果你在工作、学习中都感到漫无目的，你是绝不可能进入心流状态的。因此，我的一位小说家朋友把构思情节和实际写作分开进行。对他来说，构思情节是困难艰巨的任务，中间难免断断续续。另外，他非常喜欢遣词造句，为自己的故事选择合适的语言，让故事中的人物活灵活现。他会提前构思情节，然后花一整天的时间只进行写作，他准确地知道自己在当天该写哪些内容，所以他可以连续几小时一直沉浸在心流状态中。

所以，在你腾出整块的时间后，给自己制定一个明确的目标，让自己清楚你会如何利用这段时间。如果你从一开始就给自己设定了明确的任务，而且一想到能够完成这项任务你就会异常兴奋，那么你就能深深地沉浸在这项任务之中。

给自己一点挑战

当我和人们谈论心流时，他们总是说自己在做有一点挑战性的事情时最有可能进入心流状态。换句话说，他们走出了自己的舒适区，但也没有远离舒适区。我想大家都能够理解这里的逻辑。如果你做的事情过于简单，你很快就会感到无聊，那时你是无法进入心流状态的，二者并不兼容。

另外，如果你做的事情让你觉得非常棘手、困难，你很可能会感到沮丧，这种挫败感会关上通向心流的大门。如果你做的事情是你喜欢的，也有适度的挑战性，例如，试着把棒球打到球场特定的位置，尝试在吉他上弹奏新的曲调，从一个全新角色的角度进行写作，那么这些挑战会让你对任务保持兴奋感，从而牢牢地抓住你的注意力，让你投入其中。

征服心流的敌人

如果你经常进行训练，甚至可以实现在一天的多个时段进入心流状态，那么你就会表现得像个超级英雄。我们都知道，超级英雄会不断地受到超级反派的挑战，这些反派潜伏在各个角落，悄然接近你的心流，试图扼杀它。如果想要守护自己的心流状态，那么你需要制服下面 4 个超级反派。

一心多用

我们此前也讨论过这方面的内容，甚至本章中也提到过，但它值得我们重视。成为"一心多用（multitasking）的高手"并不等同于进入无限可能的境界。事实上，各种研究一再证明，同时处理多项任务的效率远不及一次只专注于一项任务的效率。根据你现在对心流的了解，很明显，你会发现一心多用是这种状态的死敌。你不可能一边给同事登记签到、给朋友写便条、看公司电子邮件，一边还能进入心流状态，创作出史诗般的独奏曲目或令人瞠目结舌的演讲文稿。打败一心多用这个超级反派的唯一方法就是完全无视它。把你的日程表里的其他事情全部清空，然后开始工作，进入心流状态。

压力

这个超级反派非常致命，有时你需要一场艰苦卓绝的战役才能击败它。如果你的生活中有很多来自外界的压力，比如工作的截止日期、恋爱中出现的问题、家庭问题、对工作安全的担忧等，它们可能会在任何时候偷袭你。我敢肯定，当你遭遇这些令你焦虑的事情时，比如家里出了问题，你的想法肯定会发生巨大的变化。一旦这些想法进入你的头脑，任何进入心流的机会都会被碾得粉碎。击败这个超级反派需要以下绝招。第一，在开始之前就直视它，自己思考在进入心流状态之前，是否还有需要你处理的问题。如果答案是"有"，那么就先解决这个问题。但是很可能答案是"没有",说明根本不存在应激源,压力并非来自迫在眉睫需要解决的事情,情况也不会因为你晚两小时再去解决就恶化。如果这符合你的实际情况,你就需要用你的立场对抗这个超级反派。第二,你需要让自己的大脑空间牢不可破,防止外部应激源的侵入,这样你才能完全地专注于手头的任务。

畏惧失败

哈拉·埃斯特洛夫·马拉诺(Hara Estroff Marano)曾任《今日心理学》(*Psychology Today*)杂志的主编,现在她是自由编辑,她认为:"完美主义会伤害创造力和创新力,会源源不断地输出负面情绪;那些受到完美主义控制的人很难有所成就,反而会陷入负面评价,这本是他们最想避免的事情。完美主义就像一张没完没了的成绩报告单,让我们陷入自我的世界无法脱身,只关注自我评价,感受无止境的挫折,最终以焦虑和抑郁收场。"[5] 如果你在接受任务时一心想着必须完美地完成它,那么你将会遭遇毁灭性的失败,因为你总是心心念念地想着避免失败,很难达到最佳状态。

记得早些时候,我们谈到进入心流的理想条件之一是把你自己推到稍微超出舒适区的位置吗?这么做时,你会加大在初始阶段犯错的概率,任务不会一蹴而就。如果你让完美主义这个超级反派在这个时候主宰你,那么你的心流状态就会毁于一旦。要击溃这个超级反派,你需要说服自己,你的工作不仅可以不完美,而且这种不完美正是一个明确的信号,说明你正在以必需的方式推动自己向前。

缺乏信念

另外一个与完美主义一样可怕的超级反派是你对手头的事情缺乏信心。TalentSmart 的董事长特拉维斯·布拉德伯里(Travis Bradberry)写道:"大脑将不确定性视为一种威胁，它会引发皮质醇的分泌，皮质醇是压力激素，会扰乱记忆，抑制免疫系统，增加患高血压和抑郁症的风险。"[6]

如果你对完成重要任务缺乏信心，那么失败便已成定局。如果在接受任务之初，你就开始怀疑自己完成任务的能力，那么请你问问自己下述这些问题：我有完成这项任务必需的技能吗？我有完成任务所需的所有信息吗？我对项目的热爱，足够支撑我完成这项任务吗？如果这些问题中的任何一个问题的答案是否定的，那么你就需要先把任务放在一边，直到你对每个问题都能给出肯定的答案。如果这三个问题的答案都是肯定的，那么你就能战胜"缺乏信念"这个超级反派，顺利进入心流状态。

小结

对任何人来说，心流状态是我们能够经历的最具快感的体验之一。同时，它也是进入无限可能境界的基础。现在，你需要知道什么是心流状态，如何进入心流状态。在进入下一章之前，让我们花点时间回顾一下下面的内容。

- 回想一下你进入心流状态的几次经历。你当时在做什么？这几次进入心流状态的经历有什么共同点？你如何才能更频繁地进入心流状态呢？

- 拿出日历，在接下来几天找个日子，腾出 90 ~ 120 分钟的时间。这是一段能让你从所有分心中解脱的时间。现在想一想，你该如何利用这段时间显著提升你的工作效率呢？

- 在开展工作时，你是否会经常遇到我们本章中提到的超级反派呢？它们是否会在不知不觉中影响你？在准备下一个项目时，你该怎么做才能击溃它们？

Alvin Toffler

阿尔文·托夫勒
著名未来学家

21 世纪的文盲不是那些不会读、不会写的
人，而是那些不会学习、不会抛弃以往错误
观点、不会重新学习的人。

LIMITLESS

第四部分

M

思维模式
可能

构思　　　　鼓舞

M 方法方式
过程

无限可能

内在动力
目的 **M**

实施

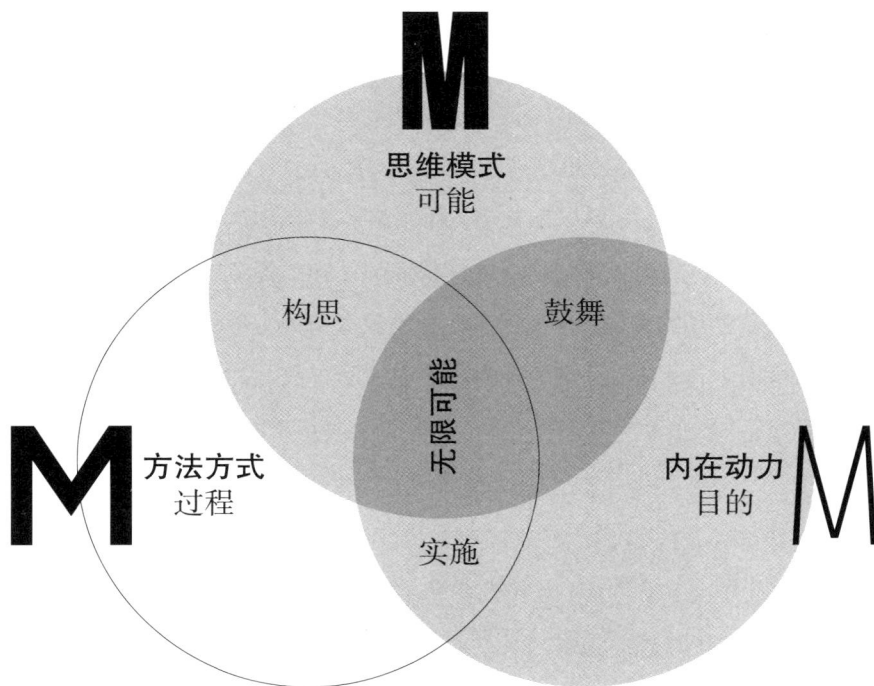

如果知识就是力量，那么学习就是我们的超能力。我们的学习能力取之不尽，用之不竭；我们只需要知道如何使用。一旦开始使用这些经过无数人验证的方法，你就会发现自己根本停不下来，你能释放的能力将超乎你的想象。

截至目前，达到无限可能境界所必需的三个元素，你已经了解了如何获得其中的两个。你已经学会了如何用富有成效的思维方式来迎接每一天，也已经学会了如何用最强劲的动力来完成任务。但是，进入无限可能境界的人和受到极限束缚的人之间还有一道分水岭，它是一个以 m 开头的单词——method（方法）[1]。

方法是完成某件事情的程序或过程。在本书探讨的范畴内，方法就是学习如何学习的过程，又称元学习（meta learning）。当我们在学校教育体系中学习时，我们学到的是非常陈旧和低效的学习方式，比如默读、死记硬背。正如我在前文中提到的，大家叫我"脑子坏掉的孩子"，那时的我苦苦挣扎，我并不是缺乏学习的能力——事实已经证明了这一点。但是按照老师教给我的方法学习，我并没有取得成功。直到我掌握了一种新的学习方法，使用这种方法最终让我成就非凡，这也是你将在接下来几章中读到的方法。

在本部分中，你将从以下五个方面了解加速学习和元学习：如何做到专注、如何有效学习、如何长久记忆、如何快速阅读和如何敏锐思考。这五个部分是我们在奎克学习学院向个人和组织教授的重点项目。请特别注意这些章节开头的导入问题，保证自己完成我安排的所有练习。我认为，一旦开始使用这些方法，你就会发现自己根本停不下来，它们为你释放的能力会让你感到惊讶万分。

---

[1] 完成某件事的特定过程，尤指有序、合乎逻辑或系统的指导方式。

Paulo Coelho

保罗·科埃略

《牧羊少年奇幻之旅》作者

无论何时，只要你想有所成就，睁大眼睛、集中精力，确保自己确切地知道你想要的是什么。没有人能闭着眼睛命中目标。

LIMITLESS

第 11 章

如何做到专注

当我处于极度专注的状态时，我能从自己喜欢做的事情中学到什么？

我怎样才能提高集中注意力的能力呢？

我怎样才能限制分心，让忙碌的头脑平静下来呢？

有的人在学习方面表现得好似超级英雄，有的人却从未发现他们在学习方面的超能力，这两类人之间有何不同之处？在大部分情况下，后者的问题出在注意力无法集中上。我敢肯定，在你的一生中，很多时候你都能紧紧地锁定一项任务：也许是写一份对你而言非常重要的报告；也许是与你喜爱的导师共同参加一场会议；也许是品尝一杯你最喜欢的冰激凌。你是如何完成这些任务的？在大部分情况下，你轻松地搞定了这些任务：你写出了自认为最棒的报告，导师的教诲让你受益良多，你狼吞虎咽地吃下冰激凌，仿佛它是世界上仅存的甜点。你之所以能够成功，是因为你训练自己，让自己的注意力集中在手头的任务上，执行好手头的任务，不允许自己因任何事情而分心。那么，为什么我们大部分人集中注意力的能力非常有限呢？简单来讲，我认为这是因为没有人教给我们该怎么做。反正我是不记得上小学的时候有课程教我如何集中注意力。

你还记得当你还是个孩子的时候，在一个阳光明媚的日子里拿着放大镜外出吗？把放大镜对准树叶，看到树叶上出现一个强烈的亮点，然后看着树叶开始冒烟和燃烧，是不是觉得很酷？你会继续把阳光聚焦在那片叶子上。亮点出现的地方，就是最热的地方。有趣的一点是，我们说某人很聪明时，我们会用"充满智慧之光"来形容他。回到我们关于放大镜的比喻上，也许我们真正要说的不是这个人比大多数人聪明许多，也许这个人只是能够让自己的"智慧之光"聚焦在某一处。

专注使我们能够训练我们在特定任务上的脑力，去"灼穿"、完成这项任务。我们在全神贯注的时候，可以迸发出令人惊讶的能力。相反，当我们不那么专注时，因为我们在情感上和身体上都没有那么坚定地投入其中，所以在完成任务的过程中，我们会举步维艰。注意力集中的头号敌人是分心。

大脑升级训练

给你目前的专注力水平打分，最低 0 分，最高 10 分。现在给你提高专注力水平的愿望打分。你的注意力就像一块肌肉。你可以通过训练它，让它变得更强健。

训练注意力

丹达帕尼（Dandapani）是印度教牧师、企业家，曾为僧侣，他在做客我的播客节目时谈道："专注是人类所有成功和努力的关键。如果你不能集中注意力，你就无法证明自己。"[1] 丹达帕尼的意思是，对所有事情来说，集中注意力都是其中关键的一环。但是就像我们在前文讨论的许多内容一样，我们从来没有真正地学过如何集中注意力。当然，我们的父母和老师可能都恳求过我们，让我们更加努力地集中注意力，甚至会批评我们注意力不集中，他们会说："你为什么不能集中注意力呢？"答案很简单，我们中的大多数人从来就没有学过如何集中注意力。

丹达帕尼指出，注意力就像肌肉，你锻炼得越多，它就会变得越强壮。他说："你可以学习如何集中注意力，并且在这方面的表现会越来越好。"[2] 然而，事与愿违，大部分人练习的不是专心，而是分心。我们放任自己的思绪在不同的想法之间跳跃，甚至会经常使用科技设备来训练分心能力，最后我们成为分心的行家里手。这个结果是必然的，因为我们每天至少花了十几小时在练习分心。想象一下，哪怕我们只是拿出其中一小部分时间来练习集中注意力，我们肯定能取得长足的进步。

丹达帕尼的观点非常清晰、明确："我对专注力的定义是，我的意识（awareness）能长时间集中在某件事情上的能力。每当我注意力不集中时，我都会用意志力把我的意识拉回来。"[3]

大多数人认为，注意力不集中是我们的思维从一个地方跳到另一个地方的结果。丹达帕尼有个更好的比喻，这个比喻有助于我们更好地理解注意力。在他看来，移动的不是我们的思维，而是我们的意识。他认为意识就像一个发光的球，在我们大脑的不同部分之间移动。为了更好地集中注意力，你需要训练这个发光的球长时间地待在自己脑海中的某个地方。起初这并不容易，但有意识地以这种方式锻炼你的意志力会产生极佳的效果。

无论你在做什么，都可以进行这种练习。比如你正在与某人交谈，努力地把注意力放在你们的对话上，不要关注其他任何事情。如果你发现你的意识并不在你们的对话上，那么你需要训练将发光的球重新聚集在对话上。如果你在读一份工作报告，那么训练自己把眼睛放在报告的文字上，仿佛其他事情都不存在。同样，如果你注意到你的意识之光的焦点移动到了其他事情上，就把那个发光的球拉回到工作报告上。如果你能坚持每天进行大约 1 小时的注意力训练，它很快就能成为你的第二天性。

尽量一次只做一件事，我们之前已经讨论过一心多用、同时处理许多事情的坏处，但是现在我还要再强调一次，无论做什么事情，同时处理多项任务是效率极低的方式。如果可以，让自己专注于手头正在做的事情，而不要同时去做任何其他事情。比如，如果你在打电话，那么不要同时浏览社交媒体。如果你在做早餐，那么不要同时制定你当天的待办事项清单。一次只做一件事情，你的注意力"肌肉"会无比强健，你的专注度也会达到无限可能的水准。

提高专注度的另外一个关键是整理你所处的环境，让它不再杂乱无章。普林斯顿大学的一项研究发现，"同一时间，如果人的视野中存在多个刺激源，因为视觉系统本身的处理能力有限，这些刺激源会压制彼此在视觉皮质（visual cortex）中的活动，以此争夺神经表征（neural representation）"。[4]通俗一点讲，你周围环境中杂乱的事物会与你手头的正事争夺你的注意力，这会导致你的效率下降，焦虑和压力水平上升。

所以，如果你想要成为专注力大师，每当你需要高度集中注意力的时候，你都需要清除一切可能让你分心的因素。如果你在计算机前工作，除了执行手头任务必需的应用程序和界面，请关闭所有其他应用程序和界面。你要限制你工作环境中物品的数量。虽然你会觉得桌上堆满图书、杂志、报纸、孩子的照片或者度假纪念品，可以令人感到温馨、舒适或者代表你的思维非常活跃，但是这些物品中的每一件都能成为你分心的诱因。在桌上摆上传家宝很酷，但是这与摆放图书没有区别。一定要限制你所处环境物品的数量，高效率、高产出的工作需要使用大脑空间，但是周围环境内的物品会与工作争夺这宝贵的空间。

让你忙碌的思维平静下来

仅仅把注意力放在手头的任务上，不足以突破专注力方面的极限。如前所述，集中注意力需要一种能够排除所有分心的能力，让你把所有注意力集中在你手头的工作上。但是，这可能吗？大部分人都会在工作、学习的同时使用各种电子设备，而且每个电子设备上还有多个应用程序正在运行。我们有会议要参加，有电子邮件和短信要回复，还有社交媒体需要更新状态，并且许多类似的事情在同时进行。因此，找到让我们内心和思想归于平静的方法变得尤其重要。

你可能根本没有意识到，你每天在各种设备上输入的内容会给你带来了巨大的压力。和其他很多人一样，你可能觉得这是一件积极的事情，因为这表明你非常忙碌，而且你的忙碌还为世界做出了自己的一份贡献。虽然这可能属实，但这份贡献是你克服了焦虑之后做出的，绝不是焦虑产生的成果。

心理学家梅兰妮·格林伯格（Melanie Greenberg）博士在其著作《抗压大脑》（*The Stress-Proof Brain*）中写道："焦虑会让你不堪重负，让你难以做出决定，难以采取行动去处理任何困扰你的问题。焦虑会让你过度思考，而过度思考又会让你更加焦虑，这又会让你更多地过度思考，如此往复。如何才能摆脱这种恶性循环呢？压抑焦虑的想法是行不通的；令人焦虑的想法还是会再次冒出来，而且有时还会更加猛烈。"[5]

朱丽叶·芬特（Juliet Funt）是咨询公司工作留白（Whitespace at Work）的首席执行官，她将留白（whitespace）定义为"思考的时间，是大脑忙碌间隙的战略性停顿"。[6] 在做客我的播客节目时，朱丽叶称白色空间是"氧气，只有它存在的时候，才能点燃灵感"。

格林伯格和芬特都认识到，大脑需要更多地处于平静状态，而非处于一团乱麻的混乱状态。很明显，这会对我们的心理健康产生积极的影响。但是大脑处于平静状态还有更深层次的意义，那就是这种状态可以极大地提高我们的专注度和效率。神经科学中一些有趣的研究强调了这一点，向我们展示了分心是如何改变我们的大脑的。伦敦大学学院的一项研究对比了两类人的大脑，一类是经常需要同时观看和浏览多个媒体的人，另一类是很少需要同时观看和浏览多个媒体的人。前扣带皮层（anterior cingulate cortex）与集中注意力有关，研究表明前一组人的前扣带皮层较小。相反，马克斯·普朗克研究所（Max Planck Institute）进行的一项研究发现，如果对实验对象进行提升注意力的训练，他们的前扣带皮层会增厚。[7]

此外，分心会严重浪费你的时间。加州大学尔湾分校（University of California, Irvine）的一项研究表明，分心会把你的生活搞得零乱、琐碎。格洛丽亚·马克（Gloria Mark）是该项研究的负责人，他认为"人们必须彻底切换思维，从一个内容切换到另外一个内容需要一段时间才能进入状态，而切换回之前的内容，又需要一段时间才能找回此前的状态和记起来自己刚才进行到哪里了。我们发现，在所有中断的工作中，约有 82% 都能够在同一天继续进行。但坏消息是，我们平均需要 23 分 15 秒才能进入状态。"[8] 也就是说，你的每一次分心，都要浪费超过 20 分钟的时间，回想一下，你每天注意力分散的频率如何？

包括冥想、瑜伽以及武术在内的许多方法都能让忙碌的大脑平静下来，它们在这方面非常有效，值得我们学习和掌握。但是，如果你正在工作或者学习，只能抽出几分钟的时间，下面三种方法可以让你的大脑平静下来。

1. 呼吸

此前，我们已经提到深呼吸可以作为晨间生活惯例。当然，当你需要重新调整自己的注意力时，这种方法同样适用，而且非常有效。整体健康（Holistic Health）领域的专家、医学博士安德鲁·韦尔（Andrew Weil）开发了一种呼吸方法，他称之为 4-7-8 呼吸法。这种方法如下所述。

- 完全用嘴巴呼气，发出嘶嘶的声音；
- 闭上嘴，用鼻子轻轻吸气，默数到 4；

- 屏住呼吸，默数到 7;
- 完全用嘴巴呼气，发出嘶嘶的声音，默数到 8。

这是一次呼吸过程。现在再次吸气，重复上面的呼吸方法循环三次，总共进行四次呼吸过程。[9]

2. 解决那些一直给你造成压力的事情

我们都知道（这要归功于布尔玛·蔡格尼克），压在我们心头的事情，除非我们把它们处理完毕，否则它们会一直在我们的脑海中挥之不去。如果这符合你的情况，请你先进行 4-7-8 呼吸法，再来处理一下令你感到压力很大的任务，然后回到其他你想做的事情上，这时你的专注力就会大幅提升。

大脑升级训练

哪一件事是你一直在回避的，不想去做，影响到了你集中注意力？

3. 安排专门的"分心时间"

当你需要集中注意力时，关掉手机和电子邮箱对你来说可能比较困难，但如果你能说服自己迈出这一步，那就太好了。做到这一点并不难。真正困难的是在你集中注意力工作的时候，不让内心担忧或者挂念的事情分散你的注意力。这些事情之所以令你担忧、挂念自有其原因，这也让你很难把它们逐出你的脑海。正如我们刚才谈到的，解决那些一直给你造成压力的事情是化解问题的一种方式。但是很多时候，这种方式是行不通的。相反，如果你能在自己的时间安排里专门为担忧、惦记的事情留出特定的时间段，在这个时间段里，它们可以成为你最需要关注的事情，会有怎样的效果？如果你只是对自己说"我一会儿再来操心这件事"，你担忧的事情依旧会在你集中注意力的 20 分钟内偷偷地打扰你。你需要对自己说"我会在 4:15 的时候再来操心这件事"，这样效果会更好。

大脑升级训练

为你的分心设置专门的时间。

小结

让你集中注意力的能力突破极限，这是你释放自己超能力的关键。当你的思想真正高度集中时，当你让自己完全置身于任务中时，你所能达到的成就远远胜过你受到分心困扰或者思想不统一的时候。在进入下一章之前，让我们花点时间回顾一下下面的内容。

- 仔细看一看你的待办事项清单，找出清单上如果未能完成便会不断侵扰你注意力的事情。使用你学到的"反拖延"方法，制订计划处理这些事情。
- 现在就着手改变你的工作环境，这样你可以更好地专注于当前的任务。
- 练习一下让你忙碌的大脑平静下来的技巧。它对你有效吗？如果有效，请经常使用。

Marcus Aurelius

马可·奥勒留

罗马帝国哲学家，《沉思录》作者

完成系统性调查的能力是最能开拓思维的
力量。

LIMITLESS

第 12 章

如何有效学习

如果我终身都要做学生，一直学习，我该如何优化学习时间？

填鸭式的突击学习是最好的学习方式吗？

怎样才能更好地做笔记呢？

一个周五的晚上，在忙碌了一周之后，我接到了一个电话。电话那头的人告诉我，我们有共同的朋友，这位朋友建议他联系我。

"没问题，我有什么可以帮到你的？"我说。

在我们通话的前 30 秒，这个人的声音听起来非常平静。但是当我问出这个问题时，他的声音有了起伏。

"请你一定帮帮我，因为有紧急情况，我请的演讲人明天不能出席活动了。我们的主旨演讲本来是由他来做的。"

我告诉他，对他的困境我深表同情，但是我不会因一时冲动就接下演讲工作。我一般会提前六个月安排演讲工作，我总是要给自己留有充足的准备时间。

但是即便我这样说，打来电话的这位先生也没有放弃。他说，我们俩共同的朋友看过我的演讲，对我赞不绝口，那位朋友觉得如果有人能在短暂的准备之后发表一篇感染力极强的演讲，那个人一定是我。

"求你救救我吧"，他的声音变得情绪化起来。

这位先生所处的困境让我动了恻隐之心。我周六正好有空，他举办会议的地址在曼哈顿，恰巧我就住在曼哈顿。我决定问他主旨演讲的主题。当他告诉我主题的时候，我盯着电话，好像对方在用外星人的语言与我对话一样。

我说："你为什么要给我打电话啊？我对这个主题一无所知。"

"我知道，但是那位无法出席的演讲人出了一本书。"

"这与演讲有什么关系？"

电话那边的人反应极快，明显他已经准备好了该怎么说。"我听说你会快速阅读。我想你可以早点来现场，研究一下这本书，然后发表演讲。"

这种情况简直离奇到令人难以置信。但是我做出了这种情况下唯一的选择——接受邀请。我怎么会拒绝这样的挑战呢？我们还讨论了一些细节，他告诉我一些关于听众，即我的演讲对象的情况，随后我挂断了电话，对刚才发生的一切感到不可思议。

第二天早上，我10点钟就到达会议中心。前一天晚上打电话来的那位先生递给我一本书，给我安排了一个安静的房间。发表主旨演讲的时间定在了下午1点。在接下来的3小时，我完成了该书的阅读，做了大量的笔记并列出了我演讲的要点。随后，我就上台发言了，这次演讲最终收获了本次会议最高的评价。我筋疲力尽，而且我必须承认，整个过程非常匆忙。

你不太可能拥有类似的经历。尽管电话那边的会议主办方的要求有些离谱，但是我知道我办得到，因为有能力就会有信心。我讲述这个故事并不是为了炫耀什么，而是想向你展示我们的能力范围。我想向你说明，如果你能学会理解会议主题、记住所学的内容，找到最关键的知识点，知道应该如何学习，换言之，就是理解本书中我们主要讨论的内容，那么此前你在学习中感到的任何束缚感都会烟消云散。

如果我不会快速学习，我绝不可能在短时间内发表那样的主旨演讲。就像我们在本书中讨论的其他技能一样，这种技能同样不是天生的。相反，这种技能是通过后天培养获得的，如果不刻意练习，那么你永远不会具备这种能力。你可以学习如何突破自己学习的极限。只要行动起来，你的余生都可以拥有这种超能力。

大脑升级训练

想一想，这个月你想要学习的主题或科目。你将如何着手研究这个主题？你目前的方法和流程是怎样的？

四个能力层次

自 20 世纪 60 年代以来，心理学家将能力或者学习分为四个层次。第一个层次被称为**无意识无能**（unconscious incompetence），这是指人们没有意识到自己不知道。例如你甚至没有意识到，存在像速读这样的阅读技巧。所以，你也不会意识到你目前不具备速读的能力。

第二个层次，即所谓的**有意识的无能**（conscious incompetence），人们意识到自己不知道。例如，你知道人们通过快速阅读技巧，更快地进行阅读和理解，但是你没有接受过任何这方面的培训，也不知道学会快速阅读必须掌握哪些方法。

第三个层次是**有意识的能力**（conscious competence）。这表明，你意识到一项技能的存在，并且有能力施展这项技能，但只有当你积极、有意识地使用这项技能时，你才能顺利地使用该项技能。你可以做到，但是你需要下些功夫。还是以快速阅读举例，第三个层次就是你可以顺利地进行快速阅读，但前提是你必须专注于快速阅读技术的使用。同样地，在这个阶段，对于其他事情也是如此，比如打字或者开车，你可以办得到，但是需要刻意地集中注意力。

第四个层次是**无意识能力**（unconscious competence），也是任何终身学习者都在追求的层次。到达这个层次，你知道如何施展一项技能，而且对你来说，这已经是一种第二天性。依旧以快读阅读举例，达到无意识能力是指快速阅读就是你最自然的阅读方式。你并不是在让自己更快速地阅读，这就是你的阅读方式。与此类似，你在打字或者开车的时候，也不会进行深思熟虑。

现在，你肯定已经明白了，显而易见，关键的一步是从有意识的能力过渡到无意识的能力。而练习就是其中关键的一步。只有通过实践，才能获得进步。虽然心理学家列出的能力模型只有四个层次，但是我想再加上一个层次——第五层次：**融会贯通**（true mastery）。这是超越有意识的能力的一个层次，施展该项技能是你的第二天性，你可以以精英级别的水准进行操作。这也是属于无限可能境界的一个层次。如果你想成为真正的大师，你就需要做学习世界里的超级英雄。

如何更好地学习

为什么大多数人的学习能力都受到了限制？那是因为大多数人都不知道如何有效地学习，从来没有人教过他们"如何学习"。许多人自以为是地认为，他们早就对如何学习了如指掌。问题在于，他们目前在学习方面施用的大多数技术不仅老旧，而且收效甚微。其中很多都已经是拥有数百年历史的"老古董"了。

我们生活在一个竞争激烈的信息时代，信息无处不在。然而，我们仍然使用与过去相同的方法接受和处理它们。今天，我们对学习的要求已经发生了翻天覆地的变化。但是大多数人接受的教导依旧是，学习就是一遍又一遍地复习学习材料，这样我们就可以在考试时把"吃"进去的知识"吐"出来。我们稍后将讨论为什么填鸭式的突击学习是一种糟糕的方法，但是无须多言，这种方法与学习的最优方法相距甚远。

世界上顶尖的成功人士都在坚持终身学习。这意味着他们在不断学习新的技能，与他们所处领域的最新发展与时俱进，随时了解其他领域可能或者可以给他们提供什么。正如我们在本书前文讨论的那样，终身学习会令你受益无穷，所以如果你想成为一名无限可能的学习者，你首先要让学习成为生活中不可或缺的一部分。

我的一名学生叫詹姆斯，他发现了这个道理，尽管在明白这个道理前，他也走了点弯路。詹姆斯在学习方面遇到了诸多困难，虽然他的梦想一直都是成为一名成功的商人，但是在高中毕业后，他在一家销售酒类产品的商店工作了 3 年。他意识到，要想实现梦想，他必须读大学，但是，正如他告诉我的，"学习简直像拔牙一样令人痛苦至极，最终我拿到了我的会计学位，然后进入一家会计师事务所工作，之后又进入银行业。""但是很长一段时间，我都无法获得全部从业资质，成为理财经理。我选择了分析师的职位，为此需要进行海量的学习和研究，而我只能勉强合格，我在这个工作岗位上度日如年。我善于人际交往，也能严守纪律，但是一旦涉及学习，我就非常头疼。从事这份工作，需要考取许多资质，我取得的资质都是几经失败才获得的。在我需要参加国际金融理财师（Certified Financial Planner，CFP）考试时，学习的任务如千斤重担一般压在我的身上，令我不堪重负。"

詹姆斯听说了我的快速阅读课程，那时距离考试还有 6 周的时间，备考国际金融理财师通常需要学习 12 周左右的时间。我的课程让他扭转了进度落后的局面，提高了自身的学习水平，帮助他"在整个高强度的学习过程中都保持大脑的健康"，更在考试当天让他的成绩更上一层楼。

詹姆斯拿下了国际金融理财师的资质，这让他获得了新的职位，成为直接与客户打交道的理财经理。詹姆斯的新工作需要他阅读大量的招股说明书，他继续使用经过改良的、全新的学习技巧，并在新工作中如鱼得水。

詹姆斯本来可以选择放弃，让学习中的限制阻止他前进的脚步。但是他并没有这样做，他学会了突破陈旧学习方式的限制，克服了职业生涯中的障碍。

无限学习的七个简单习惯

通宵达旦地临阵抱佛脚，这是一项古老的学习传统，很多人甚至在学校学习结束之后依旧沿用这种方法，而且延用很久。实际上，造成我们需要通宵达旦学习的原因，很大程度上在于大考或者重要演讲需要进行学习和准备，而我们却选择了拖延和搁置。但是，也有很多人认为填鸭式的突击学习是最有效的学习方式。然而，事实并非如此。

记者拉尔夫·海布茨基（Ralph Heibutzki）在《西雅图邮讯报》（*Seattle Post-Intelligencer*）上写道："事实上，填鸭式的突击学习会引起情绪、精神和身体上的损伤，从而降低身体应对环境的能力。"他引用了哈佛医学院（Harvard Medical School）的一项研究，该研究表明，填鸭式的突击学习会导致许多恶性的副作用，包括心理机能受损。[1]

此外，填鸭式的突击学习通常需要放弃所有或者至少是大部分的正常睡眠时间，这样做最终会让临阵抱佛脚无法实现目标。加州大学洛杉矶分校精神病学教授安德鲁·J. 富利尼（Andrew J. Fuligni）与其他研究人员共同研究了填鸭式的突击学习，指出了其副作用，并明确了副作用产生的后果。他说："没有人会给学生建议，让他们停止学习，但是充足的睡眠是学业成功的关键。最近，其他研究项目也表明缺乏睡眠会妨碍学习，与我们的研究结果一致。"[2]

我的学生来自各个年龄段，在教授他们的过程中，我了解到，填鸭式的突击学习很少会像他们预期的那样奏效。长时间专注于一个主题会让你很难记住信息。在前文中，我们谈到了首因效应和近因效应对记忆的影响。如果你容易记住事情的开头和结尾，那么在两者之间强行塞入大量的信息，只是让你有更多的内容去忘记罢了。稍后，我们会讨论更好的替代方案。

无论你是为了获得顶尖大学的录取通知书而选修了五门大学预备课程的高三学生，还是需要紧跟行业飞速变化的企业负责人，你都需要同时面对两个挑战：需要处理的信息堆积如山，而处理这些信息的时间少之又少。如果你也面临这样的情况，你肯定想尽可能高效地学习。多年以来，我一直在帮助人们更快、更好地学习。在这个过程中，我向大家推荐我最喜欢的七个简单习惯，它们会帮助你进入无极限的境界。

习惯 1：主动回忆

主动回忆是一个重要的过程，通过这个过程，你会回顾学习材料，立即检查记忆效果，确定自己记住了多少内容。主动回忆让你从简单识别（熟悉页面上的字词）进阶到具备回忆能力（让学习材料成为你记忆中活跃的一部分）。

得克萨斯农工大学（Texas A&M University）的神经学家威廉·克莱姆（William Klemm）博士曾写道："大多数学生没有意识到，强迫自己进行回忆有多么重要。从某种程度上讲，这是因为他们在考试中总是面对多项选择题，所以他们养成了被动回忆的习惯，即只会识别正确答案，而不是在看选项之前就在脑海中想到正确答案。对于学生学习实际过程的研究揭示了能够回想起你试图记忆的信息对于记忆的最终形成意义重大。"[3]

要做到主动回忆，你需要做好下述内容。

- 复习你正在学习的材料。
- 然后合上书本或者关闭讲座的视频，写下或者背诵你刚刚复习的所有内容。
- 现在，再看一遍材料。你记住了多少？

确保在你的学习时间中，安排出足够的时间多次重复这个过程。正如克莱姆指出的，研究表明，"初始学习阶段包括重复学习和对所有学习内容进行至少四次强制回忆测试，这样才会产生最佳的学习效果"。[4] 正是这个结论引导我养成了下一个重要的习惯。

习惯 2：间隔重复

正如我们在本章前面讨论过的，填鸭式的突击学习有很多缺点。虽然拖延是自然而然的选择，但是这会让你陷入需要短时间内学习大量内容的境地，而且结果往往是你根本无法记住这些内容。原因在于，这种学习和记忆方式与我们大脑的工作机理背道而驰。

如果你能换种方式学习，每隔一段时间就进行复习，把更多的注意力放在你没有记住的信息上，这样你就能最大限度地利用大脑的能力。这种学习方法被称为"间隔重复"（spaced repetition）。在线学习平台 Synap 的首席执行官詹姆斯·古普塔（James Gupta）也赞同这种说法，"虽然间隔重复很简单，但是非常有效，因为它就像是刻意侵入你大脑之中的黑客。它强制学习变得高效。与肌肉一样，大脑通过加强神经细胞之间的联系对这种刺激做出反应。在复习之

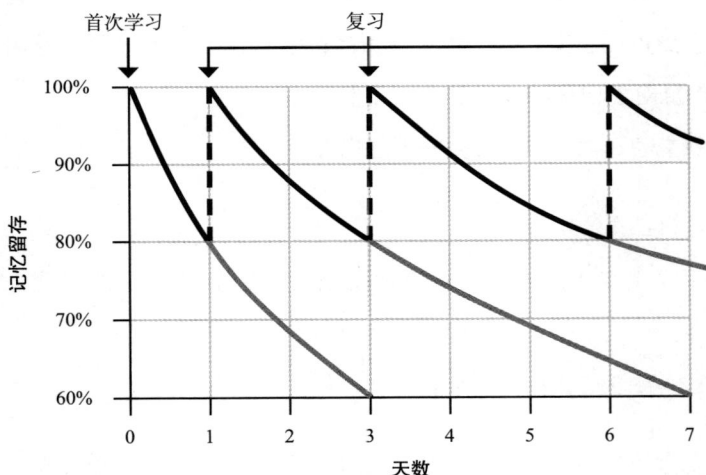

图 12-1　间隔重复

间留出间隔时间，每次你都可以进一步锻炼这些神经细胞之间的联系，这样可以产生持久的记忆（见图 12-1）。就我个人的经验来看，一旦人们开始在学习过程中使用间隔重复，他们就会爱上它、依赖它"。[5]

如果你复习材料的时间间隔几乎相等，这样的间隔重复是最有效的。这就是给自己足够的时间很重要的原因。你可以连续四天每天早上复习一次学习材料，晚饭前复习一次，然后再学习其他材料，保证复习的时间间隔一致。你可以将此技巧与主动回忆结合使用，复习一下学过的材料，测试一下你记住了多少内容，然后休息一下，再对刚才的材料进行复习。

习惯 3：管理你的状态

正如我们在前文谈到的，无论做什么事情，你所处的状态都决定了最终的成败。例如，如果你度过了糟糕的一天，上司还要求你做一次与工作有关的演讲或者参加一场测试，你绝对发挥不出全部实力。这是因为你此时的思维状态不会促使你做出最佳表现。另外，如果你感觉良好，面对同样的事情，肯定会获得更好的结果。你的状态越积极、思维越活跃，你在处理事情的时候产生的结果就越好。在学习中亦是如此。

学习时候的姿势可以影响你的思维状态。端正地坐好，仿佛你即将学习的是可以改变人生的重要信息。你是不是非要变换姿势？如果确实需要变换姿势，你需要注意改变姿势之后，如何使自己的注意力更加集中。当你的腰背笔直时，这个坐姿还能调整呼吸，保证了大脑和身体的其他部位进行充足的氧气循环。如果你弯着腰甚至瘫坐在位置上，呼吸过程受阻，这会让你感到疲倦。

大脑升级训练

你坐在椅子上的时候，采取弯着腰的坐姿，低头向下看，呼吸急促，然后双眉紧锁。现在就做做看。你觉得这种姿势能为取得成功提供多少动力？在这样的状态下，你觉得你会有怎样的工作效率？很多学生在学习时恰恰采取的就是这种姿势。所以他们不喜欢学习，费了九牛二虎之力也只取得些许成绩，这也不足为奇了。现在端正地坐好，笑一笑。是不是感觉好多了？

习惯 4：利用你的嗅觉

我相信你也有类似的经历：当你进入一个房间，你嗅到了空气中弥漫着的某种香味，可能是烤箱里烘焙的某种香料的味道。这种香味让你立刻回想起儿时朋友玩耍的时光，她讲了一个笑话，逗得你不禁大笑，以至于喝入口的牛奶从鼻子里喷了出来。为什么香料的味道会触发记忆？因为记忆中的事情发生的时候，空气中也弥漫着相同的气味，气味能特别有效地刺激我们回忆起过往。研究表明，迷迭香的气味可以改善记忆力。薄荷和柠檬的气味能促进注意力集中。

宾夕法尼亚州立大学医学院（Penn State College of Medicine）博士后研究员乔丹·盖恩斯·刘易斯（Jordan Gaines Lewis）在论文中写道："大脑解剖学很可能会为我们揭开答案。气味首先由嗅球（olfactory bulb）处理，嗅球从鼻子的内部一直延伸到大脑的底部。嗅球与大脑中的两个区域有直接的联系，这两个区域与情绪和记忆密切相关，这两个区域就是杏仁核（amygdala）和海马体（hippocampus）。非常有趣的是，视觉、听觉（声音）和触觉（触摸）信息并不会通过大脑的这两个区域。这可能就解释了为什么与其他感官相比，嗅觉更能触发情绪和记忆。"[6]

由此可知，作为可以辅助记忆的工具，嗅觉极其重要，但是没有得到充分的利用。如果某种特殊的气味可以让我们回想起童年，那么另一种气味就可以用来加速我们的回忆。如果你在为一场大考做准备，那么在你学习的时候，在手腕上涂上带有特殊香气的精油，然后在考试之前也把同样的精油涂在手腕上。或者你在准备大型会议的时候也可以运用这种方法，结果都是一样的。当然，你肯定要考虑到在场其他人的感受，所以无论你使用什么东西、哪种气味，不宜过于浓烈，淡淡的香味就足以强化你的回忆。

习惯 5：为大脑播放音乐

回想一下你早期的学习经历。你是不是也像很多人一样通过一首歌记住了字母表？因为系列动画片《校舍摇滚》（*Schoolhouse Rock*）里的歌曲，你记住了美国国会是如何通过一项法案的。自从音乐出现以来，父母们就一直在用音乐教授孩子一些基本概念。他们之所以这样做，是因为这种方式效果极佳，而音乐对于记忆的促进作用已经得到了科学依据的有力支撑。

大量研究表明，音乐与学习之间联系紧密。E. 格伦·舍伦贝格（E. Glenn Schellenberg）博士提出的"唤醒－情绪假设"，发现了音乐与情绪之间的联系，以及情绪与学习之间的联系。他的研究表明，音乐为我们营造了可以提升学习能力的环境。[7]

巴洛克风格的音乐似乎在这方面的作用尤为突出。研究音乐与学习之间关系的专家克里斯·博伊德·布鲁尔（Chris Boyd Brewer）认为："音乐稳定了精神、身体和情感的节奏，可以达到一种注意力高度集中、极度专注的状态。在这种状态下，你可以处理和学习大量的内容与信息。"巴洛克风格的音乐，如巴赫、汉德尔或泰勒曼创作的每分钟 50~80 拍的音乐，可以营造专注的氛围，引导学生进入深度集中的阿尔法脑波状态。以这类音乐作为背景音乐，学习词汇、记忆事实或进行阅读会变得非常高效。[8]

虽然没有类似的证据表明说唱或者流行音乐对于学习也具有同样的促进作用，但是由于每个人对音乐的反应各不相同，可能其他类型的音乐也能对你起到相同的促进作用。现在用流媒体播放音乐非常方便，我建议你在学习的过程中增加一个巴洛克风格的播放列表作为背景音乐。

习惯 6：用你的整个大脑去倾听

如果你想突破学习方面的极限，你必须加强自己听的技巧。听与学之间存在密切的联系，我们中超过 1/4 的人都是听觉型学习者，即以听作为学习的主要方式。[9]

在学习过程中，听非常重要，我们清醒的时候，大部分时间都在用耳朵接收信息。但是大部分人并不擅长通过听进行学习。鲍勃·沙利文（Bob Sullivan）和休·汤普森（Hugh Thompson）在他们的著作《平台效应》（*The Plateau Effect*）中提到："听在我们大部分的交流过程中处于核心地位，普通成年人听的时间几乎是说的时间的两倍，但是大多数人在听这方面的表现极其糟糕。下面这个试验结果就能说明这个问题。受试对象被要求听一段长度为 10 分钟的演讲，然后说出演讲的内容。50% 的成年人在演讲刚刚结束就已经忘记了演讲的内容，演讲结束 48 小时之后，多达 75% 的听众甚至忘记了演讲的主题。"[10]

我们不会听的原因之一是我们并没有把所有的脑力用在这方面。沙利文和汤普森与卡内基梅隆大学（Carnegie Mellon University）就数字分心的本质进行了研究，该项研究指出："人类的大脑每分钟能够消化的信息最多可达 400 个单词。但是，即便是语速较快的纽约人，讲话速度也只有每分钟 125 个单词左右。也就是说，当别人和你说话的时候，你 3/4 的大脑很可能正在做别的事情。"[11]

为了解决这个问题，我设计了一种方法，可以帮助你用整个大脑去倾听。以下四个要点的首字母正好缩略为 HEAR（听）。

- **H 代表 Halt（停止）**。在大部分情况下，当你在听别人说话的时候，很有可能当场还有其他事情发生：也许是有人在附近闲逛；也许是你的手机在嗡嗡作响，提示你收到了短信；也许是房间里正在播放音乐或者背景音里还有电视声音的声响。与此同时，你还在考虑接下来需要办的事情，可能是下一场会议或者是当天的晚餐要吃什么。你应该尽你所能地屏蔽这一切，你在听谁说话，就应该把注意力放在谁的身上。记住，听并不仅仅需要关注对方说的话语，声调、肢体语言以及面部表情等都可以加深你的理解，提供更多的信息。只有当你摒弃一切其他事情的时候，你才能充分理解声调、肢体语言和面部表情的意义。

- E 代表 Empathy（共情）。与缺乏激情的被动接受相比，如果你能设身处地地把自己放在说话人或者演讲者的位置上，那么你就可以从每次听的体验中收获更多的知识：试着理解演讲者观点的来龙去脉，体会为什么他们能围绕主题提出诸多见地，试着让自己从他们的角度去感受。

- A 代表 Anticipate（预期）。请你带着一种期待感参与到听的体验中。记住，学习依赖于状态，如果你对演讲者心生好感，你从他的演讲中学习到的内容很容易就会成为长期记忆。如果你对听到的内容充满热情，那么你就更有可能完全理解演讲的内容。

- R 代表 Review（回顾）。如果你有机会与演讲者直接交流，那么大胆去问。你可以提出问题，让他为你答疑解惑或者重述某个观点。如果你可以做笔记，那么一定要认真记录。在演讲结束后，你必须仔细思考演讲者所说的内容，在脑海中用自己的话复述，想象你自己正在把这些内容传授给他人。这样做可以巩固它们在你脑海中的记忆。

习惯 7：注意做笔记

在最佳的条件下，学习可以大幅增加你的记忆留存的内容。此外，无论是为你的学习做准备，还是为了配合你的学习，提升做笔记的能力都极具价值。

做笔记的最大好处是笔记可以根据你的惯用语言和思维模式，定制你需要记住的信息。在最理想的情况下，做笔记让你可以用最佳方式组织和处理信息，方便以后使用该信息。

但是许多人做笔记的效率并不高。常见的陷阱包括：过于专注于做笔记，导致忽略了收听重要的信息；试图写下自己听到的每一项内容；做笔记的方式存在问题，到了第二天已经无法识别出笔记内容。一旦你意识到这些陷阱，避免它们也就变得轻而易举，现在让我们一起制订计划来提升你做笔记的能力吧。

首先，一定要理解做笔记的目的。例如，在学期中期的课堂上做笔记的目的，与在期末大考之前复习课上做笔记的目的完全不同。与此类似，在团队的每周例会上做笔记的目的与为主要客户做陈述展示之前的一周做笔记的目的，必然有所不同。

明确做笔记的目的，可以帮助你区分重要信息和无关信息。我的一位朋友是作家，访谈过许多人，尽管找转录员来做可能更省时，但他还是坚持自己抄录访谈的内容。他说，这么做的原因是通过自己动手，他只抄写访谈中他觉得自己在随后可能用得上的内容，这样就可以避免这些重要信息被淹没在其他与图书写作无关的次要信息中。他保留的是最纯粹的重要信息。同样，如果你的脑海中始终记着做笔记的目的，你记下的每一处笔记将都是重要的信息。

其次，明确了做笔记的目的之后，你需要采取积极主动的方式做笔记。听的时候，你要意图清晰且准确地记下自己所需的内容，并且用便于随后回忆的方式写下笔记。如果你要使用缩写和简写，请使用自己熟悉的。你最不希望看到的肯定是你自己做的笔记稍后却变得无法辨认。

再次，确保在笔记中尽可能地使用自己的语言。正如前文提到的，有效地记录笔记需要避免的重要陷阱之一就是试图记录每一项内容。原因之一，书写的速度不可能跟上大部分人说话的速度。人们手写的平均速度是每分钟 10~12

个单词，而说话的平均速度是每分钟 100 个单词。即使你通过打字做笔记（我并不推荐这种做法，稍后会详述），大概也只能记下演讲人所讲内容的一半。

原因之二，如果你把对方说的话一字不差地记录下来，说明你没有对讲话内容进行任何处理。这意味着，在学习的初始阶段，你使用大部分脑力在完成听写内容。而当你使用自己的语言做笔记时，你实际上是在着手处理信息，这会极大地提升你的学习效果。

说到采用哪种方式做笔记，我建议手写笔记。即便你使用平板电脑，也要使用电子笔手写。首先，现在已经有现成的程序可以把你在平板电脑上的手写内容转化成文档文本，方便日后组织。更重要的是，手写要求你立即开始处理材料，事实证明这样做笔记的效果更好。

帕姆·A. 穆勒（Pam A. Mueller）和丹尼尔·M. 奥本海默（Daniel M. Oppenheimer）对这一主题进行了研究，他们认为：“目前的研究表明，即使笔记本电脑只用来做笔记，它们可能仍然会妨害学习，因为使用笔记本电脑会导致处理信息的能力降低。我们发现，在笔记本电脑上做笔记的学生对概念性问题的理解差于通过手写做笔记的学生。此外，我们发现尽管做笔记有益于学习，但是用笔记本电脑做笔记的人不是对信息进行处理之后用自己的语言重新组织，而是倾向于逐字抄录讲座内容，这种方式并不利于学习。”[12]

最后，做笔记最重要的一点就是要确保你真的在听。你并不是讲者的秘书，你所接收的信息是为了随后使用。因此，真正理解别人说了什么，这很重要。记录下讲者强调的内容，确保你理解他的观点，如果有机会，提出自己的问题。要想做到这一点，就至少要均等地把注意力放在讲者传递的信息和做笔记两件事情上。

做笔记的时候，可以使用我称为“捕获和创造”的方法。在纸的左边，捕获信息，记录讲者的观点；在纸的右边，进行创造，写下自己的见解。你写下的是你对于自己捕获内容的看法。我该怎么应用这个内容呢？为什么我必须使用这个内容呢？什么时候我可以使用这个内容呢？

　　做完笔记之后，立即复习一下自己的笔记。与几天之后才回看笔记相比，这样可以帮助你更有效地记住信息。这样做还有另外一个好处，你可以补充在做笔记时遗漏的内容，如果立即复习，这些内容在你的脑海中还是清晰的。

升级做笔记能力的小贴士

　　如果你想确保每次做笔记都能收获最佳效果，请记住下面这种方法。以下三个要点英文单词的首字母正好缩略成 TIP（小贴士）。

- **T 代表 Think（思考）。** 在学习任何你需要做笔记的课程之前，你应该思考一下自己最希望从本次课程中获取的是什么内容。这样可以帮助你从所有信息中筛选出与目标相关的高价值、重要的信息。
- **I 代表 Identify（识别）。** 你应该仔细聆听讲者正在传递的信息，根据你的目标，识别出哪些信息是最重要的。切记，试图记录所有内容会让你在听的时候根本无暇处理信息，这很可能会增加学习的难度。识别出你最需要的内容，然后把它写下来。
- **P 代表 Prioritize（排序）。** 当你在演示结束后回顾笔记时，你可以将对你最有价值的信息进行优先排序，然后根据需要添加额外的笔记，以使优先信息更清晰，或者制定一个大纲来突出重点。

小结

　　如果你知道进入无限可能的境界意味着你需要终身学习，那么如何学习就变得至关重要。在进入下一章之前，让我们尝试一下下述练习。

- 练习一下主动回忆，学习一些新材料，然后马上评估自己记住了多少内容。

- 找一个能够促进你学习的音乐播放列表。有很多现成的此类音乐列表，选对音乐可以增强你吸收信息的能力，所以花点时间挑选一个你喜欢的播放列表。或许，你甚至会考虑在阅读本书剩余部分时，把它作为背景音乐。

- 尝试一下全新的做笔记方法。或许可以再看一遍本章内容，并做笔记；或许去观看 TED 演讲，然后做笔记。使用你在本章学到的技能提升听的效果。

Thomas Edison

托马斯 · 爱迪生

著名发明家

假如我们把自己力所能及的事情全部完成，我
们的成就会让自己惊愕不已。

LIMITLESS

第 13 章

如何长久记忆

想要马上提升记忆力，我该做什么？

想要牢记大量信息，我该怎么做？

当我需要记忆中的信息时，如何才能轻松地回想起来？

几年前的清晨，我第一个来到办公室。突然电话铃响了，我马上接了起来。刚刚拿起听筒，电话那头传来一个热情洋溢的女声。

"我爱你，我爱你，我爱你！"

相信我，平常我接电话的时候，可没有这样的待遇。

我说："哇哦，你是哪位？"

她很快回答道："我是安妮，我上过你的课。我找到它了！"

好吧，她把我搞糊涂了。"你找到什么了？"

"我也不知道我找到的是什么，但是我一直在做你教给我的所有练习，我现在能够记住很多东西。即便我没有使用那些方法的时候，我也能记住名字，记住和别人的谈话。"

她并没有回答我的问题，我觉得只能让她从头到尾把她的故事讲给我听。在接下来的几分钟里，她娓娓道来，我才知道，原来在几年前，她的祖母给了她一件传家宝，那是一条代代相传的项链，她的祖母没有把项链交给自己的女儿，也没有传给安妮的 3 个姐姐，而是把项链传到了安妮的手中。

收到这样一份宝贵的礼物，安妮倍感荣幸，她发誓要妥善保管它。但是问题在于：她特别担心项链的安全，所以她把项链藏到了极其隐蔽的地方，最后甚至连她自己也记不起来把它藏在了哪里。当她意识到自己也忘记了项链的所在，她在家翻箱倒柜地寻找，但是最终也没能找到。这让安妮感到无比焦虑，另外，来自家人的责备也让她充满负罪感。

3 年过去了，她觉得她要么是把传家宝弄丢了，要么就是有人偷走了它。突然有一天，在凌晨 2 点钟，也就是她打电话给我的那天，她忽然从沉睡中醒来。她跑下楼梯，进到地下室，跑向锅炉，她转到锅炉后面，把手伸进那里的一个裂缝中。她把项链从那里取了出来，心头的大石终于落地了。

我对她说："这真是个神奇的故事，祝贺你。不过我很好奇，我并没有教给你忘记了东西放在哪里应该如何寻找啊。这不是我们在课堂上讲授的内容。"

"这确实不是你教授的内容，但是你教授的内容远比这个有价值。我也搞不清楚这是怎么回事，但是在过去的几周，我开始记起各种事情，并不只是记住现在发生的事情，还有很多年我都没有想起的事情。"

"吉姆，谢谢你帮我找回了大脑。"

安妮兴奋地对我讲述的内容，正是一直以来我与大家分享的东西。没错，你的大脑是一个器官，但是它工作起来更像一块肌肉。大脑与肌肉最大的相似之处就在于，大脑也是一种用进废退的装置。只有采取全方位的措施，我们的大脑才会保持健康。如果我们无法保持大脑的健康，要么是因为自己懒惰，要么是过度依赖科技帮助自己思考，要么是因为不能用新的学习内容来推动自己前进，这样，大脑就会像肌肉一样变得"松弛"。

试想一下：如果你的手臂打了 6 个月的固定绷带，它肯定不会变得更加强壮。相反，当你取下绷带之后，那只手臂可能已经丧失了功能。你的大脑也是这样，如果你不经常锻炼，在你最需要它的时候，它很可能无法给予你想要的帮助。但是，如果你努力让大脑保持最佳状态，你会发现它总是做好准备，让你能像超级英雄般工作，就像打电话来的安妮，她的大脑就为她提供了有力的帮助。

MOM 记忆法是你永远的依靠

可以说，记忆是学习过程中最重要的部分。如果你记不住，那么你就学不会。没有记忆，知识便无从谈起。但是为什么大多数人的记忆力都不理想呢？我认为，这是因为外界教授给我们记忆的方式通常都是死记硬背。直到今天，很多老师在教学生如何记忆时，还是通过反复重复一个事实或者一句名言，直到学生暂时记住。学生一旦不需要使用这些信息的时候，就会很快忘记它们，这种类型的记忆方法很少能让学生们记住自己对学习内容的理解和感悟。

你的记忆力是你最宝贵的财富。它能在生活中的各个领域为你提供支持。不信咱们可以打个赌，想想你生活中是否有不需要动用记忆力的事情。如果生活离开记忆，你会举步维艰，极其辛苦。想象一下，每天醒来，你忘记了知道的一切，必须重新学习如何起床，如何穿衣，如何刷牙，如何吃早餐，如何开车。这会为你的生活带来极大的困扰。好在，人类天生就有极好的记忆力，你只是需要有人指导你如何使用它。

大脑升级训练

你现在对自己的记忆力作何评价？你希望在哪些方面进行改进？

如果你想大幅度提升自己的脑力，那么首先就需要让你的记忆进入无限可能的境界，因为记忆是大多数大脑功能的基础。既然如此，我想先向你保证，事实是：记忆力没有好坏、强弱之分，只有受过训练和未经训练的区别。如果你很难记住别人的名字，无法在没有笔记的情况下做演讲，甚至早上找不到车钥匙，这并不是因为你缺乏做这些事情的能力，而是因为你没有接受过相关的训练。

约书亚·福尔（Joshua Foer）的经历证实了记忆力是可以训练的。2005 年，约书亚在从事记者工作，他的任务是撰写与智力类比赛运动员有关的报道，他们的故事鲜为人知。在顶尖记忆比赛中的所见所闻深深地吸引了他，他想更多地了解参赛者。令他惊讶的是，几乎每个接受他采访的参赛者都表示，在学习和练习记忆方法之前，他们的记忆力都只是平常水平。但是现在，他们可以参与最高水准的比赛。

福尔明白了，记忆没有极限，它像运动技能一样，可以通过训练提高。福尔自己开始练习他学到的内容。一年后，他重回美国记忆锦标赛（U.S.A. Memory Championship）的现场，只不过这一次，他不再是报道赛事的记者，而是参赛选手。比赛当天，我们在比赛间隙一起吃了午饭，感叹看似完全依靠天赋的事情实际上往往可以通过学习习得。当天比赛结束的时候，福尔获得了冠军，他把奖杯带回了家。随后，他写了一本具有开创性的著作——《与爱因斯坦月球漫步：美国记忆力冠军教你记忆一切》（*Moonwalking with Einstein: The Art and Science of Remembering Everything*）。

在你突破自我极限的道路上，为什么记忆如此重要？因为你的记忆是你现在和将来每项行动的基础。想象一下，如果你的计算机只有极小的存储空间或者你无法访问计算机此前存储的内容，那会是怎样的情景？这样，计算机的大部分功能都无法运行，你写一封电子邮件，你的计算机能否从你的联系人中找到收件人，能否在你写完之后按时正常发送，这些都是未知数，即便是计算机确实能够执行的功能，也要让你苦苦等待，花费很长的时间才能完成。

虽然我把大脑比作超级计算机，但是我知道大脑的能力远不止如此。最大的不同之处就在于，我们具备推理的能力，考虑具体事实或者情况的能力，以及根据具体事实和情况采取行动、进行创新或者解决困难的能力。推理的过程需要我们在大量的记忆内容中进行切换，使用前人证实行之有效的方法做出明智而富有成效的决定。

布兰迪斯大学（Brandeis University）神经科学教授伊芙·马德（Eve Marder）博士写道："如果对已知的事情都不能了如指掌，就不可能创造性地思考未来。我们常说我们需要跨学科和综合型的思想家，他们能够把不同的领域联系起来，洞悉新的探索途径。我无法想象如果大学生一味地依赖'搜索一下就知道了'，而忘记了自己所学的一切，他们中间如何诞生那些面向未来的创新型领导者。如果我们脑中的知识所剩无几，那又怎么知道应该搜索什么内容呢？"[1]

我曾在第 12 章中提到过威廉·克莱姆博士，他给出了改善记忆力势在必行的 5 个理由。

- **记忆让大脑纪律严明**。在这个时代，太多的人思想懒惰，三心二意，要么疏于思考，要么动脑之时，粗枝大叶，草草了事，这些情况亟须改进。记忆有助于训练大脑集中注意力，勤于思考。

- **请不要总是"搜索一下"**。有的时候，你无法上网，而且网络中并非包含所有重要的信息，并且任何一次搜索，你得到的结果中都会伴有大量与搜索内容无关的垃圾信息。学习使用外语时，必须进行即席写作或即兴演讲时，希望跻身专家行列时，单凭搜索资料毫无用处。

- **记忆创造了我们思考的全部内容**。没有信息的支撑，我们无法凭空思考。想要在任何领域成为专家，凭借的都是你大脑中拥有的知识。

- **我们的思考依赖于工作记忆中的信息，工作记忆只能从大脑存储的记忆中高速存取**。思考的时候，工作记忆中的信息会有助于你理解它们。如果没有这样的知识，我们大脑中的信息会变得犹如乱麻。

- **锻炼记忆可以提升学习和记忆的模式，从而促进学习能力的提升。** 记住的内容越多，学到的东西就越多。[2]

我想强调一下最后这一点。有人说，记忆就像一个容器，像个杯子或者计算机硬盘，一旦装满了数据，就再也放不下别的东西了，这并不准确。我认为它更像一块肌肉，训练得越多，它就会变得越强健，存储的信息也就越多。

本章，我们会讨论一些旨在训练记忆力的方法和技巧。你将运用思维的基本原理，用一种让学习和记忆更自然、更容易、更有趣的方式去开发你的记忆力。不过，其中最基本的一条是：永远记住 MOM（母亲）这个词，这是我发明的一种以激发并迅速唤起你记忆的方法。

- **M 代表 Motivation（动力）。** 对于那些我们充满动力去记住的东西，我们记住它们的概率更大，这个道理简单易懂。如果有人告诉你，"嘿，记得明天给我打电话"，你可能会记住也可能会忘记明天需要给对方打电话。但是，如果他换种方式，说"嘿，如果你记得明天给我打电话，我会给你5000 美元"，你肯定会记得给对方打电话。强烈的动力会迫使你更加轻松地记住信息。如果你想训练自己，提升记忆力，那么你需要给记忆更强的动力。有因必有果，记忆的动力因人而异，如果你能说服自己，证明牢记这部分内容极具价值，那么你就有很大可能记住这些信息。

- **O 代表 Observation（观察）。** 你是否会经常刚记住对方的名字，转头便忘记了？原因很可能是你在听到名字的时候，注意力没有完全集中。可能那时你正把目光投向现场的其他人，看看自己还认识谁；可能那时你正在考虑刚才和别人的对话。无论出于何种原因，你的注意力并没有集中在当下。在大多数情况下，我们记不住某件事情，问题不在于记忆力，而在于注意力。如果你真的想提高记忆力，那么只要是你想记住的内容，你就应该集中注意力地去记住它。

- **M 代表 Methods（方法）**。在本章中，我会为大家提供一整套方法，当你想要牢记某件事情的时候，可以使用这些方法。请你确保把这些方法纳入自己大脑的工具箱中，并且不断地加以练习和实践，直到它们成为你的第二天性。

相比名字，职业更易于记忆

如果我们能在他们试图记住的事情上附加一个参照点，那么记住这件事情的概率就会增大。几年前，研究人员吉莉安·科恩（Gillian Cohen）进行了一项测试，研究人们把名字与长相匹配的能力，她把结果称为贝克/面包师悖论（Baker/baker Paradox）[①]。在这项研究中，研究人员给参与者展示人脸的照片，并附上名字以及照片中人物的详细信息，随后研究人员会让参与者回忆照片中人物的名字。研究表明，参与者记住人物姓氏的困难度远大于记住职业的困难度，即便有时候名字与职业是同一个单词，情况依旧如此。例如，研究结果发现，对参与者来说，记住某人是面包师（baker）远比记住某人的姓氏是贝克（Baker）要容易得多。

我们听听约书亚·福尔是怎么解释这种现象的。

当别人告诉你照片中的人是一位面包师时，你的脑海中会呈现关于面包师的很多信息：面包师制作面包，戴着一项白色的大帽子，下班回家身上都会带着烘焙的芳香。

---

① 在英语中，Baker 作为姓氏译为贝克，作为普通单词则是指面包师。——译者注

然而，贝克这个名字只能与人们对面孔的记忆联系在一起。这种联系是脆弱的，一旦这种联系消失，那么这个名字便只能如孤魂野鬼一般游荡在迷失的记忆中，永世不见天日。但是当这个词作为职业的时候，却有许多联系，能够让人们回想起来。

即使一开始你不记得那人是面包师，可能你总是觉得他与面包之间有种朦胧的联系，或者看到他的面庞，就想起白色的大帽子，或者会唤起一段你关于附近面包店的记忆。在这些错综复杂的联系之间，总是会有环节能够让你想起他的职业。[3]

贝克/面包师悖论告诉我们，在记忆的时候，创造联系把需要记忆的内容与我们自己关联起来，可以极大地提升我们的记忆力。下面几页是这方面的练习，也是我认为非常有效的方法。

死记硬背不可取

当我在公开场合演讲时，我经常会让观众抛出一组随机的单词（30~100个），然后我会以顺序和逆序背诵这些单词。这个节目总是能引起轰动，但这绝非我的初衷。我希望通过这个节目阐述一个重要的观点：这种事情人人都可以做到。

如果你想让自己的大脑突破现在的限制，从而让自己进入无限可能的境界，你首先需要让你的记忆力突破现在的限制。这就意味着你需要训练你的记忆力，以便能够记住大量的信息，并且能够轻松地回忆起这些信息。我在舞台上能够把100个单词倒背如流，这是我训练的成果，其中的技巧每个人都可以学会，并用来记忆和读取记忆中的信息。可能你需要记住的是整个系列全部产品的产品规格，或者是一串很长的数学公式，或者是拼车去上游泳课的时候，你需要停车的所有地点。无论记忆的是什么内容，这种方法都能帮到你。

为了完成本练习，让我们来谈谈如何记住词汇。其实无论记忆的对象是什么，技巧都是一样的，但是针对特定的内容来解释的话，你会更容易理解。

下面我为大家准备了几个简单的单词。你们的任务是按照给出的顺序记住它们，先看下列词汇表，不要超过 30 秒，然后继续，祝你好运！

> fire hydrant（消防栓）
>
> balloon（热气球）
>
> battery（电池）
>
> barrel（桶）
>
> board（木板）
>
> diamond（钻石）
>
> knight（骑士）
>
> ox（公牛）
>
> toothpaste（牙膏）
>
> sign（标识）

你是用什么方法记住这些词汇的？你是否在脑海中一遍又一遍地重复这些词汇？例如，你是不是在对自己说"fire hydrant（消防栓）、balloon（气球）、battery（电池）、barrel（桶）等？"你是否发现自己需要一遍又一遍地重复这些词汇，直到它们驻留在自己的脑海中？你是否试着在脑海中描绘这些事物的画面？大多数人都会使用这两种方法中的一种，或者结合使用。这种通过反复说出或写下信息记忆信息的方式被称为"重复式背诵学习"（repetition learning），又称死记硬背。

可能在二年级的时候，你会用死记硬背的方法记住乘法口诀表。你会默念或者读出来："七七四十九，七七四十九，七七四十九，七七……"或者你会写出来"7×7=49，7×7=49，7×7=49"，你会不停地写，直到写满整张纸。你在小学学习认字的时候可能也会采用这种方法。你的老师会让你在一张纸上反复写一个字或者一个词语，比如椅子，写50遍。其结果就是你与生俱来的学习能力惨遭扼杀。你不断地使用重复式背诵学习，大脑会感到厌烦，直到最终放弃抵抗，然后对你说："好吧，好吧，你赢了！这是第100次了，'哥伦布在1492年登陆'，再也不要反复诵读这句话了！"

大多数人会觉得死记硬背是一个枯燥乏味、令人感到无聊的过程。它会加重大脑的负担，而且对于记住大部分内容，这种方法的收效甚微。研究表明在你花费时间用这种方式记住的信息中，多达85%的信息会在48小时之内被遗忘。因为有的学生感到学习的内容总是在极短的时间内被遗忘，所以他们认为填鸭式的突击学习很有必要。

高效的记忆技巧

死记硬背式的学习效率低下的原因之一是它只用到了大脑功能的一小部分。实际上，你需要使用大脑中负责分析的部分处理信息和存储你需要学习的内容。但是，如果你使用死记硬背的学习方法，你仅仅使用了大脑功能极小的一部分，更谈不上开发自己的潜能了。

在传统的教育体系中，你可能在学习下面的内容时遇到这种情况。

- **历史**："卡尔文·柯立芝（Calvin Coolidge）是美利坚合众国第30任总统，柯立芝，30，30，柯立芝……"
- **化学**："葡萄糖 $C_6H_{12}O_6$，葡萄糖 $C_6H_{12}O_6$，葡萄糖 $C_6H_{12}O_6$……"
- **法语**："Comment allez-vous 的意思是'你好吗？'Comment allez-vous 的意思是'你好吗？'Comment allez-vous 的意思是'你好吗？'……"

这样的例子不胜枚举。你现在必须回答一个问题："我在小学时的学习方式在今天依旧是我最好的学习方式吗？"答案必然是否定的。在学校，老师教给你的内容是 3 个含有 R 字母的词汇，即 reading（阅读）、writing（写作）和 arithmetic（算术）（很遗憾拼写并不在其中）。我一直觉得老师应该召回他们教给我们的第 4 个 R——repetition learning（重复式背诵学习）。随着年龄的增长，我们对学习的需求发生了巨大的变化。重复式背诵学习在我们的少年时代会产生不错的效果，但是在今天，它会让我们淹没在信息的海洋中，陷入精神疲劳的泥潭（注意："死记硬背"字面意思是"不假思索地重复或机械式记忆"）。

在本书的这一部分，我将给大家展示高效的记忆技巧，绝对超出你的想象。这些技巧将帮助你记忆，冲散你拿不准自己记忆内容是对是错时产生的忐忑感。这些技巧让你充满自信，确信无疑你记住的信息无论在何时需要，都可以将它们准确地回想起来。

现在，花点时间，不要回看刚才的词汇表，试着按照所列词汇的顺序，回忆词汇。尽可能多地写下你能回想起来的内容。花点时间，把记起来的内容写在下面的横线上：

_____

_____

_____

你表现得如何？大多数人只能回想起词汇表中的少数几个词汇，可能你也是如此。

🧠 **大脑升级训练**

现在，让我们尝试点别的东西。花点时间，伸展一下，做几次深呼吸。每次呼吸，随着呼出气息，清理你的大脑，让自己感到更加轻松。稍等片刻再继续阅读，先放松一下。放松之后，我们继续。

接下来，首先确保自己感到非常舒服、放松，然后想象自己站在一个巨大的消防栓旁边，这是你见过的最大的消防栓。现在，把一束气球系在消防栓上。气球数量极多，甚至把消防栓拽离了地面，高高地飘到了空中。突然之间，这些气球碰到了一堆电池，爆炸了。这些电池是装在许多大桶里被发射到空中的，而这些大桶是被像跷跷板一样的木板抛到空中的。弹出大桶的木板是架在一颗巨大的钻石上的，那颗钻石硕大无比，闪闪发光。突然，一个身穿银盔白甲的骑士拿起钻石，逃之夭夭。然而没逃出多久，他便被一只公牛拦住了去路。想要通过，唯一的办法就是用牙膏给公牛刷牙。公牛移到一边，露出了身后巨大的霓虹灯标识牌，上面写着"恭喜你"，然后就发生了巨大的爆炸。

现在给自己一点时间，闭上眼睛，回顾这个小故事，如果需要，你可以讲出这个故事。完成之后，再看下面的内容。

大脑升级训练

不要看前面的内容，把这个故事写下来。

你可能注意到了，我们把词汇表编成了一个故事。现在，在你的脑海中回顾这个故事，并且尽可能多地列出你记住的词汇。核对你的答案，写下你写对了几个词汇。

你第二次的表现如何？大多数学生都比前一次记住了更多的词汇，可能你也一样。最神奇的是一旦你开始使用这种方式训练记忆力，你可以记住大量的信息。我用这种技巧帮助演员记忆剧本中的所有台词，帮助学生记忆元素周期表，帮助销售人员记住宣传产品的细枝末节，仿佛这个产品就是他们设计、生产的一般。记住，记忆力没有好坏之分，只有受过训练和未经训练之别。经常使用这种方法可以让你在各种情况下训练自己的记忆力。

记忆中的主动焦点

这是一个非常重要的概念：大部人认为，学习是一种被动的活动。书本、笔记或者讲座为我们提供信息，如果我们记住了材料中的内容，那就万事大吉！但是如果没有记住，我们也无能为力。这种消极的观点认为，学习就是碰运气。这种观点认为，如果我们记住了信息，更多的是因为运气和重复，而不是高度专注和使用技巧的结果。通过采取更积极的学习方式，你在学习中的收获也会更多，而且学习中的身心投入和主体意识会给你带来更大的满足感。被动学习的结果脆弱不堪，主动学习的收获则强劲有力。

一图胜千言

你的视觉记忆力极其强大。构想故事描述的画面，而不仅仅是阅读讲述故事的文字，就可以更深刻地记住故事内容。思考也可以通过使用画面实现。现在做个练习：想一想你的床。你看到了什么？你可能看到了双人床垫、木质床头、海军蓝的床单、大大的枕头。在你的脑海里出现的不是"海军蓝的床单"，也不是"大大的枕头"这些文字，出现的是它们的画面。这就是你大脑思维的方式。如果你对此存疑，那么请回答一个问题，你会经常梦到各种字词吗？可能不会吧。要知道，一图胜千言！

联想

联想是记忆和所有学习的关键：想要记住或者理解任何新信息，必须将它与你已知的信息联系在一起。

这点值得我们着重谈一谈。要记住任何新信息，你必须将它与你已知的东西联系起来。即便是在读本书之前，你也一直是这么做的，只是你没有意识到

Tyron Edwards

泰伦·爱德华兹

好记性的秘诀在于注意力，而对某个事物的注意力又取决于我们对其感兴趣的程度。我们很少会忘记给我们留下深刻印象的东西。

LIMITLESS

罢了。我们来做个简单的测试。当别人说"樱桃"的时候，你会想到什么？也许是红色、甜味的、水果、水果派、圆的、种子等。这些都是你已经了解到的与樱桃相关的词汇和画面。你会把你已经知道的东西与你不知道的东西联系起来。骑自行车、吃东西、聊天、学习任何东西，你都会用到联想。同样，我们把词汇表上的词汇编成一个故事，也是在刻意地将它们联系在一块，便于回想。每时每刻，你的大脑都在不停地进行联想，而且大多数是在你没有意识到的时候完成的。这就是你记忆和学习的方式。有没有一首歌曲，能让你想起某个人？这段记忆就是一种联想。有没有一种味道，能让你想起童年的时光？这段记忆就是一种联想。为什么不利用这种方法，通过有意识地联想，让记忆和学习更加高效呢？

情感

情感的加入会让事情更加难忘。信息本身是容易被遗忘的，但是如果信息与情感结合在一起，就能成为长期记忆。当我们给某件事情附加上情感时，我们会让它的冒险色彩更浓烈，让它更加富有动感，让它更加诙谐幽默，也让它更可能被我们记住。

地点

我们很擅长回忆地点，因为作为狩猎和采集者，我们过去不需要记住数字和词汇，但是我们需要记住什么东西在哪里。我们需要知道哪里有干净的水源，哪里有肥沃的土壤，哪里有食物。如果你能把事物与地点联系起来，你就更有可能记住它。

拥有良好的记忆力需要几个关键因素，本章剩下的部分将为你展示在不同的情况下，如何使用不同的技巧和方法训练你的记忆力。如果通过故事记忆事物的方法对你而言效果一般，那么你也不必担心。这完全可以理解，你只是需

Robert Frost

罗伯特·弗罗斯特

美国诗人

所有的想法都是联想创造的奇迹：摆在你眼前的东西会让你的脑海中浮现相关内容，这些内容此前虽然在你的大脑中，但是你根本没有意识到它们的存在。

LIMITLESS

要稍微练习一下。大部分人从小就没有充分发挥自己的想象力。你可能想多复习几遍用故事进行记忆的方法，它是你锻炼创造性思维的好方法。现在就来试试吧。

注意，你还可以倒过来回顾那个故事，联想能让你以任何顺序记住给出的词汇表。自己进行练习，体会效果。

最终效果肯定能让你感到震惊。对大多数人来说，使用死记硬背的方法记住此前的词汇表中的所有词汇，需要 10~30 分钟，而且记忆持续时间短暂。然而，如果使用故事记忆，你会发现自己只花了不到 1 分钟的时间，而且记忆持续时间可能会长达几天甚至几周，中间完全不需要复习。我们要有技巧地工作，不要只是埋头苦干。这是你想象力的力量，是你大脑的力量。让我们再来试一试。

快速记忆练习

找一位朋友，让他随机写出 10 个词汇，或者你可以自己给自己写出词汇表：尽可能地随机选择词汇，可以随手找一份印刷文件，无论是一本书还是一份报纸或者一期杂志，甚至可以是当地超市的宣传单。在你阅读的前 10 段选出 10 个实词（换言之，不要选"我""这个""当"），确保词汇表中没有重复的词汇，把它们写下来。

然后把写有词汇的纸翻过去，尝试按照顺序默写词汇表。对照词汇表，检查你所写的内容。你表现得如何？你可能没有记住所有的 10 个词汇，但是你也不会把 10 个词汇都忘了。这很能说明问题，天才总是会留下蛛丝马迹，我的意思是，我们天生的聪明才智会教给我们如何使用自己的才智。有种方法可以让你记住你做了什么，你可以通过使用这种方法进入下一步。

你大声地告诉自己记住了哪些词汇，为什么记住了这些词汇。这样会帮助你理解你是如何记忆东西的。例如，你很有可能记住了第一个词汇和最后一个词汇。这是我们在第 4 章中讨论过的常见情况，即首因效应和近因效应，在任何情况下，人们往往都会记住他们听到的第一件事和最后一件事。

你还记得哪些词汇？这些词汇有没有共同之处，比如它们的首字母相同，或者它们都是动词？这说明了什么问题？你记住的其他词汇有什么结构特点？它们是否唤起了你的某种情感？你记住的词汇有没有什么独特之处？

现在你可能已经意识到，你第一次尝试便记住的词汇肯定有其独特之处。你没有记住的词汇没有任何让你产生共鸣的特质。所以，我们需要一个过程，让每个词汇都有令人难忘的特质。

- 使用这 10 个词汇，给自己讲个故事，依次使用每个词汇。你并不是要用这个故事来赢得文学竞赛，这个故事是否有意义也无关紧要。重要的是，你要为词汇表中的所有词汇附上某种富有想象力的细节（如果你的词汇表中有"户外"这个词，则想象自己站在空旷的田野中），你可以给每个词汇创建一个对应的画面，按照它们在词汇表中出现的顺序用故事将词汇"串联"起来。记住，你的故事中情感越丰富，越夸张，记忆就会越清晰。

- 现在，再找一张纸，再次默写刚才的词汇表，用你构建的故事来提醒自己词汇表中包括哪些词汇以及它们的顺序。这次，你做得怎么样？尽管你很可能没有全部答对，但是你肯定取得了进步。

- 现在，再次默写词汇表（不要查看你之前写出的版本），但这次倒序写出词汇表。要做到这一点，你需要以一种不同的方式利用你构建的故事，但是这样可以帮助你锁定这些词汇。

这次，你可能已经记住了词汇表上的大部分词汇（假设不是全部）。与此同时，你可能想知道这种方法怎么能帮助你记住演讲稿中的所有细节。

在没有笔记的情况下发表长篇演讲

正如我们已经讨论过的，记忆是我们做任何事情的基础。如果没有训练有素的记忆力，你就无法达到无限可能的境界，因为记忆力支配着你的推理能力、计算能力、帮助他人的能力。有时，你需要具备以下能力：在短时间内组织演讲，向某个人或者一组人提供大量信息。比如给董事会做报告，向团队全体成员发表演讲，与班级同学分享关于某个主题的专业知识，以及其他各种形式。在这种情况下，你可以在不借助任何笔记的情况下完成演讲至关重要，因为使用笔记表明你对材料的精通程度低于你应有的水平。

我一直在向企业高管、学生、演员以及其他人教授一种无笔记的演讲技巧，这项技巧历史悠久。之所以说"历史悠久"，我指的就是字面意思。我教授的这种方法，也是我要和大家分享的方法——位置记忆法（loci method）其中的一个版本，它已经有 2500 多年的历史了。

位置记忆法的背后有一个传说，来自凯奥斯岛（Ceos）的希腊诗人西蒙尼德斯（Simonides）在一次建筑坍塌中幸存下来，其余所有在场的人无一幸免。在官员确认遇难者身份的时候，西蒙尼德斯是唯一可以帮助他们的人，因为他记得受害者都是哪些人，他的记忆是基于倒塌时受害者所站的位置。在这个过程中，西蒙尼德斯创造了一种记忆法，公元前 500 年这种方法效果极佳，今天它依旧有效。

loci（位置）是单词 locus（地点）的复数形式，意思是"确切的位置或地点"。位置记忆法是将你想要记住的东西与你很熟悉的具体位置或地点匹配起来。我是这样教授这种方法的。

- 找出演讲中的 10 个要点，可以是你想要纳入演讲中的关键字、短语或者引语。但是，它们不应该是多个长段落，因为这样会让整个演讲变得烦琐、冗长，大家会觉得你的演讲非常呆板并且排练的痕迹过于明显。我们假设你非常了解演讲的主题，并且也初步熟悉了演讲内容。这种方法的主旨是帮助你在需要时想起演讲的每个关键点。

- 现在想象一个你非常熟悉的地方。这个地方可以是你家中的某处，可以是你经常散步的街道，可以是附近的公园，也可以是你非常熟悉、非常容易回忆起来的任何地方。

- 现在，想一条通往这个地方的路径。例如，如果这个地方是你的院子中的一个房间，想象一下你走进那个房间，走遍各个角落。然后找出这个房间里 10 个你能在脑海中很快看到的东西和它们所在的位置。也许其中一个东西是你走进房间时，看到的角落里的那盏灯。也许另外一个事物是那盏灯左边的椅子，也可以是那张椅子旁边的边桌，依此类推。你需要让这条路径尽可能地有规律可循。不要在你想象的空间里做之字形的走动，这会影响你的记忆效果。可以选择顺时针走遍这个空间，在你经过每个物品的时候留意那些你总是留意到的东西。

- 一旦你选择好 10 个位置，给每个位置分配一个演讲要点。请确保演讲要点的顺序与你在房间中经过物品的顺序一致。以我们刚才所说的房间为例，如果你要说的第一点是整个演讲的主旨，就要把主旨与那盏灯对应起来。如果下一个演讲要点是重要的产品细节或者关键的历史事实，就要把它与椅子对应起来，依次类推。

- 现在练习你的演讲，使用在想象中走过每个位置作为记住演讲每个重要信息的方法。演讲的每个组成部分都应该在你需要的时候浮现在你的脑海中。

与所有方法一样，使用者也需要练习一段时间才能成为这方面的专家。但是它也能立即奏效，帮助你提升记忆力。通过练习，你会发现，无须参考笔记，你就能回忆起大量的信息。你的记忆力会有很大的提升，你的演讲和报告听起来也会更加自然、顺畅。当你需要记住大量的内容时，你可以使用这种方法。

补充方法 1：快速记住他人名字的方法

我们在前文反复提及，你无法记住你刚刚认识的人的名字，这种情况通常是因为你在别人进行自我介绍或者他人对其进行介绍的时候没有集中注意力。对于这个问题，MOM（母亲）记忆法能给你带来极大的帮助。但是我也有一项专门用来帮助大家记忆人名的实用技巧。它的助记名称是"BE SUAVE"（要文雅）。

- **B 代表 Believe（相信）**。相信你能办到，这是至关重要的第一步。如果你总是努力地说服自己，告诉自己你记不住名字，那么你绝不会成功。

- **E 代表 Exercise（练习）**。与本书中的其他方法一样，要记住人名需要一些练习，但你应该很快就能非常熟练地记住人名。

- **S 代表 Say it（说出来）**。当你第一次听到别人的名字时，重复一遍。这样可以确认你听到的名字是否正确，并为你提供了第二次听到对方名字的机会。

- **U 代表 Use it（使用它）**。在你与对方交谈的过程中，使用他们的名字。这可以帮助你牢牢记住它。

- **A 代表 Ask（提问）**。你可以问对方他的名字从何而来。当然，如果你问一个英文名叫 Jim（吉姆）或者中文名叫"王伟"的人这个问题，可能会显得有些奇怪，但是当你遇到一个名字不太常见的人时，这就可以帮助你记忆他的名字。

- **V 代表 Visualization（可视化）**。视觉是一种令人难以置信的强大记忆工具，我们在位置记忆法中已经有所体会。请试着给每个人的名字附上一张图片。例如，如果你遇到一个名叫"玛丽"的女生，你可以想象她在结婚那天穿着婚纱的样子[①]。

- **E 代表 End（收尾）。** 当你要和对方分开的时候，说出他的名字来结束你们之间的谈话。

补充方法 2：记住词汇和语言的快速方法

词汇是学习的基石之一。记住词汇的意思很容易，只需要使用你一直使用的方法即可。其中最强大的方法是**词汇替换**（word substitution）。你已经知道如何使用这种方法，只是现在知道了它的名字或者是术语。词汇替换是一个过程，将无形的（难以构建画面的）信息转化为更加具体的、更易可视化的图像。

下面是一些词汇替换的例子。

- Nitrogen can be a knight.

    氮气可以是一位骑士。

    注：Nitrogen（氮气）与 knight（骑士）开头读音接近。

- Monroe can be a man rowing.

    门罗可能正在划船。

    注：Monroe（门罗）与 man rowing（划船的人）读音接近。

- Washington can be by a washing machine.

[①] "玛丽"的英文是 Mary，"结婚"的英文是 marry，所以如此联想。——译者注

华盛顿可能正待在洗衣机的旁边。

注：Washington（华盛顿）与 washing machine（洗衣机）开头读音接近。

- Armstrong can be by a strong arm.

阿姆斯特朗可能正靠着一条强壮的手臂。

注：Armstrong（阿姆斯特朗）与 strong arm（强壮的手臂）的字母拼写接近。

词汇替换背后的核心思想就是想出一幅（或者一系列相关的）画面，这些画面与词汇相联系，能够让你想起词汇。这样，曾经很难理解的抽象词汇、想法或概念，就会变得不再陌生。构建与词汇相关的画面，你现在面对的是更加实际的内容——可以看得见的事物。记住，我们往往会记住自己构建和创造的东西。下面来看看更多的例子。

- Cytology（细胞学），研究细胞的科学。你看到了一条毛巾，上面有个巨大的字母 G [在英语中，see（看到），towel（毛巾），large（巨大的），字母 G 的读音组合起来与 Cytology 读音接近]。你一直想要一条这样的毛巾，所以你偷走了它，然后你便被送进了牢房（"细胞"和"牢房"在英文中均是 cell）。或者，你一边叹气，一边看着你的脚指头，而且是以降 G 调叹息，但是这是不被允许的，所以你被扔进牢房并且被强制搞研究 [在英语中，sigh（叹气），toe（脚指头），low G（降 G 调）的读音组合起来与 Cytology 一致]。尽管这听起来怪异得离谱，但是这种方法真的能让你记忆深刻，非常有效！

- Lenient（宽大仁慈的），"富有同情心的，温柔的"。想象一只斜靠着的蚂蚁 [在英语中，leaning（斜靠着的）和 ant（蚂蚁）的读音组合与 lenient 接近]，蚂蚁正靠在一面干净的墙上，然后弄脏了墙面。它的母亲并没有生气，而是富有同情心的和温柔的。

这种方法几乎可以用于记忆任何事情，包括学习外语，发挥作用的方式与记忆词汇相同。实际上，英语中的一些词汇也可以帮助你记忆另一种语言中的词汇！举例如下。

- Très bien（法语），意思是"非常好"，发音像英语里的 tray（托盘）加上 bean（豆子）。想象你在照顾孩子，奖励给孩子一颗硕大的豆子，放在一个银质托盘里。孩子看到之后特别听话。

- Facile（法语），意思是"简单的，轻松的"，发音像英语里的 face（脸）加上 eel（鳗鱼）。想象朋友问你敢不敢把一条鳗鱼贴近你的脸；你完全不害怕，照做之后告诉他："这太简单了！"

- Travailler（法语），意思是"工作"，看起来像英语单词 traveler（旅行者）。想象一位旅行者走到你的面前，邀请你去度假，但你不能去，因为你要工作。

- Escargot（法语），意思是"蜗牛"，发音像英语单词 scar（伤疤）加上 go（前进）。想象一只身上有伤疤的蜗牛在路上前进。

- Merci（法语），意思是"谢谢你"，发音像英语单词 mare（母马）加上 sea（大海）。想象你自己正在救助一只母马，避免让它掉入大海，它对你说，"谢谢"。

- Aprender（西班牙语），意思是"学习"，发音像英语单词 blender（搅拌机）。想象你把你的书本扔进搅拌机里。

- Escuela（西班牙语），意思是"学校"，发音像英语字母 S 加上 quail（鹌鹑）。想象有一只鹌鹑，胸口上印着超人同款字母 S，而且巨大醒目，它正去往你的学校。

- Ayuda（西班牙语），意思是"帮助"，发音像英语 are（是）you（你）the（那个）。想象你自己溺水了，需要帮助，有人过来救援，他问道："是你？那个溺水的人。"

- Mando（西班牙语），意思是"命令"，发音像英语单词 man（人）或者是 moon（月亮）加上 doe（母鹿）。想象有个人命令一只母鹿跳上月球。
- Estrada（西班牙语），意思是"道路或者高速公路"，发音像英语 extra（额外的）加上 day（一天）。想象你开车去度假，却被堵在高速公路上，最后到达目的地时，实际车程比预期额外多了一天。

自己用下面这些西班牙语词汇来练练手。

- Desventaja（不利条件）
- Pelo（头发）
- Bolso（手提包）
- Dinero（钱）
- Leer（阅读）

通过这些例子，我想你已经掌握了一些基本的记忆技巧。你需要了解它们的重要性，不断练习，提升自己的记忆力。无论记忆什么内容，都可以应用这个技巧。这种方法非常灵活，适用面也很广。例如，如果你想记住一个词汇是阳性还是阴性，只需要给它附上相应的画面，阳性词汇是一顶高顶礼帽，阴性名词是一件女性连衣裙。这种方法没有固定的规则，所以不要循规蹈矩，尽情地发挥自己的创意，越是天马行空越好，要享受使用这种方法的过程，玩得开心！

交叉使用

要学习新的词汇或者外语单词时，请将上述方法与你在前面章节中学到的方法结合使用。例如，间隔重复。它在我们使用本章的方法时，同样非常有用。

我们也谈到了音乐的用法。巴洛克音乐在语言学习方面的促进效果极佳。你的方法库中已经有充足的方法与技巧了，它们可以帮助你实现更远大的目标。

小结

我想你现在能明白，训练有素的记忆力是让自己进入无限可能境界不可或缺的一部分。把记忆力训练调整到最佳状态远胜于只靠未经训练的记忆勉强度日。本书涵盖了启动你记忆的基本方法。在我们进入下一章之前，让我们回顾一下本章要点：

- 想方设法为自己提升记忆力提供更强大的动力。如果你的动力仅仅是想要拥有更好的记忆力，这是远远不够的。
- 你需要记住某件事情，这对你来说非常重要，面对这种情况，想一想怎样才能减少分心对你的影响。在本书的后文中，我会为你提供一些方法来解决这个问题，但是现在你能做哪些事情，让自己的注意力更加集中呢？
- 把我在本章中提供的每种方法都拿出来用一用。很有可能你马上就会发现你的记忆力有了明显的改善。

Mark Twain

马克·吐温

美国著名作家

不识书的人与不识字的人别无二致。

LIMITLESS

第 14 章

如何快速阅读

为什么阅读如此重要？

如何提高阅读时的注意力和理解力？

如何才能从每一次阅读中收获更多的知识？

　　奥普拉·温弗瑞、托马斯·爱迪生、约翰·F. 肯尼迪（John F. Kennedy）和比尔·盖茨有什么共同之处？他们是伟大的读者。阅读者会先人一步。

　　欢迎来到数据时代。历史上从未有像今天一样的时代，我们需要面对过剩的信息。过去几十年产生的信息比之前几千年产生的信息之和还要多。谷歌前任首席执行官埃里克·施密特（Eric Schmidt）说过："自文明诞生到 2003 年，人类创造了 5 艾字节（约合 260 字节），但是现在人类每两天就会创造这个数量的信息。"而且，人类创造信息的速度会越来越快。如此数量的信息让今天这个时代的竞争异常激烈。谁能始终获取最新的信息，谁就拥有成功所需的竞争优势，这不仅限于学术和专业领域，生活中其他的关键领域也是如此。

　　诸多研究表明，阅读能力与人生成功存在直接关系。阅读技巧精湛的读者会有更好的工作、更高的收入，在生活中的各个领域拥有更多的成功机会。想想看：如果你的阅读能力稀松平常，理解能力也与大多数人一样，这绝不会为你在现今的竞争中带来优势，对吧？

遗憾的是，对大多数人来说，阅读是一件枯燥乏味的事情，耗时费力，毫无乐趣可言。你有没有读完一页书之后，在心里问自己："我刚才到底读了些什么内容？"我相信你很可能有这样的情况，因为这是普遍现象。

我在前文中提及我刚上大学的时候遇到的困难。如你所知，对我来说，当时的那些困难难以克服，我甚至认真地考虑过退学，彻底放弃学业。但是后来，除了课程之内的阅读任务，我还要每周额外阅读一本书，我开始在学业上取得了长足的进步。刚开始我并没有意识到自己的进步，直到有一天我的能力震撼了我自己。

从小到大，我总是尽量远离大家瞩目的焦点。我是一个害羞的孩子，我觉得融入群演甚至布景之中，比站在舞台的前面和中心更舒服。即便进入学校之后，我依旧保有这个观点。在报告厅上的大课对我特别有吸引力，因为我可以坐在角落里，避免被别人注意到。

有一次，我和其他几百名同学一起在大型报告厅里上课。讲台上，教授正在授课，他用悬挂式投影仪向我们展示图片。随后，他通过投影仪给我们呈现了一段文字，我读后哈哈大笑起来。对我来说，这纯粹是一种自然的反应——那句话非常诙谐幽默。但是，除我之外，大家都非常安静，这让许多人转过头来望向我的位置。我猜要不是这次经历，他们中的很多人都不知道我是他们的同学。

我感到尴尬万分。我费了很大力气才让自己得以"隐形"，刚才的举动就好像我冲上了舞台，想要吸引大家的注意似的。我面红耳赤，感到脸颊在燃烧，尽可能地向后靠。

几秒之后，大厅里的其他人也笑了起来。起初，我以为他们是在嘲笑我，但是随着笑声越来越大，我环顾四周，发现大家根本没有盯着我看，他们的目光都在课本之上。那时，我意识到了这次尴尬的根源：我阅读的速度比我的同学快得多，所以我对课文的反应也比同学要早得多。我知道，我的阅读速度和理解水平已经得到了提升，但是我当时还没有意识到这种能力虽然鲜有人能具备，但是它可以通过学习获得。

虽然我依旧对自己无意间的大笑感到有点尴尬，但是下课离开教室的时候，我的心情非常愉悦，因为我知道，我的学习能力已经上升到了一个全新的水平。我自己学习的技巧让快速阅读成为我的超能力之一，为我在学习上取得巨大突破铺平了道路。虽然我在心底发誓以后再也不会那样放声大笑，但是当我走出报告厅的时候，心中难以抑制对于学习的兴奋感以及想要发现自己其他超能力的兴奋感。

阅读如何让你的大脑突破极限

想要让自己的学习达到无限可能的境界，就必须提升阅读能力。正如记忆几乎是所有大脑功能的基础一样，阅读也是如此。如果有人告诉你，他们根本不读书，实际上，他们是在说："我已经放弃努力了，不再学习。"确实，你可以在看视频、听播客或者看电影中学到一些东西。即便是最荒诞愚蠢的网络情景喜剧，也能教会你一些东西。但是如果不能专注投入地进行阅读，那么学习就无法成为你人生的一部分，并且始终保有活力与你相伴一生。具体原因如下。

- **阅读让你的大脑运转起来。** 在你阅读的时候，你的大脑在同时完成许多功能，这是一项活力十足又益处颇多的锻炼。哈斯金斯实验室（Haskins Laboratories）主席兼研究主管肯·普（Ken Pugh）博士指出："大脑的诸多部分进化出其他功能，比如视力、语言、联想学习，它们会连接到因为阅读而形成的神经回路中，由此可见，阅读是极具挑战的。一个句子是大量信息的浓缩表达，所以大脑必须对大量信息进行推断。"[1]换言之，阅读可以带给你无与伦比的脑力锻炼，大脑始终都是一块特殊的肌肉，用得越多，它就越强壮。

- **阅读可以提高你的记忆力**。因为在你阅读的时候，你的大脑得到了很好的锻炼，你的大脑以更高的强度运作。其中的一个重要受益者就是你的记忆。芝加哥拉什大学医学中心（Rush University Medical Center in Chicago）的罗伯特·S. 威尔逊（Robert S. Wilson）博士进行的一项研究表明，阅读对缓解记忆减退具有显著效果。他指出："我们不应该低估日常活动的作用，比如阅读与写作对我们的孩子、我们自己、父母以及祖父母的影响。我们的研究表明，在人的一生中，从童年到老年，都是通过参加这些日常活动锻炼自己的大脑的，而参加这些活动对于老年人的大脑健康尤为重要。"[2]

- **阅读可以改善你的注意力**。我们坐下来阅读的时候，哪怕是花点时间看报纸的时候，我们也需要做好一件事情，那就是训练我们的注意力集中在阅读这项活动上。与我们浏览互联网或者在视频网站上观看视频不同，在阅读的时候，我们通常会将绝大部分注意力放在我们正在阅读的内容上。这样的练习可以让我们在完成其他任务的时候也能投入同等水平的注意力。

- **阅读可以增加你的词汇量**。有些人因为言语谈吐而显得非常聪明。如果你遇到这样的人，你会作何反应？在大部分情况下，你会更加尊重他们，甚至心怀一丝敬重。这类因为言语谈吐而显得聪明的人与常人相比，具有更强的扩充词汇的能力，拥有的词汇量也更大。阅读可以让你成体系地积累词汇量。你阅读得越多，你接触到的语言范围就越广，接触到的语言使用环境也就越多。而且阅读是集中注意力的极佳方法，所以你可以在阅读的时候汲取大量的知识，而且在需要的时候可以轻松地学以致用。

- **阅读可以提升你的想象力**。无论是在学习还是在工作中，如果有人曾向你给出写作提示，你就会明白如何下笔；如果有人帮助你开头，这通常会让创造性思维变得更加容易。从本质上讲，阅读让你不断地给自己一个又一个提示，"从这个人的角度来看，事情是怎样的？""我该如何使用这项技术来提高工作效率呢？""吉姆·奎克帮我进入无限可能的境界之后，我首先要做的事情是什么？"出色的想象力帮助你洞察到生活中更多的可能性，而阅读让你的想象力保持活跃状态。

- **阅读可以提高理解力。**学习有多种形式，如果把学习作为一种获取成功的方法，那么这种方法中蕴含诸多要素。敏锐的思维能力和娴熟掌握各种技能是成功的关键，但是我们也不应该忽略共情能力和理解能力。阅读让你接触到以前从未经历过的生活、从未想象过的经历、与自己截然不同的思维模式。这些都能培养你的共情能力，让你理解你自己世界以外的世界是如何运转的。

大脑升级训练

你可以更快速地阅读，理解得更深刻，体验到更多的乐趣，这个月你会首先阅读哪一本书？列出你想要开始阅读的 3 本书。

阅读速度自我评估

你需要做的第一件事就是确定你目前的阅读速度，即你的基础阅读速度。这个阅读速度是以每分钟的阅读字数来衡量的。为了测试这个速度，你需要准备一本易读的小说、一支铅笔和一个计时器，然后按照下列步骤操作。

1. 将计时器设置为计时 2 分钟。
2. 以自己觉得舒服的速度进行阅读，当计时器响起时停下来，并且在你读到的地方做个记号。

3. 数出书中 3 行的总字数，然后除以 3，这是每行的平均字数。

4. 数出你刚才读完的行数，只有字数超过半行的才能算作一行。

5. 将每行的字数乘以你刚刚阅读的行数，即将步骤 3 和 4 的答案相乘。

6. 将这个数字除以 2（因为你读了两分钟），这就是你每分钟阅读的字数。

现在就完成这个评估，在继续阅读后面的内容之前，完成这项练习至关重要。把结果写在下面：

你现在的阅读速度是多少？_____字 / 分钟

对于读者来说，普通人阅读英文的速度通常在每分钟 150~250 个单词之间。这个数值随材料的难易程度而变化，如果你的阅读速度远低于每分钟 100 个单词，那么可能是因为材料太难了，或者你需要相关的辅导（这并不影响你利用本书的技巧）。

假设一个人的阅读速度是每分钟 200 个单词。这个人每天阅读和学习的时间是 4 小时。而另外一个人的阅读速度是每分钟 400 个单词（前者的两倍），那么阅读和学习同样的内容，他的用时是前者的一半。速度更快的读者每天至少可以节省 2 小时。

大脑升级训练

如果你每天可以节省 2 小时，你会用富余的 2 小时做什么？花点时间，写下你将如何使用每天富余的 2 小时。

阅读面临的挑战

出于种种原因，有的人压根不读书，有的人阅读量极少。你每天在工作上要花费大量的时间，一天下来筋疲力尽。选择看电视、看电影、听音乐等被动的娱乐比选择阅读更加轻松。如果娱乐都要如同工作一般，你宁愿去玩电子游戏。我很清楚你的想法，但是如果你认同我前面列出的阅读的好处，你应该知道，你需要在一天的生活中抽出一些时间留给阅读，而且要日复一日坚持如此。

人们放弃阅读的另外一个关键原因是，他们觉得阅读是一个劳神费力的过程。读完某本书中的一页内容可能需要 5 分钟，读完一本 300 页的书花费的时间太过漫长，仿佛是从纽约步行近 1000 公里前往佐治亚州。

人们阅读速度缓慢，也有诸多原因。一是因为他们很早就停止了学习如何阅读，一般是在小学二年级或者三年级的时候，他们的阅读水平（更重要的是他们的阅读技巧）在此之后从未有太大的提升，即便他们并没有停止学习，但是始终饱受阅读水平和阅读技巧方面的限制。二是因为他们没有让自己在阅读的时候完全集中注意力。在阅读的同时，他们还会做其他事情，比如和孩子们聊天，看电视，每隔几分钟检查一次电子邮箱等。因此，因为注意力不够集中，他们无法理解正在阅读的内容，最终他们发现自己在一遍又一遍地阅读相同的段落。

我们的阅读效率取决于两个因素：阅读速度和阅读理解能力。在研究提高阅读效率的各种方法之前，我们首先需要看看阻碍我们更快速阅读的 3 个障碍。

1. 回读

这种情况是否发生在你的身上？你在读某本书时，已经读完了其中的一行，然后发现自己又在重新阅读这一行。或者你会发现自己在"漫无目的地阅读"（盲目地返回之前阅读的部分重新阅读）？"回读"（regression）是一个术语，用来描述一种偏好，是指你的目光不得不返回读过的部分，阅读此前已经读过的文字。几乎每个人都会或多或少地存在这种行为，而且大多数的时候都是下意识的。我们相信这种方式可以增进我们的理解，事实上，这反而会妨碍我们的理解。通过回读或者跳回此前的句子、段落重新阅读，阅读会因此失去意义，丧失精髓。回读严重影响了阅读的过程，同时也降低了阅读的速度。

2. 过时的技巧

阅读并不是对智力的考量，而是一种技能。只要是技能，就可以习得，可以提高。你上次聆听讲授如何进行阅读的课程是在什么时候？对大多数人来说，应该是在小学四年级或者五年级。如果你也属于这类人，那么你的阅读技巧可能还和从前一样。这就是你面临的挑战：从那之后，你阅读的内容从数量和难度来看是否发生了变化？你阅读材料的复杂性急剧增加，而你的阅读技巧却止步不前。

3. 默读

默读是一个用来形容你内心声音的有趣词语。在你读本书的时候，你是否注意到你的脑子里有一个声音在读出你阅读的内容？但愿那个声音是你自己的声音。默读把你的阅读速度限制在每分钟几百个单词的水准。这意味着你的阅读速度并不等同于你的思维速度，而是受限于你说话的速度。实际上，你大脑的阅读速度要快得多。

默读的声音从何而来？对大多数人来说，它来自人们刚开始学习阅读的时候。那时，你必须大声朗读，只有这样，你的老师才能知道你的读音识字是否正确。你还记得原来你必须和其他孩子围成一个圈，大家轮流大声地朗读吗？对很多人来说，这是一件令人紧张的事情。你会面临巨大的压力，因为你必须准确地说出每个词。你的发音非常重要，正是在这个时候，你的大脑把二者关联起来：如果要理解阅读的每个词，就必须发音正确。

后来，你被告知不要大声朗读，只能默读。就是在这个时候，你把"阅读的声音"内化于心。从那时开始，大多数人就一直在这么做。这是因为你相信，如果你听不到阅读的内容，你就无法理解这些内容。事实并非如此。

我们来举个例子：我们知道约翰·F.肯尼迪总统的阅读速度极快，每分钟阅读速度可以达到 500~1200 个单词。他还让速读教练培训他的工作人员。但是，他的演讲速度并不快，保持在每分钟约 250 个单词。非常明显，他在阅读的时候并没有在脑海中读出阅读的内容。所以，要理解阅读内容并非一定要把它们在脑海中读出声来。

现在我们先停下来，请你在脑海中想象一辆汽车，可以是你自己的，也可以是其他人的。它是什么样子的汽车？什么颜色？现在就做这个小练习。

你脑子里的汽车是怎样的？你可能会说："它是蓝色的，有 4 个轮胎、棕色的真皮座椅。"我想问一下，你脑海中有没有出现过"蓝色""轮胎"或"真皮"这些词，还是你构建了一幅画面，画面中的汽车就是这个样子？对大多数人来说，大脑主要是通过画面进行思考，而不是文字。正如我们在上一章中讨论记忆的时候提到的，文字只是我们用来交流思想和画面内容的一种工具。

在阅读的时候，通过将材料形象化，可以极大地提高阅读的速度和理解水平。没有必要"说出"阅读的内容，因为这会花费太多的时间。比如你在阅读句子的时候，看到标点符号，不会看到之后读出"句号、逗号、分号"。你不会这样读一句话："我刚刚买了几个牛油果顿号蓝莓逗号还有西蓝花句号。"因为你知道标点符号只是代表各种意思的符号而已。

文字也是符号。在读出词汇之前，你已经看到了 95% 的词汇。你不需要读出这些单词，就像在英语中没有必要把填充语读出来一样。识别这些词语依靠的是你的视觉而非听觉。你需要理解的是词语所代表的意思。而且词语的意思以画面的形式呈现，理解起来会更深刻和记忆效果更好。明白这个概念是减少默读的第一步。

关于阅读的错误观点

错误观点 1：阅读速度较快的读者不能很好地理解阅读内容

这完全是阅读速度较慢的读者散布的谣言，事实并非如此。实际上，阅读速度较快的读者往往比速度较慢的读者理解得更好。打个比方：当你开着车在一条安静的街道上缓慢行驶的时候，你可以做很多事情。你可能边开车边听广播节目，喝着绿色果汁，向邻居招手，哼唱着你最喜欢的歌曲。你的注意力并没有集中在任何一个地方，只是在不断地跳动、游弋。

再想象一下，你正在赛道上全速行驶，而且马上要通过发卡弯。你是会集中注意力还是注意力涣散？我敢打赌，你肯定会极度专注，注意自己车辆的前后情况还有前面车辆的情况。在你的脑海里，你绝对不会考虑各种杂事，比如你需要干洗的衣服。这个道理也适用于阅读。提高阅读理解能力的关键是集中注意力。有些人阅读速度过慢，这会令他们的大脑感到无聊、厌烦。这样，大脑就无法很好地集中注意力。你的大脑可以处理大量的信息，但是大部分人在阅读的时候只是断断续续地给大脑提供信息，一……次……一个……词。以这个速度提供信息，大脑根本"吃不饱"。

这就是你会走神甚至做白日梦的原因。如果你不能给大脑它所需的刺激，注意力便会以分心的形式飘到其他地方娱乐。你可能会发现，自己在想晚饭要吃什么，明天的约会要穿什么，或者在听大厅里的谈话。我此前问过大家，你是否会读完一页书或者一段话，但是不记得刚才读到的内容。这正是因为你读得太慢，大脑感到厌烦，失去了兴趣，它索性不再关心阅读的内容。或者你可能纯粹是把阅读当作催眠药，看着看着就睡着了。通过加快阅读速度，你的思维会得到应有的刺激，注意力也会更集中，理解也会更深刻。

错误观点 2：想要提升阅读速度很难，必须更加努力

提升阅读速度意味着你在阅读的时候可以更轻松，主要是因为受过训练的读者不会像阅读速度较慢的读者那样回读已经读过的内容。阅读速度慢的读者会停在某些内容上，反复阅读，然后再看后面的内容，之后又返回此前看过的内容，如此往复。这种情况贯穿于他们整个的阅读过程。这反而需要投入更多的精力，劳神费力且枯燥乏味。阅读速度更快的读者阅览内容更轻松，而且所需时间更短。这又促使他们的阅读效率更高，因为他们投入的时间更少，阅读过程中收获得更多！

错误观点 3：阅读速度快的读者无法享受阅读乐趣

事实并非如此。想要欣赏一件艺术品，没有必要去研究它的每一个笔触。与此类似，想要实现书本的价值，也没有必要去研究书中的每个词汇。接受阅读训练最大的好处就是让你的阅读更加灵活。阅读速度更快的读者可以选择加速阅读无聊和无关紧要的内容，或者减慢速度甚至反复阅读令人兴奋或者重要的信息。灵活性就是力量。阅读速度更快的读者在大多数的时候都可以更好地享受阅读带给他们的乐趣，因为他们知道阅读不会占据他们一整天的时间。

视觉定速器：用手指辅助阅读

当你年幼的时候，可能有人告诉你阅读的时候不要用手指指着字词。传统观念认为，这样做会减慢你的阅读速度。但是孩子自然而然就知道，用手指在阅读中做引导，可以帮助他们的目光保持专注，防止目光游移到别的事情上。实际上，用手指帮助阅读可以提升阅读速度，因为眼睛会受到运动物体的吸引。

明白这个道理是一回事，去体验是另一回事。让我们重新阅读你之前用来做

阅读速度评估的材料（第 265 页），这次练习使用手指帮助你阅读。从头开始，用你的手指指着字词。在你上一次结束的地方停下来。不要担心理解的问题，也不要计时，因为这只是练习。这个练习的目的是让你熟悉在阅读时使用手指。

完成后，将计时器设置为计时 2 分钟。从你第一次评估结束的地方开始。继续阅读，直到计时器响起。计算出你新的阅读速度（依旧使用手指辅助），然后把结果写在下面：

我新的阅读速度是＿＿＿＿＿＿＿＿＿＿字 / 分钟。

研究表明，在阅读时使用手指可以将阅读速度提高 25%~100%。练习在阅读的时候使用手指的次数越多，取得的效果就会越好。就像你学习开车的时候一样，一开始可能会略感紧张，但是要有耐心，记住磨刀不误砍柴工，要想后期学习起来势如破竹，就要在前期付出更多的努力磨砺技能。

用手指辅助阅读，还会将你的另一种感官——触觉引入学习过程。如同嗅觉与味觉紧密相连一般，视觉与触觉也密切相关。当你向孩子展示一些新鲜事物的时候，孩子会如何反应？孩子的本能是想要去触摸这个物体。

使用手指辅助阅读可以显著地减少回读，所以随着练习的增多，你的阅读速度就会提高。你的眼睛会自然地被运动的物体吸引，所以通过移动手指，随着阅读过程的推进，你的眼睛回看的概率会大幅降低。

单是练习用手指辅助阅读就能显著提高你的阅读速度和理解能力，它会彻底改变你的学习效率。如果你的手指累了，就可以练习使用你的整个手臂，来回移动。手臂的肌肉群更大，不易疲劳。

如何进一步提升阅读速度

下面还有很多方法，可以帮助你进一步提高阅读速度。

阅读就像锻炼

当你锻炼身体的时候，如果你对自己的肌肉呵护备至，你就不要指望它们会变得更发达。你必须增加肌肉的负荷，让它们感到有些不适，这样才能达到锻炼的效果。如果你强迫自己提升阅读速度，你的"阅读肌肉"也会变得更加强健，曾经感到困难的事情也会变得轻松起来。你可以读得更快，只要训练自己这么做就可以了。经常跑步的人肯定知道，在跑步机上训练，如果持之以恒，就会发现自己越跑越快。一周以前难以完成的配速现在跑起来会很轻松，因为你逼迫自己向卓越的方向迈进了一步。

为了让你的阅读速度更进一步，尝试下面的练习：你需要一本容易阅读的小说、一支铅笔、一块手表或计时器。

- 舒适地阅读（使用手指或视觉定速装置），持续 4 分钟。将计时器设置为计时 4 分钟，其余习惯与从前一样。当你的计时器响起时，在你读到的那一行做个记号。这是你的"终点线"。

- 现在把你的计时器设为计时 3 分钟。这次的目标是在计时器响起之前到达刚才的"终点线"。开始（用你的手指辅助）阅读，直到在 3 分钟内读完步骤 1 中的行数。

- 将计时器设置为计时 2 分钟。不要担心理解的问题。试着在 2 分钟的计时器响起之前赶到"终点线"。使用阅读视觉定速器，逐行移动辅助阅读。让你的眼睛尽可能地快速移动从而跟上你快速移动的手指。

- 最后的挑战。将你的计时器设置为 1 分钟。尽最大的努力在 1 分钟内到达"终点线"。不要跳过任何一行，这次同样不要担心理解的问题。

- 现在深呼吸一下。把你的计时器设为计时 2 分钟。从你的"终点线"开始阅读一个新的部分。以舒适的速度阅读，注意理解。计算你阅读的行数，乘以每行的字数，然后将这个数字除以 2。这是你新的阅读效率。写在这里：_____字 / 分钟。

感觉如何？通过前述练习，你会发现自己的阅读速度提高了。这就好比：如果你在高速公路上以每小时 65 英里的速度行驶，然后因为交通堵塞，减速到每小时 40 英里，你会感受到速度的差距。这是因为你习惯了高速驾驶。但在现实生活中，你绝对不想慢吞吞地开车，因为速度落差太大了。

这个道理也适用于阅读。如果你强迫自己把阅读速度提高到习惯速度的 2 倍甚至 3 倍，当你最终将阅读速度降低到一个舒适的速度时，你会觉得原来的阅读速度特别慢。

你每天至少需要做一次前述练习，直到达到自己满意的水平。安排好你的阅读时间，就像体育锻炼一样，你不能指望锻炼一次就能终身健康。你必须坚持定期阅读，否则你的"阅读肌肉"会变得虚弱不堪。

拓展你的外围视觉

外围视觉是你的眼睛一眼就能看到的字词的跨度。通过增加外围视觉，你可以看到和记住更多的单词。大多数人接受的教导是一次只能读一个单词。事实上，你有能力阅读更多的内容。

对于读者来说，初学英语阅读的时候，别人教会我们字母，然后组合成更大的单位——单词。当我们还是孩子的时候，我们会根据字母读出每一个单词。例如，单词 report 会被分为几个字母，这样我们就能理解它的意思了，R-E-P-O-R-T，report（报告）。随着年龄的增长，我们阅读的时候已经不会再留意字母，我们看到的是更大的单位——单词。

我们的阅读速度受到限制，原因之一就是我们一次只读一个单词。但是，如果我们把 card（卡片）这个单词放在 report（报告）之后，我们就会得到新的词组——report card（成绩单）。两个词各有不同的含义，但是现在你的头脑把它们看作一个整体。你的大脑能够同时看到这两个词并将其视为一个整体，大脑也能够同时看到许多单词，并且把它们视为一个整体。这样，你的阅读速度将达到更高的水平。就像你看到的是单词不是独立的字母一样，技术娴熟的读者看到的是多个单词（或者想法）而非独立的单词。

数数

按照我前面介绍的练习进行训练，你在阅读时默读的情况会有所减少。因为你需要读得更快，在这个过程中，你"说出"单词的难度会加大，哪怕是在脑海中说出单词也会变得困难。当你的阅读速度达到一定水平（大概是每分钟300~350个单词），你就不可能默读出所有内容了。当你跨过这一门槛的时候，你的大脑将开始从说出单词转变为将它们可视化。读一本书更像是看一场电影。

数数是另一种可以帮助你淹没内心声音的方法。这个过程看似简单：一边阅读一边大声数出"1，2，3……"，你会发现你很难在大声数数的时候在心里说话（默读）。这样可以减少默读的情况，让你看到画面而不是说出字词，从而提高阅读速度和理解水平。

人们更容易记住和理解他们看到的东西，而不是他们听到的东西。这很容易理解，大多数人都能回忆起别人的长相，但是记不住别人的名字。通过练习，你的阅读速度会提高，因为你不再读出每个单词。起初，你可能会有点困惑（你对阅读材料的理解甚至可能会下降），但是不久之后，你的大脑会厌倦数数，最终会停止这么做。练习之后，你可以更好地将阅读材料可视化，从而更深刻地理解材料，所以你的理解力也得到了提升与拓展。

成功案例

我们的学生在速读方面的成功故事数量众多，完全可以专门出本书了，我们会定期把它们发布在社交媒体上。我们刚刚收到了一位学生的分享。曾经莎拉的阅读速度很慢，而且她很难集中注意力，觉得自己根本记不住别人的名字以及其他各种事情。她在这方面挣扎多年，认为自己已经没有机会去提升自己的阅读能力或者学习能力。

在我的课程中，我特别向我的学生保证，我们的目标不是追求完美，而是追求进步，这引起了莎拉的共鸣。她意识到一直以来，她追寻的解决方案都过于复杂，而我们教授的方法和技巧是很容易被忽视或轻视的，因为它们都非常简单，但是极其有效。她决定把自己的疑惑、顾虑抛诸脑后，全身心地投入，全力以赴地学习。

摆在我们面前的事实不容辩驳，莎拉取得了巨大的进步：她的阅读速度现在提高了两倍。此前她的阅读速度是每分钟 253 个单词，现在已经提高到每分钟 838 个单词。她的一天从阅读开始，这让她感觉到在一天伊始就已经小有成就，也为一天的生活营造了积极向上的氛围。

卢是我的另外一名学生，在学会了我教授的技巧之后，他感到非常受用，他的阅读能力也显著提升。卢擅长高水平的左脑科目，比如工程学和数学，他获得了电气工程学士学位。但是他在英语课上表现得非常吃力。在他的整个学生时代，读懂阅读材料、理解阅读材料背后的深层意义总是困难重重。实际上，他觉得自己能够顺利毕业只是因为他的老师出于同情给了他本来无法拿到的成绩。

卢开始上课学习如何阅读的时候已经 35 岁了。虽然那些课程对他有所帮助，但是在 4 年的时间里，他发现自己的阅读水平仍然停留在小学二年级的水准。虽然相比过去，他已经有了一定的进步，但是距离他想达到的水准依旧有很大的差距。在阅读过程中，他依旧无法理解词汇的含义和掌握概念，他为此感到非常沮丧。之所以会出现这种问题，主要是因为他一直试图以死记硬背的方法来学习，一遍又一遍地阅读相同的段落，希望自己能够记住所读的内容。

但是结果却是在读完一页书时什么都没有记住。

　　虽然现在他已经取得了显著进步，但是对卢来说，找到正确的课程非常关键。我的记忆教程教给他如何记住他正在阅读的材料，他开始在阅读时投入更多的时间将文字形象化，他用左手作为定速器来刺激他的右脑。现在他终于能够顺畅地阅读和理解自己所读的内容了。

补充阅读小窍门

- 把你的书竖起来。如果书是被平放在书桌上，可能会有如下结果：
  - * 你不是以直视的角度看到书中的内容，这样会给你的眼睛带来不必要的压力。
  - * 你采取弯腰驼背的坐姿才能看清楚阅读的内容，这会扰乱你体内的血液循环，让你感到疲倦。
- 每次阅读只持续20~25分钟。记住首因效应和近因效应。此外，如果你的眼睛感到疲惫或干涩，休息一下。闭上眼睛，让它们休息休息。
- 让阅读成为一种习惯。那些在生活中取得巨大成功的人们几乎都是狂热的阅读者。伟大的读者会定期阅读。关键在于让阅读成为一种习惯，让自己养成这个习惯吧。

大脑升级训练

　　每天至少留出15分钟用来阅读，把阅读视为一次重要的约会，在日历上标注出阅读时间。努力让阅读成为你的日常习惯。

小结

突破你在阅读和学习方面的极限，能给你带来无与伦比的自由。能够最大限度地利用自己学习能力的人，在生活中能够体验到掌控一切的快感并且充满自信，不会被任何任务或者挑战吓退。在我们进入下一章之前，尝试以下内容。

- 评估你现在的阅读习惯，确认你想对哪些做出改变。任何转变的第一步都是需要认识到是什么阻碍了你，并且注意到它在你的实践中于何时出现。
- 每天用视觉定速器练习阅读。每天安排 10 分钟的阅读时间用来锻炼你的"阅读肌肉"。
- 把这个月你想读的书列一份清单，读完后记录下能改变你生活的内容。

Henry Ford

亨利 · 福特
美国福特汽车公司创始人

思考是世界上最艰辛的工作，所以很少有人愿意从事它。

LIMITLESS

第 15 章

如何敏锐思考

为什么从不同角度思考问题非常重要？

人们使用大脑的方式有哪些？

通过多角度思考问题，我们可以驾驭怎样的超能力？

想要取得巨大的成就，通常需要全新的思维模式。这个观点来自阿尔伯特·爱因斯坦的一个假设："依靠提出问题时的思维是无法解决这个问题的。"这是一句至理名言。通常情况下，我们在工作、家庭生活和学习中思考问题都倾向于从某个固定视角出发，这种视角会屏蔽一切不符合这一视角的观点。其中存在两个关键问题。第一，任何视角都应该定期接受质疑，以此确认其是否依然正确。例如，在很多情况下，某家公司倒闭，究其原因是它看待市场始终拘泥于一种方式，以至于它无法看到目标受众对于公司产品的反响已经大不如前。第二，每种思考模式都有其弊端，只有引入新的思考模式才能解决问题。

为什么大多数人都被困在有限的思维范围之内？我想这个问题的答案和我们讨论注意力时的答案是一样的：因为我们在学校的时候，学校不知何故没有设置"思考课程"。幸运的是，学习这门课永远不会太晚，现在你就可以在这里报名入学了。

思考帽

爱德华·德·波诺（Edward de Bono）博士提出了"六顶思考帽"的概念，我们经常会陷入各种刻板的思考模式，这种方法可以帮助我们脱身。[1] 这种方法经常被用来帮助特定群体提高解决问题的成效，任何希望保持思维鲜活的个人也能很轻松地使用这种方法。"六顶思考帽"的核心概念是把六种不同的思维模式比喻为可以逐步戴上的帽子。

- 当你戴上白色的帽子时，你便进入收集信息模式。在这种模式下，无论你面对的是什么问题，你的焦点是尽可能地收集更详细的信息，获得解决问题所需的所有事实。为了帮助你记忆，想象一下你穿着实验室里的白大褂。

- 你换上了一顶黄色的帽子，这是为了给思维带来积极乐观的情绪。在这种模式下，面对问题或者挑战，你会努力地寻找积极的因素，突出其中的固有价值。为了帮助你记忆，想象一下明媚的阳光洒满全身。

- 接下来，你会戴上一顶黑色的帽子，思维也会从看到挑战中积极的一面转向思考其中的困难与陷阱。在这种模式下，你会直面问题无法成功解决的后果。记忆小窍门：想想法官的长袍。

- 试过了黑色的帽子，现在该戴上红色的帽子了，让情绪发挥作用。在这种模式下，你对问题抱有的感觉与情绪可以得到充分释放，甚至可以表达自己的恐惧。这也是你可以进行猜测，让自己直觉发挥作用的时候。要想记住这种模式，你可以想象一颗红心。

- 现在轮到绿色的帽子了。当你戴上绿色的帽子时，你处于创造模式之中。此前，你已经让情绪参与到思考的过程中，戴着这顶帽子你会理性分析问题。你会问自己，你能给已知的问题带来什么新的想法？你如何才能用一种前所未有的方式完成任务？记忆小窍门：想象一下清新的绿草。

- 最后，戴上蓝色的帽子进入管理模式，确保前面的过程都已经有效完成，前面的每顶帽子都能让你有所收获、有所受益。通常情况下，企业会从一开始戴上蓝色的帽子，为某次会议设定目标，然后在会议结束时，再次戴上它。如果是你自己使用"六顶思考帽"，你也可以考虑先戴上蓝色的帽子。想要记住蓝色的帽子，想一想蓝天。

对于如何解决问题，德·波诺创造了一种新颖、独特、组织精巧的方法。这种方法的核心是清晰地定义了从各个方面看待问题的方式。第一，你要确保自己清楚到底需要解决什么问题。第二，你要确定所需的所有事实都已经摆在面前。第三，你要确保你能从积极的角度来处理问题。第四，你要直面眼前的挑战，让自己体会到内心真实的感受。第五，你要让自己从前所未有的角度解决问题，自由发挥想象力。第六，你再回到出发点，确保你已经解决了本次思维周期想要解决的问题。

可以思考一下在"六顶思考帽"这种方法中，我们用到了多少种不同的思考方法。你客观分析，感情充盈，锐意创新。你会探索问题光明的一面，也会探索其黑暗的一面。而且几乎可以肯定的是，你在运用"六顶思考帽"时，用到了平时并不常用的思维模式（尽管从现在开始你可能会每天使用这些思维模式）。爱因斯坦会为你感到骄傲的，因为你已经开始用新的思维模式解决问题了。

🧠 大脑升级训练

现在思考一个你需要解决的问题，可以是"我怎样才能得到那份工作"，也可以是"我怎样才能更好地与家人沟通"，任何问题都可以。请使用"六顶思考帽"的思维模式，从不同的角度思考你想要解决的问题。

你到底有多聪明

拥有帮助我们以不同的方式进行思考的方法为何如此重要？因为我们总是倾向于以一种占据主导地位的方式使用自己的聪明才智。哈佛大学教育研究生院（Harvard Graduate School of Education）认知和教育学教授霍华德·加德纳（Howard Gardner）博士对人类的智力进行了广泛的研究，据此把人类的智力划分为以下八种不同的形式。[2]

空间型智力。以空间型智力为主导智力的人通常会从空间的角度思考问题。航空公司的飞行员通常都是空间思考者，那些擅长下棋的人亦是如此，两者都需要对事物在空间中处于什么位置最为合适拥有自己的理解。艺术家克劳德·莫奈（Claude Monet）是跃入我脑海中的另外一个例子，因为他在自己的绘画中对于空间的使用巧夺天工。

身体运动智力。如果一个人以这种智力为主，他就会以身体作为一种表达或者解决问题的形式。体操运动员具有精致、敏锐的身体运动智力，鼓手也是如此。提到这种形式的智力，我首先会想到的就是维纳斯·威廉姆斯（Venus Williams），在网球场上，她用自己的身体展现了自己的天赋，这种方式鲜有人能企及。

音乐智力。以音乐智力为主导智力的人对节奏、音高、节拍、音调、旋律和音色非常敏感。[3]音乐家的音乐智力显然占主导地位，同时你也能在诗人的身上发现这种智力，因为他们对于韵律节拍的把握就像他们对于文字的把握一样精准、娴熟。音乐智力方面最具有代表性的典范就是音乐神童沃尔夫冈·阿马德乌斯·莫扎特（Wolfgang Amadeus Mozart）。

语言智力。语言智力占主导地位的人对字词的所有含义了如指掌，而且不拘泥于字典中的死板定义。毫无疑问，作家具有这种特质，同是伟大的演说家和律师也具有这种特质。说到语言智力，我首先想到的就是威廉·莎士比亚（William Shakespeare）。

数学逻辑智力。这是一种能看到"运动之间或者符号之间逻辑关系"的能力。[4] 在发现或者寻找不同数字之间的关系时，数学家会感到非常自在。科学家同样也会画出物理对象之间的关系，或者画出作用在物体上的力之间的关系。提到这类智力，阿尔伯特·爱因斯坦会立刻跳入大家的脑海，他是其中一个典型的例子。

人际智力。人际智力占主导地位的人天生就有极强的与他人沟通的能力，并且在任何时刻都能充分理解别人可能的感受。心理治疗师往往具备极强的人际交往智力，教师也是如此。提到人际智力，我马上会想到奥普拉·温弗瑞，因为她与任何人交谈时都展现出惊人的沟通能力。

自我认知智力。如果你的自我认知智力占据主导地位，你就会对自己的内心感受有一种精准入微的感觉。自我认知智力较强的人非常擅长"测量自己的体温"。他们始终非常清楚自己的内心感受，知道是什么触发了自己的情感，也清楚如何管理情感触发因素。如果你的身边有能够在困难状况下保持冷静的人，那么他就属于自我认知智力较高的人。

自然认知智力。这种智力表现在能够把自然界的复杂性尽收眼底。可能你看到的只是一片花田，而自然认知智力突出的人会看到几种不同的郁金香和薰衣草，还有被你认为是杂草的稀有草类。动物学家的自然智力通常非常突出，景观设计师也是如此。具备这种特质的人，我首先想到的是杰出的灵长类动物学家简·古德尔（Jame Goodall）。

在上述这些描述中，你是否看到了自己的影子？你很可能会发现自己具备多种智力，因为人们很少会只有一种形式的智力。你很可能在一两个方面表现得特别突出，而且你会经常用到其他几种智力。同时，你很可能会在清单上找到一些你很少使用的智力。

但是这八种智力的形式已经能够让我们分析出世界上所有成功人士的成功秘诀。当你面临某项任务或问题时，它们中的任何一种都可能发挥作用。了解全部八种智力类型，具备相关意识，并且在使用其中一种智力的时候戴上你的"六顶思考帽"，这是让你思维无极限的有效方法。

你的学习风格是怎样的

就像智力的类型因人而异，人们学习的方式也不尽相同。自 20 世纪 20 年代以来，VAK 学习风格模型一直为人们广泛使用。它可以向你展示你在学习新事物时的偏好，非常有用。

- V 代表 Visual（视觉），意思是你倾向于通过插图、图表、视频和其他视觉媒体进行学习。
- A 代表 Auditory（听觉），意思是你发现自己通过听进行学习是最舒服的，比如听讲座、讨论、播客、有声读物等。
- K 代表 Kinesthetic（动觉），意思是你更喜欢通过身体互动进行学习。动觉型学习者往往从亲身实践的学习方法中获益更多。[5]

下面是一个快速测试，可以让你了解自己属于哪种学习者。

1. 当你不理解或记不住某件事情的时候，这是因为：

    a. 它听起来并不耳熟，也没有引起你的共鸣

b. 它看起来很模糊或不清楚

c. 你无法操作或者触摸它

2. 当你需要告诉朋友如何去你家时，你会：

a. 在纸上画一张地图

b. 口述方向给她

c. 自己开车去接她

3. 你住在旅馆里，有辆租来的车。你想拜访一位朋友，但是不知道他的住址。你希望他：

a. 给你绘制一张地图

b. 告诉你该如何走

c. 开车来接你

4. 在什么情况下，你觉得自己可以轻松地学习专业性较强的内容：

a. 有专家为你进行讲解

b. 把概念视觉化，可以纵观全局

c. 通过实操学习或者切身感受学习内容

5. 当你要做一道甜点给家人制造一点惊喜时，你会：

a. 烹调熟悉的菜肴

b. 翻阅菜谱寻找思路

c. 寻求他人的意见

6. 你要购买一个新的音响系统。除了价格，对你的决定影响最大的因素是什么？

a. 朋友的推荐

b. 个人感受

c. 独特的外观

7. 回忆一下你的生活经历，当你学习如何做某件事情的时候，比如玩一款新的棋类游戏。尽量避免选择对身体技能要求较高的活动，比如骑自行车。你怎样学习才能取得最好的效果？方法是：

a. 看说明书、图片或图表

b. 听别人解释

c. 边做边学

8. 你喜欢下列哪个游戏？

a. 你画我猜

b. 20 个问题猜事物

c. 你来比画我来猜

9. 在计算机上学习使用新的程序。你会：

a. 看说明书

b. 打电话给朋友询问相关问题

c. 打开程序自己摸索学习

10. 你很容易留意到和注意到：

a. 某个音响系统飘出的音乐的品质

b. 颜色、形状或者样式是否彼此冲突

c. 穿着的衣服是否舒适

11. 当你不确定单词的拼写到底是"separate"还是"seperate"时，你会：

a. 在脑海中回想单词的样子，选择看起来顺眼的那个

b. 读出来，选择顺嘴的那个

c. 写出来，选择顺手的那个

12. 新电影上映了，影响你是否去观影的最主要原因是什么？

a. 朋友或者家人谈论到这部电影

b. 本能或者直觉上觉得自己应该去看

c. 电影的预告片

13. 什么时候你最容易记住道路方向：

a. 在听到道路方向的时候重复它们

b. 在脑子里勾勒出道路地图

c. 本能地感觉怎样才能到达目的地

14. 你更喜欢怎样的老师或者培训师：

a. 使用课堂材料、流程图、图标和视觉辅助的

b. 带领学生进行实地参观、试验、实践的

c. 进行讨论、嘉宾演讲和对话的

15. 一旦你完全理解了一个新的观点：

a. 它是实实在在的或者你对它有一种感觉

b. 你能把它说得清清楚楚

c. 你能够勾勒出它的画面

16. 要想做出最佳抉择，你需要依赖：

a. 本能

b. 看起来最清楚的

c. 听起来最棒的

17. 在聚会上，你对哪种人最感兴趣：

a. 风趣幽默、口齿清晰的演讲人

b. 传递暖心且惬意感受的人

c. 散发出视觉魅力的人

写出你的答案，对照下面的答案，看看你属于哪种学习风格。

1.a（A）b（V）c（K）	7.a（V）b（A）c（K）	13.a（A）b（V）c（K）
2.a（V）b（A）c（K）	8.a（V）b（A）c（K）	14.a（V）b（K）c（A）
3.a（V）b（A）c（K）	9.a（V）b（A）c（K）	15.a（K）b（A）c（V）
4.a（A）b（V）c（K）	10.a（A）b（V）c（K）	16.a（K）b（V）c（A）
5.a（K）b（V）c（A）	11.a（V）b（A）c（K）	17.a（A）b（K）c（V）
6.a（A）b（K）c（V）	12.a（A）b（K）c（V）	

你的答案会让你更好地认识到自己是什么样的学习者。在大部分情况下，你会发现你是听觉（A）、视觉（V）和动觉（K）混合型学习者。但是你会发现三者中的某一种在你的学习中处于支配地位。要想突破自己在思考中的限制，并清楚自己的主要学习风格非常重要，因为这样你就可以有意识地努力将其他风格引入自己的学习中。

心智模型

心智模型是一种帮助我们理解周围世界的思维结构。你可以把心智模型想象成各种捷径。例如，我们都听说过供需的经济心理学模型。你可能已经熟悉这个概念，即供给代表市场中可以获得的某种东西的数量，无论是服务、产品还是商品，都包含其中。我们在综合考虑了市场对它的需求后就确定了这件东西的价值，通常情况下，价值又决定了价格。这个模型是一种快捷方式，它可以帮助我们理解在市场中到底发生了什么。它并非总是准确无误的，也不能解释所有涉及其中的因素，但是它是评估物品价格或价值的简单方法。

心智模型能够训练你的思维；毕竟，你不可能轻易地提升思维能力，达到你期望的水平；相反，无论你的状态有多好，最后常常也只能发挥出自己平时训练的思维水平。在你评估想法、做出决策或者解决问题的时候，心智模型可以作为一条捷径，为你节省宝贵的时间和精力。

在接下来的几页中，我将介绍一些我最喜欢的思维模式，帮助你更快速、更敏锐地做出决策，创造性地解决问题。

决策：40/70 法则

快速决策的最大障碍之一是我们总是感觉没有足够的信息来做出"正确"的决定。美国前国务卿科林·鲍威尔（Colin Powell）用他的 40/70 法则解决了这一问题。[6] 他的法则是，在你可能获得的所有信息中，在获取 40% 的信息之前，永远不要做出决定，收集的信息也不要超过可能获得信息的 70%。根据鲍威尔的说法，若获取信息不足所有信息的 40%，你并不是在做决策，而是在猜测，而若获取信息超过所有信息的 70%，你会在做决策时犹豫不决。当然，这意味着你需要接受自己可能会犯错这个事实，这种态度在任何情况下都是必要的。

"当你已经掌握了 70% 的信息时，你应该做出决定，因为如果不做决定，你可能会坐失良机。根据我自己的经验，你应该尽力获取信息，然后关注自己的直觉，通过你依靠知识积累形成的本能做出决定。有时我的大脑分析的结果，并不是我最终采取的方案。"鲍威尔说道。[7]

工作效率：创建清单，列出需要避免的事情

乍看之下，这可能有违直觉，但是有时候知道不应该做什么和知道应该做什么同等重要。这个策略最大的优点是把你的注意力引向问题本质，避免关注当下不重要的事情。

通常，在项目开始的时候，甚至是在忙碌的一天，决定到底该关注什么内容常常令人头疼不已、不知所措。需要避免的事项清单是一件强有力的工具，因为从一开始你就可以决定先把哪些东西甩在一边。当我们写出某天的任务清单时，通常不会区分优先顺序，也不会给这些任务赋值。传统的待办事项清单很容易沦为记录当天所有需要做的事情的流水账，而无法区分哪些事情价值最大，需要最先完成。

为了不让你的"需要避免的事项清单"上只是充斥着"避免使用社交媒体"这样的事情，让我们来看看你到底应该如何列出这份清单。

- 首先，写下那些可能很重要但因为外部环境而无法完成的任务。也许你在等别人发来的电子邮件，或者你在等同事完成项目中他们应该负责的部分。

- 接下来，写下那些你认为需要完成但不会给你的生活增加价值的任务，即那些在你的眼中属于既费事又毫无意义的事情。你可能会问自己，你是否可以委派或雇用其他人来做这些事情。你可能还会问自己，除了你，是否还有人关心这种任务是否完成。我的看法是，你最好把时间花在能推动你的生活和事业向前发展的任务上。

- 然后，你需要写出在当前的任务和尚未完成的任务中，哪些任务即便你投入额外的精力，也不会有所改善。这可以包括已经进入正轨形成体系的事情，比如为孩子们做午餐，或者在工作日的早上和团队成员开短会。这些都是你日常工作、生活的一部分，它们不应该成为你每天的待办事项。

- 最后是一些紧急任务，这些任务通常是别人给我们布置的待办事项，比如对某个项目进行事前背景调研或者打电话进行事后回访。这些任务可能确实必要，但是可能并不需要你去完成。[8]

"需要避免的事项清单"完成之后，它读起来应该像一份反向的选项清单，这份项目清单里的事情是你无暇去做的。这样，你就可以很容易地找出哪些事情能够真正地推动你前进，然后你就可以把注意力集中在这些事情上。

大脑升级训练

现在就行动起来，花点时间，列出今天的"需要避免的事项清单"。为了集中注意力，实现目标，你今天需要避免哪些事情？清单要具体，在这份清单里，在某个事项前打钩意味着你没有做那件事情。

解决问题：研究你的错误

花些时间研究我们所犯的错误，特别是那些会对我们生活产生持久影响的错误，我们就可以把每一个错误变成一个学习的机会。使用本模型评估到底是哪里出了问题，以便下次可以获得更好的结果。

- 首先，我们需要搞清楚事情的来龙去脉。通常情况下，我们总是会混淆因果关系和相关关系，所以首先要了解事情的具体经过以及是什么导致了过失或者错误。
- 接下来，问问自己，为什么会发生这些错误。寻找错误背后的深层次问题。你可能会通过问"为什么"完成这个过程，直到你做到刨根问底，弄清楚了错误背后的所有深层次问题。
- 然后问问自己，怎样才能在未来避免再犯同样的错误。如果导致错误的某些因素不在你的控制范围内，思考如何防止这些无法消除的因素。

- 最后，使用你从本练习中学到的内容，确定你如何才能创造最佳条件，帮助你在未来取得自己想要的成功。[9]

为了进一步阐述这个策略，让我们想象下述场景：你为自己孩子就读的学校精心策划了一场筹款活动，但是活动效果远远低于你的预期。首先，你需要弄清楚发生的情况。你和你的团队是不是没能鼓励大家捐款，还是捐款人未能如期出现？在这种情况下，让我们假设捐款人是有经济实力的，但是他们捐款的数额没有达到你的预期，或者在个别情况下，有人压根就没有捐款。

现在，你需要问问自己为什么。这和你表达捐款需求的方式有关吗？是否和捐款时间处于一年中的某个时间段有关？是否与社会总体经济形势的好坏有关？记住，这些问题还会引出其他问题。在我们模拟的这个场景中，让我们假定你可能没有强调募款活动的重要性，因为可能两个月之前，学校刚刚举行了一场募款活动，你不想显得咄咄逼人，你过于礼貌，导致了潜在的捐款人认为这项活动并不重要。

如何避免这种情况再次发生？你要决定下一次开展募捐活动时，要在学年早些时候进行，无论其他筹款活动在时间上距离你的活动多么接近，你都要不遗余力地强调这项活动极具价值、非常重要，让捐款人心甘情愿地打开他们的支票簿。如果你意识到发布募捐活动信息的方式需要改进，就去学习这方面的课程。等到明年再次举行募捐活动的时候，你会做好更充分的准备。

策略：二阶思维

我们中的大部分人都会考虑行为的后果，但是很少有人会想到，我们的行动除了会对我们的生活产生的直接影响，还会产生第二阶影响。让我们来看看瑞安·霍利迪（Ryan Holiday）的著作《阴谋论》（*Conspiracy*），书中的高客传媒（Gawker Media）是美国内容最丰富也是最遭人厌恶的在线八卦杂志。《阴谋论》描述了企业家彼得·蒂尔（Peter Thiel）是如何策划并执行了搞垮高客传媒的计划的。[10] 蒂尔与高客传媒结仇于后者在在线杂志中披露他的个人隐私。但是蒂尔并未立即行动，而是在 10 年的时间里与一个团队一起制订了摧毁高客传媒并让它无法东山再起的计划，然后按照战略逐步采取行动。不管你如何看待蒂尔的所作所为，你需要清楚这些行为绝不是一时冲动的产物。这就是二阶思维的一个经典案例，它体现了一系列事情进行战略性思考和部署的能力。

二阶思维的模型结构简单，但是操作起来并不容易。在考虑将来的行动时，需要使用二阶思维：

- 始终要问自己，"接下来会怎样"。
- 按照时间推移考虑问题。5 天后的后果是什么？5 个月呢？5 年呢？
- 分别列出可能采取的行动方案，竖线分栏，逐个分析结果。[11]

一阶思维很容易，但二阶思维能让我们看得更远、更深入，看到各种后果。最棒的一点是，它能让我们看到别人看不到的东西。

指数型思维

循序渐进是进步的重要标志。在进入无限可能境界的过程中，你迈出的每一步都是朝着正确方向迈出的坚实一步。但是如果你能让你的天才能力指数式地提高呢？毕竟，如果我们正常地向前走 30 步，就可以到达街区里的某个位置。但是如果我们能指数式地扩大我们的步长，那么我们走 30 步甚至可以绕地球 20 多圈。这正是阿尔伯特·爱因斯坦奖章（Albert Einstein Technology Medal）得主纳文·贾恩（Naven Jain）所倡导的思维。纳文创建的许多公司在创新力方面位居世界前列，其中就包括第一家得到授权可以进行登月的私人公司月球快递（Moon Express），还有世界创新研究院（World Innovation Institute）、iNome、TalentWise、Intelius 和 InfSpace 等公司。

贾恩告诉我："指数型思维是指你可以用不同的思维模式看待事物，并不是指跳出条条框框的束缚思考，而是从完全不同的框架思考问题。"[12] 这就是普通天才成为无限可能天才的通路。正如贾恩解释的那样，大多数人都是采取线性思维的方式看待问题，寻求解决方案。事实上，我们可以从多个角度思考和解决问题。我们可以戴上不同的思考帽，去拓展思维，从而解决问题。我们可以通过这样的方式想出解决方案，有效地解决问题，推动我们前进。这样的进步极具意义。

但是，如果我们能找到问题的根本原因并将其解决，那么结果又会如何？那样会促成指数级的进步、改变世界的进步。贾恩举了一个例子，世界上很多地方的淡水资源相当匮乏，人们可以尝试从多个角度解决这个问题，其中就包括改善过滤系统，建设输送系统将淡水从淡水资源丰富的地方输送到淡水资源稀缺的地方。但是，如果你发现实际上在淡水资源匮乏的诸多原因中，最主要的原因是大量的淡水被用于农业灌溉而非人类饮用。你肯定会以一种完全不同的方式解决淡水资源短缺的问题。如果你能大量减少农业灌溉用水，利用各种技术手段，例如空气种植法、鱼菜共生，或者其他现在正在进行试验甚至尚未被发明的技术，这样饮用水资源就会丰富起来，原来的问题也就迎刃而解了。这就是有效的指数型思维，其价值显而易见。

贾恩创建 Viome 公司的时候，目标是解决慢性疾病普遍存在的本质问题，他认为这是世界健康危机的潜在原因。每个人的免疫系统各有不同，他对这点非常清楚，所以人体处理他们吃进去的食物的方式也存在极大的差异。他和他的团队开发了一种设备，可以分析每个人肠道的微生物群，这样每个人都可以"深入了解哪些食物适合自己的身体，并且明白优化肠胃活动可以极大地改善健康状况"。[13] 在我写作本书的时候，他们正在大量地搜集用户信息，这些数据可以为每一个使用他们服务的客户提供准确、优质的饮食推荐。

纳文·贾恩胸怀宏图壮志。他是一位成功的企业家，从未在同一行业中创办两家公司，他的经营原则之一是创立一家价值 10 亿美元的公司，只需要这家公司能解决一个价值 100 亿美元的问题。现在，我们中的大多数人不会具有如此广阔的视野和进行如此规模的思考，但是你仍然可以使用指数型思维锻炼自己的大脑，释放你的个人天赋。

如何进行指数型思维呢？也许你的目标不是解决世界上所有的问题、发明一项新技术，或者创办一家价值数十亿美元的公司，但是你已经明白了应用指数型思维会对你的学习、企业或者个人成长产生切实的影响。那么，怎样才能更少地进行线性思维而更多地进行指数型思维，从而让你的生活发生巨大的变化呢？

第一步是充分理解指数型思维到底是什么样子。在《哈佛商业评论》（Harvard Business Review）的一篇文章中，Shift Thinking 的创始人兼首席顿悟官（Chief Epiphany Officer）马克·邦切克（Mark Bonchek）将线性思维描述为在图表上随着时间的推移而逐渐上升的线条。然后，他将这条直线和第二条曲线放在同一坐标系中，这条曲线也是向上攀升的，一开始攀升的速度比较缓慢，随后会迅速超过前一条直线，甚至会超出图表坐标系的范畴（见图 15-1）。这就是他对指数型思维模式的视觉描述。

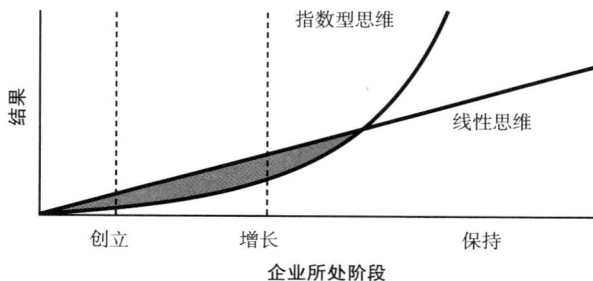

图 15-1　指数型思维与线性思维

他指出："增量式的线性思维专注于让事情变得更好，而指数型思维模式专注于让事情变得不同。在线性思维中，10% 的增量就足以令人感到满意，而在指数型思维中，增长是以 10 倍计算的。"[14]

邦切克继续说："增量式线性思维模式是用直线连接现在与未来，一份'好的'线性商业企划让你能够准确地看到你将如何从现在走向未来。但是指数型的模型并非直线型。它们就像道路上的弯道，挡住你看向弯道那边的视线，除非你在这时候能不走直线，而是选择曲线式的上升。"

邦切克的观点主要涉及如何将指数型思维应用于商业，但是我们可以将同样的方法应用到生活的其他方面。例如，想象一下，你正在想方设法让你的家人每周至少有 3 次能够聚在一起享用晚餐。线性思维的方法是查看每个人的工作日程、学校日程、活动日程和社交日程，试图找到一种方法，从而腾出一些时间。但是指数型思维的方法却是改变家人忙碌疲惫的日程安排。

或许"享用晚餐"根本不是目标，目标是在一周中创造一个"重要时刻"，让所有家庭成员能够欢聚一堂，有专门的时间关心彼此。也许根本问题并不在于家人的日程安排，而在于家人是否愿意投入自己的时间。一开始，事情可能看起来毫无进展，可能两个月之后，情况比刚开始的时候好不了多少。但之后你一直在促成的改变开始成形，突然之间，家人们就会有更多的时间聚在一起。

如果你想激发自己的指数型思维能力，并且朝着释放你的天赋迈出一大步，下次你在考虑需要解决的问题或任务时，可以按照以下 4 个步骤进行。

步骤 1：找到根本问题

正如纳文·贾恩在解决世界淡水资源匮乏问题时所阐述的那样，核心问题可能根本不是我们看到的表面问题。正如贾恩指出的那样，淡水资源匮乏背后的根本问题不是缺乏可用的水资源，而是大量的淡水被用于农业灌溉。解决了根本问题，表面问题也就有了更可行的解决方案。

让我们回到刚才的晚餐聚餐问题。从表面上看，问题是一家人很少在一起吃晚饭，因为每个人的日程安排得过于繁忙。而潜在问题可能是，一家人的日程安排得太满，你的爱人觉得必须多花一些时间在工作上；你的女儿把时间花在训练上，想成为优秀运动员；你的儿子觉得必须考出优异的成绩，这样才能进入录取率只有 3% 的大学；而你觉得必须为 3 个非营利性机构的董事会工作。但是，或许这些根本就不是真正的问题所在。

也许真正的问题是，你们每个人都感受到了压力，这不是因为你们渴望实现这些目标，而是在这个社会圈子中，如果一个人没有类似的目标，就会被大家瞧不起。

步骤 2：提出新方法

指数型思维的关键之一是尽可能多地提出"如果"假设。约翰·刘易斯合伙公司（John Lewis Partnership）创新中心的埃维·麦基（Evie Mackie）说："'如果'假设能够发挥重要作用，把难以驾驭的场景带入思考的范围之中。例如，'如果人类需要适应并生活在一个 90% 处于水下的世界，怎么办？'或者'如果我们不能再用手触摸东西，怎么办？'这有助于我们将各种各样的东西概念化，可能此前我们从未考虑过这些东西，未来世界可能会与现在大为不同，这种思维让我们可以想象在未来的世界中，我们生存所必需的条件。"[15]

在前述例子中，如果你已经意识到根本问题所在，你所处社会圈子的主流观念迫使你在日常生活中从事许多占用你大量时间的活动，那么你可能会问自己，"如果我们不在乎别人的想法，那会怎么样呢？"或者你可以问自己，"如果一天只有 18 小时而不是 24 小时，那会怎么样呢？"或者你甚至可以问，"如果我们住在别的地方，那会怎么样呢？"

步骤3：阅读相关信息

如你所知，我是阅读的忠实拥趸，总是主张大家尽可能地提高阅读量。与其他任何活动相比，阅读是最能解放你的大脑的活动。在进行指数型思维时，阅读尤其重要。如果你对一个主题没有全面的认识，就不可能产生巨大的认知飞跃。

在完成了"如果……"的假设练习之后，通过阅读寻找替代方案吧。也许你的爱人读了很多关于公司成功与人生幸福之间关系的图书。也许你的女儿与博客的博主或者有影响力的人交流了成为优秀运动员的概率，还有优秀运动员生活的内容。可能你的儿子阅读了相关研究，这些研究着眼于如何从竞争激烈的大学毕业，以及毕业之后的职业成功和情感收获。也许你阅读了一些图书，讨论你所在的非营利性组织所倡导的事业，你开始重新考虑这些事业对你的重要程度。

步骤4：进行外推

现在，你已经发现了问题的根本原因所在，通过自我问答，想象出一个没有这个问题的世界，并且也完成了相关研究，比如通过阅读进行研究。现在，是时候尝试拟订方案了。让我们试着拟定一个看看：你认为你的日程上排满了各种各样的活动，因为你需要进行这些活动维持你在当地社会圈子里的地位。你问自己，"如果我们住在别的地方，那会怎么样？"你发现家中的亲人都对这个话题很感兴趣。你已经阅读了相关内容，发现如果你们改变并协调全家的工作、运动、学业、慈善目标，你们会变得更快乐，更满足。

如果你搬到100英里之外，换到国内较远的地方居住，甚至搬到国外，会怎么样呢？你知道如此巨大的改变可能在短时间内看起来并不是进步。你已经看到了图中的直线和曲线，你意识到由于你需要做出的种种调整，乍看之下你似乎是倒退了一大步。但是假设你的爱人、女儿、儿子还有你，你们全家人与前面的假设一致，你们的思想发生了变化，决定采取行动并且认为这是正确的选择。两年后，你们会体会到家庭生活的和睦，几乎每晚全家都能欢聚一堂，一起用餐。

小结

这是本书的最后一章，我相信你一定已经跃跃欲试，想把从本书中学到的所有内容都付诸实践。在我们结束之前，我来为你描绘一幅愿景，告诉你这些内容对你可能会有什么作用，我还会为你制订一个 10 天的计划，帮助你将所学的东西应用到你的生活中。但是在我们开始之前，让我们先做好以下几件事情。

- 回顾霍华德·加德纳的八种智力形式。在列出的八种智力形式中，哪些与你自己的智力形式最接近？

- 现在你已经知道了你属于哪种学习风格，怎么做才能将其他风格融入你的学习中呢？

- 在解决某个问题时，尝试"六顶思考帽"。给自己安排一项相对简单的任务，并使用爱德华·德·波诺的方法解决它。

T. S. Eliot

T. S. 艾略特

英国诗人，1948 年诺贝尔文学奖得主

我们不能停止探索，而我们探索的终点恰恰是
我们探索的起点，但是我们已经对这个起点有
了全新的认识。

LIMITLESS

可能性的回归

在这个世界上，无论出于有意识的还是无意识的，或者兼而有之，大部分人都被一系列自己强加给自己或者别人强加给自己的限制支配，可能你在开始读本书的时候也是如此。

也许你想学习一种新能力，但是你笃定自己办不到。也许你想参加升职的角逐，但是内心的声音一直在告诉你，你真的不具备这方面的能力。也许你确信你出门永远无法离开手机，或者永远无法记住下次社交聚会上所有人的名字，或者永远只能是那个照本宣科的无聊演讲者。如果前述话语就像是在描述曾经的你，现在本书已经接近尾声，我希望你已经准备好向过去的自己挥手告别。

现在，让我们看看进入无限可能境界的全新的你。

无限可能的你拥有无限可能的思维模式。你不再相信你不能成为某人或者不能做到某件事情。也许有很多事情，此前你并未做到，或者此前做起来困难重重，但是无限可能的你知道你的未来绝不同于你的过去。你的大脑比你此前想象得更加强大，只要下定决心学习，你可以学会任何东西，你几乎可以掌握任何技能。

无限可能的你也拥有无限可能的内在动力。在过去，也许你雄心勃勃，构想美好生活，实际上却无法采取行动。不过，现在的你知道如何根据你的远大抱负，养成良好的习惯；你有能力去做出承诺，保证终身学习，终身进步。对你来说，这就如同早起穿衣一般轻松自然。

你还知道了如何利用食物、睡眠和锻炼给你的大脑补充能量，让你的一天从最佳状态开始，而且你总是准备好迎接全新的艰巨挑战。你知道如何进入心流状态，这样一旦你开始某项任务，你就可以全身心地沉浸其中。另外，最重要的是，无限可能的你解锁了学习如何学习的方法。这一成就已经让你变得比以往更加强大。除了身体上的限制无法克服，其他事情只要你能学会，你就能做到。你现在掌握的方法可以让你更快地学习任何东西。你在讨论无限可能的专注力、记忆力、思考力和阅读能力的章节中还学到了许多其他技能，把这些方法和技能结合起来，你就拥有了超级英雄技能包。

超级英雄不只是那些发现并开发了自己超能力的人。每个超级英雄必须回到他们所处的世界并服务他人。他们必须从自己的磨砺旅程中学到教训与智慧。他们不仅要在生活中运用他们的超能力，还要学会用超能力去帮助他人。

我对大家寄予的希望是，你不仅要能够把从本书中学到的东西用来改变自己的生活，还要能够改变你周围人的生活。方法是：学习，掌握，回馈。没有哪位超级英雄的磨砺之旅仅仅是出于一己私利。用你新学的知识，帮助你周围的人，让他们遇到更好的自己，更快地学习，最终也能进入无限可能的境界。

在电影《超体》中，斯嘉丽·约翰逊饰演的美国学生露西在大脑的全部潜力被释放后，迸发出了超人的力量。摩根·弗里曼饰演的诺曼教授是一位神经学家，他帮助露西应对思想上和身体上发生的惊人变化。当露西问诺曼教授如何处理她的新天赋时，诺曼教授用摩根·弗里曼独特而富有磁性的声音回答道：

> 我想……如果你能思考一下生命的本质，我的意思是，在生命起源之初，一个细胞分裂为两个细胞，生命的唯一目的就是传递自己的所学。这就是生命的最高目标。所以，如果你问我如何利用你积累的这些知识，我想说……把它们传递下去。

所以，现在的问题是：你要用你学到的东西做什么？解决工作中具有挑战性的问题，让你和你的同事对所处行业，甚至整个世界产生影响？成立一个读书俱乐部？阅读咖啡桌上那一大堆期刊，然后向你的孩子教授你刚刚学到的东西？以更具活力的方式与人沟通？开一个健脑食品晚宴？报名参加课程，拓展新的知识领域？或者报名自己去讲授一堂课？你会选哪一个？

这是超级英雄会去做的事情。这也是无限可能的你可以做到的。

读完本书，你可以实践一下你所学到的新技能。接下来，我将为大家制订一个计划，帮助你快速入门。现在是时候学以致用了。从一件事开始，从某个环节开始，任何环节都可以。当你进行实践时，你会发现全新的自己，并为之震惊。无限可能的你才是真正的你，随着时间的推移，你可以达到此前无法想象的高度。

了解你自己，相信你自己，爱上你自己，做好你自己。

请记住，你的生活就是你能够教授给他人的课程。

用爱和学习突破极限

吉姆

首先祝贺你马上就要读完本书。能走到这一步的人并不是很多。我为你鼓掌。

我们在本书中探讨了许多问题。我建议你把所学内容付诸实践。如果你不确定你该如何开始，那么这个为期 10 天的计划可以帮助你踏上旅程，迈向无极限的境界。

你可以按照我为你制订的这个计划实施。三个主要部分——思维模式、内在动力和方法方式介绍了许多诀窍，你也可以从中精挑细选出三个你最想实践的来操作。这样，你可以关注自己的短板或者自认为需要进一步提升的领域。

很荣幸能通过本书担任你的大脑教练，期待你能与我们分享你的进步。

第 1 天：练习 FASTER 学习法

在第一天就使用 FASTER 学习法

- **忘记**：注意力如激光般高度集中的关键是移除或者忘记那些让你分心的事

物。有 3 件事情是你需要忘掉的（至少是暂时忘掉）：

　1. 你已经知道的内容

　2. 并不紧急的事情

　3. 你的极限

- **行动**：传统教育让许多人认为，学习是一种被动的体验。但是学习绝对不是一项用来观赏的运动。人类的大脑通过被动地消化学到的东西远不如通过创造学到的东西多。知道了这一点，我希望你问问你自己，如何才能在学习中变得更加积极、主动。请记好笔记，完成本书中的练习。

- **状态**：你的状态是你当前情绪的写照。你的思想（心理层面）和身体（生理层面）状况在很大程度上影响着你的状态。改变你的姿势或者呼吸，有意识地选择快乐、入迷和好奇的状态。

- **教授**：如果你想大幅缩短自己的学习曲线，就要带着把信息传授给他人的目的去学习。

- **输入**：如果你的日程表上没有某件事情，那么你就有机会不用去完成它。拿出你的日程表，圈出或者输入你投资用来提升自己的时段，即便一天只安排 10 ~ 15 分钟。

- **复习**：通过间隔复习，牢记学习内容。养成每天进行反思的习惯，复习每天所学的内容。

要想了解更多相关内容，可以重读本书自第 65 页开始的部分。

第 2 天：杀死你的 ANTs

你的脑海中总是有很多声音告诉你办不到哪些事情，找到这些声音，它们就是负性自动思维（ANTs）。你要回击它们。

另外，请记住，不要理会那些令人讨厌的 LIE（你已经接受的限制性想法）。不断地检查你的信念体系，只要你发现自己在想"我总是搞砸这种事情"，你就要予以回击："仅仅是因为我过去不擅长这件事，并不意味着我现在不能很好地完成这件事。我怎样才能学会如何完成它？"

不要缩小你大脑的能力范围，你应该扩展思维去实现各种可能。

要想了解更多相关信息，可以重读本书自第 159 页开始的部分。

第 3 天：质疑你的问题

回忆主导问题的力量。你可能一整天都在下意识地问自己一个问题。找出这个问题，想象如何改变它从而改变你的行为。知识本身不是力量，只有当你运用它的时候，它才能实现自己的潜能。改变自己的主导问题，它们的答案能让你一整天都充满能量，这正是你所需要的。

要想了解更多相关内容，请重读本书自第 74 页开始的部分。

第 4 天：想象你最想实现的事情

花点时间，写下如果你没有应用本书所学内容，你可能具有的所有劣势。例如，你可以写道："我将不得不继续刻苦学习，却只能收获平庸的结果。""我会继续怀疑自己。""我无法在我所爱的人面前展现出最好的自己"或者"我找不到好工作。"

现在，写下你在利用从本书中学到的知识时可以拥有的优势，比如："我在学习需要学习的内容时，能够充满自信，找到一份我热爱的好工作，赚很多钱并且回馈社会。""我会有更多的空余时间锻炼身体，变得健康，外出旅行，花更多的时间和我的另一半在一起。"或者一些简单的事情，"我终于有空闲时间了，可以好好放松一下！"

内容具体一些。对于你最想实现的事情，你要看到它、感受它、想象它，然后每天为之奋斗。想象一下你打开香槟，尽情庆祝的画面。

要想了解更多相关内容，可以重读本书自第 145 页开始的部分。

第 5 天：思考你的目的

目的代表的是你与他人的关系。目的就是你与这个世界分享的东西。什么是你行动的原因？

想一想，谁希望你能进入无限可能的境界，是你的家人吗？爱人、朋友、同事、邻居？再想想，通过在自己的生活中设置各种限制，你到底让谁失望了。再思考一下，当你充分发掘出自己潜能的时候，你会对别人的生活产生怎样的影响。这样你就能找到你的目的。

要想了解更多相关信息，可以重读本书自第 133 页开始的部分。

第 6 天：开始养成健康的新习惯

采取小而简单的步骤，培养健康的新习惯，这会让你走向成功。让新的习惯成为你每天早上都会做的事情。如果你决定要改变生活，那么一定要改变你每天都要做的事情。我们每天做出的决定和重复的习惯对于我们生活的幸福和成功会产生巨大的影响。如果你坚持不懈，就能达成目标；如果你始终如一，就能坚持下来。水滴石穿，聚少成多。每个专业人士曾经都只是初学者。

选择一个你今天就要开始养成的新习惯。你怎样才能把它分解成每天都能始终如一地做,并且小而简单的步骤呢?

要想了解更多相关信息,请重读自第 170 页开始的部分。

第 7 天: 给你的大脑注入能量

掌控你的能量,赢得生活中的每一天。每天吃一种或者多种益脑食物。你最喜欢的是哪一种益脑食物?为什么?切记,你吃什么很重要,特别是对你的大脑灰质来说更是如此。你吃的东西是让你精力充沛还是让你筋疲力尽?你可以用下面的健脑食品创造出怎样的菜肴,写出你的菜谱。

avocados 牛油果

green leafy vegetables 绿叶菜

blueberries 蓝莓

salmon 三文鱼

broccoli 西蓝花

turmeric 姜黄

dark chocolate 黑巧克力

walnuts 核桃

eggs 鸡蛋

water 水

要想了解更多相关信息,可以重读本书自第 151 页开始的那一部分。

第 8 天: 优化你的学习

学习不仅是在校学生的事情,还是我们的事情,我们都是终身学习者。请永远保持学习和研究的最佳状态,移除让你分心的事物,使用 HEAR(停止、共情、预期、回顾)学习法观看一段你以前从未看过的 TED 视频,并练习听的技巧。

要想了解更多相关信息,可以重读本书自第 218 页开始的部分。

第 9 天：永远记住 MOM

在你开始任何任务之前，永远记得要思考一下你的 MOM（动力、观察和方法）。考虑一下你为什么要做这项任务。你记住别人名字的动机是什么？你观察到了什么？请记住，你的大部分所谓记忆问题与记忆力并无关系，而是注意力是否集中的问题。请使用联想记忆技巧，练习记住今天你遇到的每个人的姓名。如果你忘记了某人的名字，写下来你在动力、观察或方法的哪个部分出了问题，导致你忘掉了那个名字。换个人的名字进行练习。

即使你在杂货店购物、走在街上、观看电视或者做其他任何事情的时候，你都可以练习这项技能。你可以给见到的陌生人起名字，然后测试你能记住多少。

要想了解更多相关信息，可以重读本书自第 235 页开始的部分。

第 10 天：拥抱阅读的力量

设定一个每日阅读目标，即使每天只有 10 分钟。阅读就是力量，益处也会随着时间而积累。其中的关键在于坚持。挑选一本你一直想阅读的图书，设定 10 分钟的计时器，把分心的事情抛在一边，用视觉定速器练习阅读。每一天都留出专门阅读的时间，这是一段你与自己约会的时光，把它安排在日程表中。

阅读者会先人一步。对你的大脑来说，阅读是绝佳的锻炼方式。切记，你读一本书就可以获得几十年积累的经验。

要想了解更多相关信息，可以重读本书自第 260 页开始的部分。

第 2 章

1. "Digital Overload: Your Brain On Gadgets," NPR, last modified August 24, 2010.

2. Ibid.

3. Ibid; Matt Richtel, "Attached to Technology and Paying a Price," *New York Times*, last modified June 7, 2010.

4. Paul Waddington, "Dying for Information? A Report on the Effects of Information Overload in the UK and Worldwide," Reuters, accessed December 11, 2019.

5. "Digital Distraction," American Psychological Association, last modified August 10, 2018.

6. Daniel J. Levitin, *The Organized Mind: Thinking Straight in the Age of Information Overload* (New York: Dutton, 2016).

7. Sean Coughlan, "Digital Dependence 'Eroding Human Memory,'" *BBC News*, BBC, last modified October 7, 2015.

8. Rony Zarom, "Why Technology Is Affecting Critical Thought in the Workplace and How to Fix It," *Entrepreneur,* September 21 2015.

9. Jim Taylor, "How Technology Is Changing the Way Children Think and Focus," *Psychology Today*, December 4, 2012.

10. Patricia M. Greenfield, "Technology and Informal Education: What Is Taught, What Is Learned," *Science,* January 2 2009.

11. Richard Foreman, "The Pancake People, or, 'The Gods Are Pounding My Head'," *Edge,* March 8 2005.

第3章

1. Tara Swart, *The Source: Open Your Mind, Change Your Life* (New York: Vermilion, 2019).

2. Suzana Herculano-Houzel, "The Human Brain in Numbers: a Linearly Scaled-up Primate Brain," *Frontiers in Human Neuroscience*, November 9, 2009.

3. Ferris Jabr, "Cache Cab: Taxi Drivers' Brains Grow to Navigate London's Streets," *Scientific American,* December 8, 2011.

4. Courtney E. Ackerman, "What Is Neuroplasticity? A Psychologist Explains [+14 Exercises]," last modified September 10, 2019.

5. Catharine Paddock, Ph.D., "Not Only Does Our Gut Have Brain Cells It Can Also Grow New Ones, Study," Medical News Today, last modified August 5, 2009; Jennifer Wolkin, "Meet Your Second Brain: The Gut," *Mindful*, last modified August 14, 2015.

6. Emily Underwood, "Your Gut Is Directly Connected to Your Brain, by a Newly Discovered Neuron Circuit," *Science*, last modified September 20, 2018.

7. Ken Robinson and Lou Aronica, *Creative Schools: The Grassroots Revolution That's Transforming Education* (New York: Penguin Books, 2016), xxvii-xxvii.

第 4 章

1. Sonnad, Nikhil. "A Mathematical Model of the 'Forgetting Curve' Proves Learning Is Hard." Quartz, February 28, 2018.

2. Francesco Cirillo, "The Pomodoro Technique," .

3. Oliver Wendell Holmes, "The Autocrat of the Breakfast-Table," *Atlantic Monthly* 2, no. 8 (June 1858): 502.

第 5 章

1. "Kwik Brain with Jim Kwik: Break Through Your Beliefs with Shelly Lefkoe," Jim Kwik, May 2, 2019.

2. Jan Bruce, et al., *Mequilibrium: 14 Days to Cooler, Calmer, and Happier* (New York: Harmony Books, 2015), 95.

3. Jennice Vilhauer, "4 Ways to Stop Beating Yourself Up, Once and For All," *Psychology Today*, March 18, 2016.

4. "The Power of Positive Thinking," Johns Hopkins Medicine.

5. Mayo Clinic Staff, "Positive Thinking: Stop Negative Self-Talk to Reduce Stress," Mayo Clinic, last modified February 18, 2017.

6. James Clear, "How Positive Thinking Builds Your Skills, Boosts Your Health, and Improves Your Work," James Clear, accessed April 22.

7. Ibid.

8. Ibid.

9. Barbara L. Fredrickson, "The Broaden-and-Build Theory of Positive Emotions," National Center for Biotechnology Information, last modified August 17, 2004.

第 6 章

1. Carol S. Dweck, *Mindset: the New Psychology of Success* (New York: Random

House, 2006).

2. Daphne Martschenko, "The IQ Test Wars: Why Screening for Intelligence Is Still so Controversial," The Conversation, accessed August 16, 2019.

3. Ibid.

4. Ibid.

5. David Shenk, "The Truth About IQ," *The Atlantic*, accessed August 4, 2009.

6. Ibid.

7. Brian Roche, "Your IQ May Not Have Changed, But Are You Any Smarter?" , *Psychology Today*, July 15, 2014.

8. David Shenk, *The Genius in All Of Us* (New York: Anchor Books, 2011) 117.

9. Gabrielle Torre, "The Life and Times of the 10% Neuromyth," Knowing Neurons, last modified February 13, 2018.

10. Eric H. Chudler, "Do We Only Use 10% of Our Brains?," Neuroscience for Kids.

11. Gabrielle Torre, "The Life and Times of the 10% Neuromyth," Knowing Neurons, last modified February 13, 2018.

12. Eric Westervelt, "Sorry, Lucy: The Myth of the Misused Brain Is 100 Percent False," *NPR*, July 27, 2014.

13. Barry L. Beyerstein, "Whence Cometh the Myth that We Only Use 10% of our Brains?," in *Mind Myths: Exploring Popular Assumptions About the Mind and Brain*, ed. Sergio Della Sala (Wiley, 1999), 3–24.

14. Ibid.

15. Robynne Boyd, "Do People Only Use 10 Percent of Their Brains?" *Scientific American*, last modified February 7, 2008.

16. Thomas G. West, *In the Mind's Eye: Creative Visual Thinkers, Gifted Dyslexics,*

and the Rise of Visual Technologies (Amherst, NY: Prometheus Books, 2009).

17. Ibid.

18. "Einstein's 23 Biggest Mistakes: A New Book Explores the Mistakes of the Legendary Genius," *Discover*, last modified September 1.

19. "About Page," Beth Comstock.

20. 99U, "Beth Comstock: Make Heroes Out of the Failures," video, 12:40, September 3, 2015.

21. Thomas Hobbes, *The English Works of Thomas Hobbes of Malmesbury,* ed. William Molesworth (Aalen: Scientia, 1966).

22. "Carol W. Greider," Wikipedia, accessed July 27, 2019.

23. "Carol Greider, Ph.D., Director of Molecular Biology & Genetics at Johns Hopkins University," *Yale Dyslexia.*

24. Mayo Clinic Staff, "Dyslexia," Mayo Clinic, last modified July 22, 2017.

25. Claudia Dreifus, "On Winning a Nobel Prize in Science," *The New York Times*, October 12, 2009.

26. Jim Carrey, commencement address, Maharishi International University, Fairfield, Iowa, May 24, 2014.

27. Fred C. Kelly, "They Wouldn't Believe the Wrights Had Flown: A Study in Human Incredulity," Wright Brothers Aeroplane Company.

28. Ibid.

29. "Bruce Lee," Biography.com, last modified April 16, 2019.

30. Mouse AI, "I Am Bruce Lee," directed by Pete McCormack, video, 1:30:13, last modified June 13, 2015.

31. "I Am Bruce Lee," Leeway Media, 2012.

32. Bruce Lee, Bruce Lee Jeet Kune Do: Bruce Lee's Commentaries on the Martial

Way, ed. John Little (Tuttle Publishing, 1997).

33. Daniel Coyle, The Talent Code: Greatness Isn't Born. It's Grown (London: Arrow, 2010); "The Talent Code: Grow Your Own Greatness: Here's How," Daniel Coyle.

第 7 章

1. "Kind (n.)," Index.

2. Christopher J. Bryan, et al., "Motivating Voter Turnout by Invoking the Self," PNAS, last modified August 2, 2011.

3. Adam Gorlick, "Stanford Researchers Find That a Simple Change in Phrasing Can Increase Voter Turnout," Stanford University, last modified July 19, 2011.

第 8 章

1. Eva Selhub, "Nutritional Psychiatry: Your Brain on Food," Harvard Health (blog), Harvard Health Publishing, last modified April 5, 2018.

2. Jim Kwik, "Kwik Brain with Jim Kwik: Eating for Your Brain with Dr. Lisa Mosconi," Jim Kwik, last modified January 4, 2019.

3. Jim Kwik, "Kwik Brain with Jim Kwik: When to Eat for Optimal Brain Function with Max Lugavere," Jim Kwik, last modified July 19, 2018.

4. Heidi Godman, "Regular Exercise Changes the Brain to Improve Memory, Thinking Skills," Harvard Health (blog), Harvard Health Publishing, April 5, 2018.

5. Daniel G. Amen, Change Your Brain, Change Your Life: the Breakthrough Program for Conquering Anxiety, Depression, Obsessiveness, Lack of Focus, Anger, and Memory Problems (New York: Harmony Books, 2015), 109–110.

6. The Lancet Neurology, "Air Pollution and Brain Health: an Emerging Issue,"

The Lancet 17, no. 2 (February 2018): 103.

7. Tara Parker-Pope, "Teenagers, Friends and Bad Decisions," Well (blog), The New York Times, February 3, 2011.

8. "Protect Your Brain from Stress," Harvard Health (blog), Harvard Health Publishing, last modified August 2018.

9. "Brain Basics: Understanding Sleep," National Institute of Neurological Disorders and Stroke, U.S. Department of Health and Human Services, last modified August 13, 2019.

10. Jean Kim, "The Importance of Sleep: The Brain's Laundry Cycle," Psychology Today, June 28, 2017.

11. Jeff Iliff, "Transcript of 'One More Reason to Get a Good Night's Sleep,'" TED.

12. Ibid.

13. Sandee LaMotte, "One in Four Americans Develop Insomnia Each Year: 75 Percent of Those with Insomnia Recover," Science Daily, June 5, 2018.

14. Kathryn J. Reid, et al., "Aerobic Exercise Improves Self-Reported Sleep and Quality of Life in Older Adults with Insomnia," Sleep Medicine, U.S. National Library of Medicine, last modified October 2010.

15. Michael J. Breus, "Better Sleep Found by Exercising on a Regular Basis," Psychology Today, September 6, 2013.

16. Sandee LaMotte, "The Healthiest Way to Improve Your Sleep: Exercise," CNN, last modified May 30, 2017.

17. David S. Black, et al., "Mindfulness Meditation in Sleep-Disturbed Adults," JAMA Internal Medicine 5 (April 2015): 494–501.

18. Karen Kaplan, "A Lot More Americans are Meditating Now than Just Five Years

Ago," Los Angeles Times, November 8, 2018.

19. Jim Kwik, "Kwik Brain with Jim Kwik: How to Make Meditation Easy with Ariel Garten," Jim Kwik, last modified November 8, 2018.

20. Ibid.

第 9 章

1. Sarah Young, "This Bizarre Phenomenon Can Stop You from Procrastinating," The Independent, last modified March 9, 2018.

2. Art Markman, "How to Overcome Procrastination Guilt and Turn It Into Motivation," HBR Ascend, January 7, 2019.

3. B. J. Fogg, "When you learn the Tiny Habits method, you can change your life forever," Tiny Habits, last modified 2019.

4. Deepak Agarwal, *Discover the Genius in Your Child* (Delhi: AIETS.com Pvt. Ltd., 2012), 27-28.

5. Charles Duhigg, *The Power of Habit: Why We Do What We Do in Life and Business* (New York: Random House, 2012), 20–21.

6. James Clear, "The Habits Academy," .

7. Jim Kwik, "Kwik Brain with Jim Kwik: Understanding Habit Triggers with James Clear," Jim Kwik, October 18, 2018.

8. Ibid.

9. Phillippa Lally, et al., "How Are Habits Formed: Modelling Habit Formation in the Real World," *European Journal of Social Psychology*, vol. 40, no. 6 (July 2009): 998–1009.

10. Alison Nastasi, "How Long Does It Really Take to Break a Habit?" Hopes&Fears, accessed November 20, 2015.

11. Ibid.

12. B. J. Fogg, "A Behavior Model for Persuasive Design," Persuasive ' 09: *Proceedings of the 4th International Conference on Persuasive Technology*, no. 40 (April 26, 2009).

13. Ibid.

14. Ibid.

15. Ibid.

第 10 章

1. Mihaly Csikszentmihalyi, *Flow: the Psychology of Optimal Experience* (New York: Harper Row, 2009).

2. Mike Oppland, "8 Ways To Create Flow According to Mihaly Csikszentmihalyi," PositivePsychology.com, accessed February 19, 2019.

3. Susie Cranston and Scott Keller, "Increasing the 'Meaning Quotient' of Work," *McKinsey Quarterly*, January 2013.

4. Entrepreneurs Institute Team, "A Genius Insight: The Four Stages of Flow," Entrepreneurs Institute, last modified February 12, 2015.

5. Hara Estroff Marano, "Pitfalls of Perfectionism," *Psychology Today*, March 1, 2008.

6. Travis Bradberry, "Why the Best Leaders Have Conviction," World Economic Forum, last modified December 7, 2015.

第 11 章

1. Jim Kwik, "Kwik Brain with Jim Kwik: How to Concentrate with Dandapani," Jim Kwik, October 8, 2019.

2. Ibid.

3. Ibid.

4. "A Clean Well-Lighted Place," *BeWell,* accessed January 7, 2020.

5. Melanie Greenberg, "9 Ways to Calm Your Anxious Mind," *Psychology Today*, June 28, 2015.

6. Donald Miller, "The Brutal Cost of Overload and How to Reclaim the Rest You Need," *Building a StoryBrand.*

7. Markham Heid, "The Brains of Highly Distracted People Look Smaller," *VICE*, October 12, 2017.

8. Kristin Wong, "How Long It Takes to Get Back on Track After a Distraction," *Lifehacker*, July 29, 2015.

9. "4-7-8 Breath Relaxation Exercise," Council of Residency Directors in Emergency Medicine, February 2010.

第 12 章

1. Ralph Heibutzki, "The Effects of Cramming for a Test," *Education*, November 21, 2017.

2. Mark Wheeler, "Cramming for a Test? Don't Do It, Say UCLA Researchers," UCLA Newsroom, August 22, 2012.

3. William R. Klemm, "Strategic Studying: The Value of Forced Recall," *Psychology Today*, October 9, 2016.

4. Ibid.

5. James Gupta, "Spaced Repetition: a Hack to Make Your Brain Store Information," *The Guardian*, January 23, 2016.

6. Jordan Gaines Lewis, "Smells Ring Bells: How Smell Triggers Memories and Emotions," *Psychology Today*, January 12.

7. Wu-Jing He, et al., "Emotional Reactions Mediate the Effect of Music Listening on Creative Thinking: Perspective of the Arousal-and-Mood Hypothesis,"

Frontiers in Psychology 8 (September 26, 2017): 1680.

8. Claire Kirsch, "If It's Not Baroque Don't Fix It," *The Belltower*, January 25, 2017.

9. Alina-Mihaela Busan, "Learning Styles of Medical Students—Implications in Education," *Current Health Sciences Journal* 40, no. 2 (April–June 2014): 104–110.

10. Bob Sullivan and Hugh Thompson, "Now Hear This! Most People Stink at Listening [Excerpt]," *Scientific American*, May 3, 2013.

11. Ibid.

12. Cindi May, "A Learning Secret: Don't Take Notes with a Laptop," *Scientific American,* June 3, 2014.

第 13 章

1. Eve Marder, "The Importance of Remembering," *eLife* 6 (August 14, 2017).

2. William R. Klemm, "Five Reasons That Memory Matters," *Psychology Today*, January 13, 2013.

3. Joshua Foer, "How to Train Your Mind to Remember Anything," CNN, 11 June 2012.

第 14 章

1. Lauren Duzbow, "Watch This. No. Read It!" Oprah.com, June 2008.

2. "Keep Reading to Keep Alzheimer's at Bay," Fisher Center for Alzheimer's Research Foundation, last modified November 12, 2014.

第 15 章

1. "Six Thinking Hats," the De Bono Group.

2. "The Components of MI," MI Oasis.

3. Ibid.

4. Ibid.

5. The Mind Tools Content Team, "VAK Learning Styles: Understanding How Team Members Learn," Mind Tools.

6. Matt Callen, "The 40/70 Rule and How It Applies to You," Digital Kickstart, last modified May 3, 2016.

7. Ibid.

8. Rimm, Allison, "Taming the Epic To-Do List." Harvard Business Review, June 14, 2018.

9. Peter Bevelin, *Seeking Wisdom: from Darwin to Munger* (PCA Publications LLC, 2018).

10. Ryan Holiday, *Conspiracy: The True Story of Power, Sex, and a Billionaire's Secret Plot to Destroy a Media Empire* (New York: Portfolio, 2018).

11. "Second-Order Thinking: What Smart People Use to Outperform," Farnam Street, accessed January 22, 2019.

12. "Kwik Brain with Jim Kwik: Exponential Thinking with Naveen Jain," Jim Kwik, May 4, 2018.

13. Viome.com Home Page, Viome, Inc., accessed February 5, 2020.

14. Mark Bonchek, "How to Create an Exponential Mindset," Harvard Business Review, October 4, 2017.

15. Evie Mackie, "Exponential Thinking," Medium, Room Y, last modified Au-gust 30, 2018.

目录

第 3 周
学习力及思考力特训

第 1 周
大脑升级基础训练

第1天 认识四大数字反派，做好大脑热身运动

数字洪流

追赶、跟上甚至领先你每天必须处理的数字信息洪流固然重要，但是更重要的是，给大脑一个"宕机时间"。如果大脑没有"宕机时间"，我们的记忆力就会衰退，精神萎靡不振，身体疲惫不堪。

有了宕机时间，神经元可以从记忆通道进入大脑存储长期记忆的部位，这也是学习的基础。

【大脑升级训练】

花点时间，在这周的日程中留下30分钟的空白。在这段时间里，请你远离一切科技产品，厘清头脑，充分放松，发挥你的创造力。

数字分心

我们对于网络的喜爱是与生俱来的。当我们在社交媒体上收获点赞或是收到我们的爱人、朋友发来的信息时，大脑中的多巴胺会不断地奖励和刺激我们，强化上网这种行为。

这种奖励正在改变我们的大脑。在我们排队、等公交车或等约会对象的时候，我们本可以放松下来，进入"宕机时间"，而现在我们会掏出手机，这一举动实际上是在强化我们分散注意力的能力。

【大脑升级训练】

请你点开手机中的"通知"设置，关闭所有不必要的、会让你分心的弹窗和声音提醒。现在就做。

数字痴呆

研究表明，我们的大脑更像一块肌肉，而非一张早晚会装满的硬盘，也就是说，我们的大脑用得越多，就会变得越强壮，能容纳的信息也越多。

很多时候，我们把大脑的工作外包给手中的智能设备，结果是放任智能设备把我们变得愚蠢。

【大脑升级训练】

花 1 分钟的时间锻炼你的记忆力：回想经常与你通话的人，记住他们的电话号码。

数字推论

我们倾向于找出少数与我们观点一致的消息源，然后让这些消息源在我们的思考和决策中拥有绝对的话语权。这个过程不断重复，导致我们用来进行批判性思考和有效推理的"肌肉"不断萎缩。

【大脑升级训练】

试着做一个决定。给自己一点时间，在不使用任何数字设备的情况下独立做出决定。

本日训练总结

在四大数字反派中，你认为哪一个对你的个人表现、工作效率和内心平静影响最大？花点时间思考，把这个反派的名字写下来。意识到问题是解决问题的第一步。

第 2 天　认识你的大脑，相信无限可能

经过一天的大脑整理，你可能已经知道数字反派的危害，但是依然感到自己的脑子负荷超载，心不在焉、疏忽健忘，认为它不可能超越任何科技产品，今天，你将通过一系列的数据和事实，了解大脑的非凡力量。

关于大脑的一些科学数据

- 每天能产生的想法多达 7 万个；
- 运转的速度与时速最快的赛车一样快；

　　……

关于大脑的非凡故事

- 有个陷入昏迷的病人，竟然开发出一套与医生沟通的方法；
- 一位女士可以通过日期回忆起重要的事件，最早可以追溯到她 12 岁时发生的事；
- 有一位懒汉，在酒吧与人斗殴时，头部受伤，然后被诊断为脑震荡，但是他后来竟然成了数学天才。

关于大脑的构造

大脑有 3 个主要区域：脑干（brain stem）、小脑（cerebellum）和大脑皮层（cerebral cortex）。

脑干调节我们生活所需的基本功能，比如呼吸、心率、进食或做爱的冲动，还有我们的战斗或逃跑反应（fight-or-flight response）。

小脑位于大脑的后部，负责调节运动和协调性。越来越多的研究证明，它在我们的决策过程中同样发挥着重要作用。

大脑皮层是我们大脑中占比最大的部分，我们的大部分复杂思维、短期记忆和感觉刺激都发生在大脑皮层，它由枕叶、顶叶、颞叶和额叶组成。我们大部分思维都产生于额叶，这里是逻辑和创造力的发源地。

关于大脑的可塑性

任何人都可以在任何时候做出决定，改变自己大脑的运作方式。大脑可塑性意味着，每次你学到新的东西时，你的大脑就会建立一个新的突触联系（synaptic connection）。每当发生这种情况时，大脑都会在生理层面发生变化，相当于它升级了硬件，用来反映新的思维水平。

我们的大脑具有良好的延展性。当我们有了新的经历，学习了新的东西或者适应了新的事物时，随着时间的推移，通过形成新的神经通路，我们就有能力改变大脑的结构和组织，这种能力强大到令人难以置信。

这意味着你可以改变大脑、塑造大脑，满足自己的需要。你只需简单地调整一下你所处的环境、吃的食物和进行的锻炼，就可以让大脑的运转方式发生翻天覆地的变化。

本日训练总结

你真的具有终极超能力，它就在你的两耳之间，在你的大脑之中。两耳之间的超能力工厂布满神经网络，这是上天给予你的最大馈赠，也是你最大的优势。我们要做的就是升级自己的大脑，就像升级我们的手机系统一样。

第 3 天　练习 FASTER 学习法，为大脑升级做准备

FASTER 是以下 6 个英文单词首字母的组合：Forget（忘记）、Act（行动）、State（状态）、Teach（教授）、Enter（开始）、Review（复习）。

Forget（忘记）

甩开或者忘掉那些让你分心的事情。你需要忘掉或者至少是暂时忘记 3 件事情。

第一，忘记你已经掌握的内容。儿童可以迅速地学习，其中一个原因就是他们的大脑就像空荡荡的容器。

第二，忘记不紧急或不重要的事情。与普遍认知相反，你的大脑其实并不会同时处理多项任务。如果你不是全身心地投入、你的注意力不够集中，那么你很难有效学习。

第三，忘掉自己的极限。所谓极限，是指你对自己先入为主的认识，比如你认为自己的记忆力不好、学习速度缓慢。对自己的能力保持开放的心态，你的能力绝不是一个定值，在学习的世界里，一切皆有可能。

�【大脑升级训练】

在阅读本书和训练的过程中，有时你的思想会飘到其他事情上，这件事情可能比较重要，但是并不紧急。这种情况不可避免，不要试图不去想这件事情。你越是拼命抵抗，反而越难以摆脱。相反，在手边放一个笔记本，把你的思路或想法记下来。这样，你就可以暂时放下它，待手头的工作结束之后再做处理。

Act（行动）

在接受传统教育时，很多人都会认为学习是被动的体验。与单纯

的吸收知识相比，人脑通过创造活动可以学到更多的知识。怎样才能在学习中更加积极主动呢？做好笔记，完成本书中的"大脑升级训练"。

【大脑升级训练】

为了更加积极主动地阅读本书，你会怎么做？挑出其中一项，写下来：_____

_____

State（状态）

回想你在学校里的时光，你当时最主要的情绪状态是怎样的？大部分人脱口而出："无聊！"很可能你也会对此产生共鸣。如果你在学校里情绪低落，那么你忘了元素周期表也就不足为奇了。但当你能掌控自己的心理和身体状态时，你的学习体验会从乏味无聊转为充满兴奋感、好奇心甚至是乐趣。想要做到这一点，在坐下来学习之前，你可以试着改变自己的身体在学习环境中运动的方式，或者尝试激发不同的情绪；改变你学习时的姿势或者呼吸方式。所有学习过程都依赖于你的状态。请主动选择快乐、入迷和好奇的学习状态吧！

【大脑升级训练】

此时此刻，你的动力、精力和专注程度如何？从1到10给你目前的状态打分（1为最差，10为最好）。你打算做点什么来提升分数？

Teach（教授）

如果你想大幅缩短学习曲线，就把你的学习目标定位为学习之后能把学习内容教授给别人。当你授课的时候，实际上你经历了两次学习，第一次是你自己学习，第二次是通过给别人讲课学习。

找一位学习伙伴一起读这本书，相互督促。写下你的伙伴（或者伙伴们）的名字：_____

_____

Enter（输入）

改善个人表现最简单、最强大的方法是什么？答案是善用你的日程表。大家的日程表上到底缺了什么？答案是缺少给自己的成长和发展安排时间。

【大脑升级训练】

拿出你的日程表，把阅读《无限可能》的计划插入未来 7 天的日程中。用"无限可能的我""天才时间""大脑训练""和吉姆对话"或者其他积极的标签命名这些时间段，保证你会记住日程上的事项。

Review（复习）

要想减少遗忘曲线对你的影响，最好的方法之一就是每隔一段时间积极地回忆此前学过的内容。

【大脑升级训练】

在每次阅读之前，花几分钟谈谈或者写下你在上一次阅读中记住的内容。

本日训练总结

承诺自己会读完这本书，完成所有大脑升级练习。在承诺书上填写完整信息并签名。随后拍一张你签署承诺书的照片，发布在朋友圈、学习社群或者其他社交媒体上。

我，＿＿＿＿＿＿＿＿＿，承诺每次坚持阅读10~25分钟后再停下，直到读完本书。

我承诺我要忘记先前对相关主题的理解，忘记分散我注意力的事物，忘记那些限制自己的想法。

我承诺在阅读本书的过程中保持积极向上的态度。我会完成所有的"大脑升级训练"，做好笔记，标记重点，练习在阅读的同时提出相关的问题。

我承诺在阅读时管理自己的状态，定期检查自己的精力是否充沛，并积极主动地根据需要调整自己的状态。

我承诺把我学到的知识教授给他人，这样我们都能从中受益。

我承诺在日程表中加入阅读本书这一事项，因为凡是日程表中的事情，我都会努力完成。

我承诺复习我学过的东西，这样，我在学习新东西之前就能更好地记住此前学过的内容。

最后，我承诺，即使我"搞砸"上面的任何一件事，我也不会自责。我会尽最大努力重新开始。

是的！我已经做好准备步入无限可能的境界了！

扫描二维码
加入官方学习群

签名：＿＿＿＿＿＿

日期：＿＿＿＿＿＿

第 4 天　击破关于潜能的 7 个谎言

谎言 1：智力是个固定值

有些人声称人类的智商终生不变。实际上，相对不变的是我们的智商测试得分，并非我们的智力水平，我们的智力水平是不断上升的。每个人都有成为天才的潜力，或者说至少每个人都拥有巨大的潜力。

新信念：智力是不断变化的。

谎言 2：我们只开发了大脑的 10%

每每提到人们朝思暮想的能力上限时，我们总能看到这个谬论：如果我们能开发我们大脑剩余的部分，那么我们能取得怎样的成就？

这个谬论流传甚广，几乎无处不在，但是，它是错误的。

通过扫描大脑可以发现，无论我们进行哪种活动，大脑所有的区域都处于活跃状态。即使在我们睡觉时，我们大脑的所有部分也都处于活跃状态。

同时，科学家已经得出结论，大脑的不同区域具有不同的功能，它们是协同工作的。根本不存在无功能的区域。

新信念：我正在学习用最好的方式使用我的整个大脑。

谎言 3：犯错等于失败

我们为什么如此畏惧错误呢？这是一种根深蒂固的想法，比如在学校上学期间，学校的评价体系针对的就是我们犯下的错误；在任何考试中，我们犯错的数量决定着我们能否通过考试。在课堂上，回答问题时说出了错误的答案，大部分人会觉得羞愧难当，下次不会再主动举手。遗憾的是，人们没有把犯错作为学习的方法，而是将其作为衡量一个人能力的工具。

我们需要改变这种看法。很多人未能兑现自己的能力，而且这种人不计其数，究其原因就是太惧怕犯错误。

与其把错误视为失败的证据，不如把它们当作你正在努力尝试的证据。

新信念：犯错绝非失败，不能从中汲取教训，才是最大的失败。

谎言 4：知识就是力量

知识不是力量。它只是具有转化成力量的潜力。世界上所有的图书、播客节目、研讨会、其他在线节目和社交媒体上的励志类文字，只有在你把知识付诸行动的时候才能发挥作用。

新信念：知识 × 行动 = 力量。

谎言 5：学习新东西非常困难

事实上，学习并非总是轻松愉快的，但是努力总能收获回报。我认为，学习总是伴随着一丝不舒服的感觉，否则，你仅仅是在巩固已知的知识。

有时学习新事物确实很难。更准确地讲，你必须理解学习需要一套方法，当你知道如何学习的时候，学习这个过程也会轻松许多。

新信念：当你学会了新的学习方法时，学习新事物这个充满挑战的过程会变成一件乐事，也会更容易、更愉快。

谎言 6：其他人的批评很重要

这个世界上最滑稽的事情就是人们因为害怕别人的看法，所以阻止和限制自己表达内心的真实想法。在这个世界上，儿童的学习速度是最快的，部分原因是他们不在乎别人对他们的看法。

如果你听从某人的建议，那么他的批评也值得一听；对于无法为你提供中肯建议的人，你完全可以忽视他们的批评。无论你做什么，人们都会质疑你、批评你。不要让别人的观点和期望左右甚至毁了你的一生。

　　新信念：我不会强求你喜欢、爱上或者尊重我的工作。我的事情与你无关。

谎言 7：天才是与生俱来的

　　"伟大并非与生俱来，而是通过后天培养出来的"。成为天才总是有迹可循的。看似神奇的东西背后自有其方法。

　　新信念：天才并不是与生俱来的，而是通过深度练习达成的。

【大脑升级训练】

　　阅读本书之前，上面这些常见的限制性信念，即这些谎言，其中有多少你信以为真？你还有什么需要补充的吗？

　　现在就把它们写下来：＿＿＿＿＿＿＿＿＿＿＿＿＿＿＿＿＿＿＿

＿＿＿＿＿＿＿＿＿＿＿＿＿＿＿＿＿＿＿＿＿＿＿＿＿＿＿＿＿＿＿＿＿＿

本日训练小结

- 回顾一下你此前犯过的错误。你是否让这些错误限制了自己？你对这些错误的看法是否有所改观？

- 尝试一下，把你最近哪怕是今天学到的东西付诸行动。当你把知识转化为力量时，感受一下自己的成就。

- 思考一下，在哪种情况下你会任凭别人的意见左右你的行动。如果唯一值得你重视的是你自己的意见，你会如何处理相同的情况？

第 5 天　找到你的天才类型

天才的形式多种多样。专家们对天才的种类也莫衷一是，但是他们普遍认为，天才的表现形式有 4 种。千百年来，我们一直用以下标准判断一个人属于哪种天才。

- **发电机型天才**（dynamo genius）：通过创意和观点展现自己天赋的天才。莎士比亚属于发电机型天才，因为在他写出的精彩故事中，我们总是能看到自己的身影。伽利略是发电机型天才，因为他在仰望天空时，能看到别人看不到的东西。说起天才，我们最常想到的就是发电机型天才。
- **火焰型天才**（blaze genius）：通过与他人的互动展现自己才能的天才。奥普拉·温弗瑞（Oprah Winfrey）属于火焰型天才，因为她拥有非凡的能力，能够与不同的人就情感、思想等进行沟通。马拉拉·优素福·扎伊（Malala Yousafzai）也是火焰型天才，因为她能让全世界的人在了解她的故事之后产生共鸣。火焰型天才往往是沟通高手。
- **节奏型天才**（tempo geniu）：通过广阔的视野和坚持不懈的努力展现自己才能的天才。纳尔逊·曼德拉（Nelson Mandela）属于节奏型天才，因为即便面对重重困难，他也能够看到自己的远见卓识中所蕴含的智慧。特蕾莎修女（Mother Teresa）也是节奏型天才，所以即便是在最黑暗的时刻，她也会为身边的人争取更美好的环境。节奏型天才目光长远，他们对于未来的理解常人无法企及。
- **钢铁型天才**：这个类型的天才擅长就就业业地做好细小的事情，

擅长在别人无法想到或者无法预见的细节上着力。谢尔盖·布林（Sergey Brin）就是这种天才，他的天赋让他看到了海量数据的潜在价值，所以他与别人共同创立了谷歌。钢铁型天才喜欢尽其所能地获得所有的相关信息，他们具有一种独特的视野，可以发现别人错过的信息并凭借这些信息取得成功。

【大脑升级训练】

你觉得你属于上述哪类天才？写在下面的横线上：＿＿＿＿＿＿＿＿＿＿＿＿

本日训练小结

也许你不是莎士比亚那种发电机型天才，也不是奥普拉那样的火焰型天才，但是你的天赋可能是上述几种天才所具有的天赋的组合，你的天赋正在等待初次登场或者进一步展现自我的机会。关键在于，你应该充分地释放它。

第 6 天　杀死你的 ANTs，
找到能带给你动力的 SMART 目标

杀死 ANTs

在这里，"蚂蚁"（ANTs）指的是"负性自动思维"（Automatic Negative Thoughts），要想突破大脑的极限，就必须把负性自动思维从生活中去除。原因很简单：如果你在为自己的限制而战，那么你就只能永远被它们束缚。如果你告诉自己，你缺乏完成任务的能力、你岁数太大错过了最佳年纪，或者是你不够聪明、力不能及，那么你肯定会放弃尝试。只有当你从这种破坏性的自我对话中走出来，才能真正实现心中的目标。

【大脑升级训练】

你最极端的"负性自动思维"是什么？你会用怎样的想法取而代之？

设定 SMART 目标

SMART 是以下 5 个英文单词首字母的组合。

- S 代表 Specific（具体的）：你的目标应该明确。不要以变得富有为目标，你需要明确自己想要赚多少钱，这需要你设置具体的金额。

- M 代表 Measurable（可衡量的）：如果你无法衡量你的目标，就无法管理它。保持身体健康就是一个无法衡量的目标，但是 6 分钟跑完 1 英里却是可以衡量的。

- A 代表 Actionable（可行动的）：你不会在搞不清路线的情况下，开着车前往陌生的城镇。你需要制定实现目标的行动步骤。
- R 代表 Realistic（现实的）：如果你住在父母的地下室里，那么成为百万富翁对你来说就过于困难。你的目标应该是挑战自我和提升自我，但是步子不宜过大，否则你很容易便会放弃。
- T 代表 Time-based（有时间限制的）："目标是有最后期限的梦想"。设定完成目标的时限，这会让你更有可能实现目标。

用 HEART 检验目标

你的目标是在脑中构思然后依靠双手实现的，你需要确保它们与你的情绪相匹配，即与你的 HEART（内心）相匹配。

- H 代表 Healthy（健康的）：你怎样才能确保你的目标服务于你的人生幸福？你的目标应该有利于你的心理、身体和情绪健康。
- E 代表 Enduring（持久的）：当你想放弃时，你的目标应该能够激励和支撑你度过困难时期。
- A 代表 Alluring（诱人的）：你不应该总是强迫自己去实现你的目标。

你的目标应该是令人兴奋的、诱人的、迷人的，它们应该具有巨大的吸引力，牵引你向它们靠近。

- R 代表 Relevant（密切关联的）：在不知道设定目标的意义的情况下，不要设定任何目标。在理想状况下，你的目标应该与你正在面临的挑战、人生目的或核心价值观密切相关。

- T 代表 Truth（真理）：不要因为你的邻居在做某件事情或者你的父母期望你做某件事情，就将它设定为你的目标。确保你的目标是你自己想要做的事情，是你发自内心认可的事情。如果你自己都不喜欢你的目标，那么在完成目标的过程中，你很可能会懈怠、拖延甚至会妨碍自己。

【大脑升级训练】

你清楚自己的人生目的吗？即使你还不知道，把可能的选项写在下面：_____

_____

> **本日训练小结**
>
> 了解你的人生目的有助于你正直地生活。清楚自己的生活目的也就清楚了自己是怎样的人，自己要做什么，以及自己为什么要这么做。生活目的包含生活中最能激发个人潜能的核心目标，它们是我们早起奋斗的原因。

第7天 本周训练内容巩固

核查以下清单，如果答案都是肯定的，则快乐地进入下周训练；如果答案中有否定的，请回到书本和当天的练习，查漏补缺吧。

1. 关于四大数字反派的危害，你是否已经了解？

2. 四大数字反派中，对你危害最大的那个，你是否已经找到并且决意克服？

3. 你是否已经了解大脑的基本构造和无限潜力？

4. FASTER 学习法的基本步骤是否理解，并且能向别人复述一遍？

5. 是否已经明晰关于潜能的 7 个谎言？

6. 你是否认同自己是某种类型的天才？

7. 你找到对你影响最大的负性自动思维并且决意用积极的信念代替它了吗？

8. 你找到自己的人生目的了吗？

9. 你大胆秀出自己的决心了吗？

第 2 周
专注力及记忆力特训

第 8 天　注意力训练

专注使我们能够训练我们在特定任务上的脑力，去"灼穿"、完成这项任务。我们在全神贯注的时候，可以迸发出令人惊讶的能力。注意力集中的头号敌人是分心。

❀【大脑升级训练】

给你目前的专注力水平打分，最低 0 分，最高 10 分。现在给你提高专注力水平的愿望打分。你的注意力就像一块肌肉。你可以通过训练它，让它变得更强健。

一次只做一件事，一次只灼穿一个目标

无论你在做什么，都可以进行注意力训练。

比如你正在与某人交谈，努力地把注意力放在你们的对话上，不要关注其他任何事情。如果你发现你的意识并不在你们的对话上，那么你需要训练将发光的球重新聚集在对话上。

如果你在读一份工作报告，那么训练自己把眼睛放在报告的文字上，仿佛其他事情都不存在。

同样，如果你注意到你的意识之光的焦点移动到了其他事情上，就把那个发光的球拉回到工作报告上。如果你能坚持每天进行大约 1 小时的注意力训练，它很快就能成为你的第二天性。

让自己专注于手头正在做的事情，而不要同时去做任何其他事情。比如，如果你在打电话，那么不要同时浏览社交媒体。如果你在做早餐，那么不要同时制定你当天的待办事项清单。一次只做一件事情，你的注意力"肌肉"会无比强健，你的专注度也会达到无限可能

的水准。

整理你所处的环境，让它不再杂乱无章

如果你想要成为专注力大师，每当你需要高度集中注意力的时候，你都需要清除一切可能让你分心的因素。

如果你在计算机前工作，除了执行手头任务必需的应用程序和界面，请关闭所有其他应用程序和界面。

一定要限制你所处环境物品的数量，高效率、高产出的工作需要使用大脑空间，但是周围环境内的物品会与工作争夺这宝贵的空间。

让你忙碌的大脑平静下来

下面 3 种方法可以让你的大脑在几分钟内平静下来。

1. 4–7–8 呼吸法

● 完全用嘴巴呼气，发出嘶嘶的声音；● 闭上嘴，用鼻子轻轻吸气，默数到 4；● 屏住呼吸，默数到 7；● 完全用嘴巴呼气，发出嘶嘶的声音，默数到 8。

这是一次呼吸过程。现在再次吸气，重复上面的呼吸方法循环 3 次，总共进行 4 次呼吸过程。

2. 解决那些一直给你造成压力的事情

压在我们心头的事情，除非我们把它们处理完毕，否则它们会一直在我们的脑海中挥之不去。如果这符合你的情况，请你先进行 4-7-8 呼吸法，再来处理一下令你感到压力很大的任务，然后回到其他你想做的事情上，这时你的专注力就会大幅提升。

🧬【大脑升级训练】

哪一件事是你一直在回避的，不想去做，影响到了你集中注意力?

3. 安排专门的"分心时间"

解决那些一直给你造成压力的事情是化解问题的一种方式。但是很多时候，这种方式是行不通的。如果你只是对自己说"我一会儿再来操心这事"，你担忧的事情依旧会在你集中注意力的 20 分钟内偷偷地打扰你。你需要对自己说"我会在 4:15 的时候再来操心这件事"，这样效果会更好。

【大脑升级训练】

为你的分心设置专门的时间。

本日训练小结

- 仔细看一看你的待办事项清单，找出清单上如果未能完成便会不断侵扰你注意力的事情，制订计划处理这些事情。

- 现在就着手改变你的工作环境，这样你可以更好地专注于当前的任务。

- 练习一下让你忙碌的大脑平静下来的技巧。它对你有效吗？如果有效，请经常使用。

第 9 天　心流训练

什么是心流

我敢肯定，你一定有过这样的经历：有些时候你完全沉浸在你所做的事情中，这时，其他事情似乎都消失不见了，这就是心流。心理学家米哈里·契克森米哈赖（Mihaly Csikszentmihalyi）是这样描述心流的："心流是一种状态，人们全神贯注地投入一项活动中，似乎其他事情都不再重要；这种体验本身就给人带来极大的愉悦感，所以人们即便付出巨大的代价，也愿意享受这种体验。"对契克森米哈赖来说，心流是"最优体验"的一种表述。

5 种方法进入心流状态

【大脑升级训练】

快速启动。

你有没有体验过心流状态？在什么地方？你当时在做什么？感觉如何？你在心流状态结束时取得了什么成就？尝试把心流状态可视化。即使你无法勾勒出具体的画面，也要尽力去想象。

你肯定想让自己尽可能地频繁进入心流状态。如何做到这一点呢？我为大家提供下述 5 种方法。

1. 消除分心

此前，我们讨论过，让你的分心降低到最低限度是非常重要的。如果你想进入心流状态，消除分心绝对是必要的。如果在做某件事情的时候分心，你可能需要长达 20 分钟的时间才能重新把注意力集中在手头的事情上。比如，你因为一条短信转移了注意力或者想先浏览一下社交媒体再工作，这样不断地重新集中注意力，你如何才能进入心流状态呢？所以，请你放下所有其他事情，全身心地关注你手头的工作。

2. 给自己充足的时间

一定要为你进入心流状态留出大块的时间。人们普遍认为，当条件合适时，进入心流状态大约需要 15 分钟，而真正达到巅峰状态需要接近 45 分钟。只腾出 30 分钟左右的时间是不会让你完成很多事情的。在规划时间时留出至少 90 分钟，最好是整整 120 分钟。

3. 做你喜欢的事情

每当提到心流时，我们往往会想到它帮助人们取得了极高水准的成就：运动员让自己在比赛中的表现臻于完美，音乐家创作出了理想的吉他独奏，作家迅速地在纸稿上写下文字，仿佛是在听写而非创作。

这些人的共同点是他们都是在做对他们来说非常重要的事情。他们不会止步于也不会满足于"差不多就好"，因为他们的工作与他们之间的关系并不一般。他们在做的是他们喜欢的事情。

如果你正在做的事情中有让你感到心烦、讨厌的成分，或者你觉得这件事情在绝大部分时间让你感到非常枯燥、乏味，这些负面的感受会阻碍你进入心流的步伐。

4. 拥有清晰的目标

妨碍我们进入心流状态的主要原因之一是缺乏清晰的目标。如果你不知道你的努力是为了什么，自己想要完成怎样的目标，如果你在工作、学习中都感到漫无目的，你是绝不可能进入心流状态的。

所以，在你腾出整块的时间后，给自己制定一个明确的目标，让自己清楚你会如何利用这段时间。如果你从一开始就给自己设定了明确的任务，而且一想到能够完成这项任务你就会异常兴奋，那么你就能深深地沉浸其中。

5. 给自己一点挑战

当我和人们谈论心流时，他们总是说自己在做有一点挑战性的事情时最有可能进入心流状态。换句话说，他们走出了自己的舒适区，但也没有远离舒适区。我想大家都能够理解这里的逻辑。如果你做的事情过于简单，你很快就会感到无聊，那时你是无法进入心流状态的，二者并不兼容。

另外，如果你做的事情让你觉得非常棘手，你很可能会感到沮丧，这种挫败感会关上通向心流的大门。如果你做的事情是你喜欢的，也有适度的挑战性，例如，试着把棒球打到球场特定的位置，尝试在吉他上弹奏新的曲调，从一个全新角色的角度进行写作，那么这些挑战会让你对任务保持兴奋感，从而牢牢地抓住你的注意力，让你投入其中。

本日训练小结

对任何人来说，心流状态是我们能够经历的最具快感的体验之一。同时，它也是进入无限可能境界的基础。在本日训练结束之时，让我们花点时间回顾一下下面的内容。

- 回想一下你进入心流状态的几次经历。你当时在做什么？这几次进入心流状态的经历有什么共同点？你如何才能更频繁地进入心流状态呢？

- 拿出日历，在接下来几天找个日子，腾出 90 ~ 120 分钟的时间。这是一段能让你从所有分心中解脱的时间。现在想一想，你该如何利用这段时间显著提升你的工作效率呢？

第 10 天　抵御让你分心的 4 个敌人，巩固心流训练成果

如果想要守护自己的心流状态，那么你需要制服下面 4 个超级反派。

一心多用

我们此前也讨论过这方面的内容，成为"一心多用（multitasking）的高手"并不等同于进入无限可能的境界。事实上，各种研究一再证明，同时处理多项任务的效率远不及一次只专注于一项任务的效率。你不可能一边给同事登记签到、给朋友写便条、看公司电子邮件，一边还能进入心流状态，创作出史诗般的独奏曲目或令人瞠目结舌的演讲文稿。

打败一心多用这个超级反派的唯一方法就是完全无视它。把你的日程表里的其他事情全部清空，然后开始工作，进入心流状态。

压力

击败这个超级反派需要以下绝招。

第一，在开始之前就直视它，自己思考在进入心流状态之前，是否还有需要你处理的问题。如果答案是"有"，那么就先解决这个问题。但是很可能答案是"没有"，说明根本不存在应激源，压力并非来自迫在眉睫需要解决的事情，情况也不会因为你晚两小时再去解决就恶化。如果这符合你的实际情况，你就需要用你的立场对抗这个超级反派。

第二，你需要让自己的大脑空间牢不可破，防止外部应激源的侵

入，这样你才能完全地专注于手头的任务。

畏惧失败

完美主义会伤害创造力和创新力，会源源不断地输出负面情绪；那些受到完美主义控制的人很难有所成就，反而会陷入负面评价，这本是他们最想避免的事情。完美主义像一张没完没了的成绩报告单，让我们陷入自我的世界无法脱身，只关注自我评价，感受无止境的挫折，最终以焦虑和抑郁收场。

如果你在接受任务时一心想着必须完美地完成它，那么你将会遭遇毁灭性的失败，因为你总是心心念念地想着避免失败，很难达到最佳状态。

记得昨天我们谈到进入心流的理想条件之一是把你自己推到稍微超出舒适区的位置吗？这么做时，你会加大在初始阶段犯错的概率，任务不会一蹴而就。如果你让完美主义这个超级反派在这个时候主宰你，那么你的心流状态就会毁于一旦。要击溃这个超级反派，你需要说服自己，你的工作不仅可以不完美，而且这种不完美正是一个明确的信号，说明你正在以必需的方式推动自己向前。

缺乏信念

另外一个与完美主义一样可怕的超级反派是你对手头的事情缺乏信心。TalentSmart 的董事长特拉维斯·布拉德伯里（Travis Bradberry）写道："大脑将不确定性视为一种威胁，它会引发皮质醇的分泌。皮质醇是压力激素，会扰乱记忆，抑制免疫系统，增加患高血压和抑郁症的风险。"

如果你对完成重要任务缺乏信心，那么失败便已成定局。如果在接受任务之初，你就开始怀疑自己完成任务的能力，那么请你问问自己下述这些问题：

- 我有完成这项任务必需的技能吗？
- 我有完成任务所需的所有信息吗？
- 我对项目的热爱，足够支撑我完成这项任务吗？

如果这些问题中的任何一个问题的答案是否定的，那么你就需要先把任务放在一边，直到你对每个问题都能给出肯定的答案。如果这3个问题的答案都是肯定的，那么你就能战胜"缺乏信念"这个超级反派，顺利进入心流状态。

本日训练小结

在开展工作时，你是否会经常遇到今天提到的超级反派呢？它们是否会在不知不觉中影响你？在准备下一个项目时，你该怎么做才能击溃它们？

第 11 天　MOM 记忆法训练

为什么记忆如此重要

有人说，记忆就像一个容器，像个杯子或者计算机硬盘，一旦装满了数据，就再也放不下别的东西了，这并不准确。我认为它更像一块肌肉，训练得越多，它就会变得越强健，存储的信息也就越多。

你的记忆力是你最宝贵的财富。它能在生活中的各个领域为你提供支持。人类天生就有极好的记忆力，你只是需要有人指导你如何使用它。

【大脑升级训练】

你现在对自己的记忆力作何评价？你希望在哪些方面进行改进？

事实是这样的：记忆力没有好坏、强弱之分，只有受过训练和未经训练的区别。如果你很难记住别人的名字，无法在没有笔记的情况下做演讲，甚至早上找不到车钥匙，这并不是因为你缺乏做这些事情的能力，而是因为你没有接受过相关的训练。

MOM 记忆训练法

- M 代表 Motivation（动力）。

对于那些我们充满动力去记住的东西，我们记住它们的概率更大，这个道理简单易懂。

如果有人告诉你，"嘿，记得明天给我打电话"，你可能会记住也可能会忘记明天需要给对方打电话。

但是，如果他换种方式，说"嘿，如果你记得明天给我打电话，我会给你 5000 美元"，你肯定会记得给对方打电话。

强烈的动力会迫使你更加轻松地记住信息。

如果你想训练自己，提升记忆力，那么你需要给记忆更强的动力。有因必有果，记忆的动力因人而异，如果你能说服自己，证明牢记这部分内容极具价值，那么你就有很大可能记住这些信息。

- O 代表 Observation（观察）。

你是否会经常刚记住对方的名字，转头便忘记了？原因很可能是你在听到名字的时候，注意力没有完全集中。可能那时你正把目光投向现场的其他人，看看自己还认识谁；可能那时你正在考虑刚才和别人的对话。无论出于何种原因，你的注意力并没有集中在当下。在大多数情况下，我们记不住某件事情，问题不在于记忆力，而在于注意力。如果你真的想提高记忆力，那么只要是你想记住的内容，你就应该集中注意力地去记住它。

- M 代表 Methods（方法）。

当你想要牢记某件事情的时候，可以使用正确的方法（明日集中训练方法）。请你确保把这些方法纳入自己大脑的工具箱中，并且不断地加以练习和实践，直到它们成为你的第二天性。

本日训练小结

想方设法为自己提升记忆力提供更强大的动力。如果你的动力仅仅是想要拥有更好的记忆力，这是远远不够的。

你需要记住某件事情，这对你来说非常重要，面对这种情况，想一想怎样才能减少分心对你的影响。

第 12 天　创造联系记忆法基础训练

下面我为大家准备了几个简单的单词。你们的任务是按照给出的顺序记住它们，先看下列词汇表，不要超过 30 秒，然后继续，祝你好运！

fire hydrant（消防栓）balloon（热气球）battery（电池）barrel（桶）board（木板）diamond（钻石）knight（骑士）ox（公牛）toothpaste（牙膏）sign（标识）

你是用什么方法记住这些词汇的？你是否在脑海中一遍又一遍地重复这些词汇？例如，你是不是在对自己说"fire hydrant（消防栓）、balloon（气球）、battery（电池）、barrel（桶）等？"你是否发现自己需要一遍又一遍地重复这些词汇，直到它们驻留在自己的脑海中？你是否试着在脑海中描绘这些事物的画面？大多数人都会使用这两种方法中的一种，或者结合使用。这种通过反复说出或写下信息记忆信息的方式被称为"重复式背诵学习"（repetition learning），又称死记硬背。

其结果就是你与生俱来的学习能力惨遭扼杀。你不断地使用重复式背诵学习，大脑会感到厌烦，直到最终放弃抵抗，然后对你说："好吧，好吧，你赢了！这是第 100 次了，'哥伦布在 1492 年登陆'，再也不要反复诵读这句话了！"

大多数人会觉得死记硬背是一个枯燥乏味、令人感到无聊的过程。它会加重大脑的负担，而且对于记住大部分内容，这种方法的收效甚微。研究表明在你花费时间用这种方式记住的信息中，多达 85% 的信息会在 48 小时之内被遗忘。

现在，花点时间，不要回看刚才的词汇表，试着按照所列词汇的顺序，回忆词汇。尽可能多地写下你能回想起来的内容。花点时间，把记起来的内容写在下面的横线上：

_____

_____

_____

你的表现如何？大多数人只能回想起词汇表中的个别词汇，可能你也是如此。

【大脑升级训练】

现在，让我们尝试点别的东西。花点时间，伸展一下，做几次深呼吸。每次呼吸，随着呼出气息，清理你的大脑，让自己感到更加轻松。稍等片刻再继续阅读，先放松一下。放松之后，我们继续。

接下来，首先确保自己感到非常舒服、放松，然后想象你站在一个巨大的消防栓旁边，这是你见过的最大的消防栓。现在，把一束气球系在消防栓上。气球数量极多，甚至把消防栓拽离了地面，高高地飘到了空中。突然之间，这些气球碰到了一堆电池，爆炸了。这些电池是装在许多大桶里被发射到空中的，而这些大桶是被像跷跷板一样的木板抛到空中的。弹出大桶的木板是架在一颗巨大的钻石上的，那颗钻石硕大无比，闪闪发光。突然，一个身穿银盔白甲的骑士拿起钻石，逃之夭夭。然而没逃出多久，他便被一只公牛拦住了去路。想要通过，唯一的办法就是用牙膏给公牛刷牙。公牛移到一边，露出了身后巨大的霓虹灯标识牌，上面写着"恭喜你"，然后就发生了巨大的爆炸。

现在给自己一点时间，闭上眼睛，回顾这个小故事，如果需要，

33

你可以讲出这个故事。完成之后，再看下面的内容。

❀【大脑升级训练】

不要看前面的内容，把这个故事写下来。

你可能注意到了，我们把词汇表编成了一个故事。现在，在你的脑海中回顾这个故事，并且尽可能多地列出你记住的词汇。核对你的答案，写下你写对了几个词汇。

你第二次的表现如何？大多数学生都比前一次记住了更多的词汇，可能你也一样。最神奇的是，一旦你开始使用这种方式训练记忆力，你可以记住大量的信息。我用这种技巧帮助演员记忆剧本中的所有台词，帮助学生记忆元素周期表，帮助销售人员记住宣传产品的细枝末节，仿佛这个产品就是他们设计、生产的一般。

本日训练小结

记住，记忆力没有好坏之分，只有受过训练和未经训练之别。经常使用创造联系记忆方法可以让你在各种情况下训练自己的记忆力。

第 13 天　创造联系记忆法升级训练

找一位朋友，让他随机写出 10 个词汇，或者你可以自己给自己写出词汇表：尽可能地随机选择词汇，可以随手找一份印刷文件，无论是一本书还是一份报纸或者一期杂志，甚至可以是当地超市的宣传单。在你阅读的前 10 段选出 10 个实词（换言之，不要选"我""这个""当"），确保词汇表中没有重复的词汇，把它们写下来。

然后把写有词汇的纸翻过去，尝试按照顺序默写词汇表。对照词汇表，检查你所写的内容。你表现得如何？你可能没有记住所有的 10 个词汇，但是你也不会把 10 个词汇都忘了。这很能说明问题，天才总是会留下蛛丝马迹，我的意思是，我们天生的聪明才智会教给我们如何使用自己的才智。有种方法可以让你记住你做了什么，你可以通过使用这种方法进入下一步。

你大声地告诉自己记住了哪些词汇，为什么记住了这些词汇。这样会帮助你理解你是如何记忆东西的。例如，你很有可能记住了第一个词汇和最后一个词汇。在任何情况下，人们往往都会记住他们听到的第一件事和最后一件事。

你还记得哪些词汇？这些词汇有没有共同之处，比如它们的首字母相同，或者它们都是动词？这说明了什么问题？你记住的其他词汇有什么结构特点？

它们是否唤起了你的某种情感？你记住的词汇有没有什么独特之处？

现在你可能已经意识到，你第一次尝试便记住的词汇肯定有其独特之处。

你没有记住的词汇没有任何让你产生共鸣的特质。所以，我们需要一个过程，让每个词汇都有令人难忘的特质。

- 使用这 10 个词汇，给自己讲个故事，依次使用每个词汇。你并不是要用这个故事来赢得文学竞赛，这个故事是否有意义也无关紧要。重要的是，你要为词汇表中的所有词汇附上某种富有想象力的细节（如果你的词汇表中有"户外"这个词，则想象自己站在空旷的田野中），你可以给每个词汇创建一个对应的画面，按照它们在词汇表中出现的顺序用故事将词汇"串联"起来。记住，你的故事中情感越丰富，越夸张，记忆就会越清晰。
- 现在，再找一张纸，再来默写刚才的词汇表，用你构建的故事来提醒自己词汇表中包括哪些词汇以及它们的顺序。这次，你做得怎么样？尽管你很可能没有全部答对，但是你肯定取得了进步。
- 现在，再次默写词汇表（不要查看你之前写出的版本），但这次倒序写出词汇表。要做到这一点，你需要以一种不同的方式利用你构建的故事，但是这样可以帮助你锁定这些词汇。
- 这次，你可能已经记住了词汇表上的大部分词汇（假设不是全部）。与此同时，你可能想知道这种方法怎么能帮助你记住演讲稿中的所有细节，在没有笔记的情况下发表长篇演讲。
- 找出演讲中的 10 个要点，可以是你想要纳入演讲中的关键字、短语或者引语。但是，它们不应该是多个长段落，因为这样会让整个演讲变得烦琐、冗长，大家会觉得你的演讲非常呆板并且排练的痕迹过于明显。我们假设你非常了解演讲的主题，并且也初步熟悉了演讲内容。这种方法的主旨是帮助你在需要时想起演讲的每个关键点。
- 现在想象一个你非常熟悉的地方。这个地方可以是你家中的某处，可以是你经常散步的街道，可以是附近的公园，也可以是你非常熟悉、非常容易回忆起来的任何地方。
- 现在，想一条通往这个地方的路径。例如，如果这个地方是你的院子中的一个房间，想象一下你走进那个房间，走遍各个角落。然后找出这个房间里 10 个你能在脑海中很快看到的东西和它们所在的位置。也许其中一个东西是你走进房间时，看到的角落里的那盏灯。也许另外一个事物是那盏灯左边的椅子，也可以是那张椅子旁边的边桌，依此类推。你需要让这条路径尽可能地有规律可循。不要在你想象的空间里做之字形的走动，这会影响你的记忆效果。可以选择顺时针走遍这个空间，在你经过每个物品的时候留意那些你总是留意到的东西。

- 一旦你选择好 10 个位置，给每个位置分配一个演讲要点。请确保演讲要点的顺序与你在房间中经过物品的顺序一致。以我们刚才所说的房间为例，如果你要说的第一点是整个演讲的主旨，就要把主旨与那盏灯对应起来。如果下一个演讲要点是重要的产品细节或者关键的历史事实，就要把它与椅子对应起来，依次类推。

- 现在练习你的演讲，使用在想象中走过每个位置作为记住演讲每个重要信息的方法。演讲的每个组成部分都应该在你需要的时候浮现在你的脑海中。

本日训练小结

与所有方法一样，使用者也需要练习一段时间才能成为这方面的专家。但是它能立即奏效，帮助你提升记忆力。通过练习，你会发现，无须参考笔记，你就能回忆起大量的信息。你的记忆力会有很大的提升，你的演讲和报告听起来也会更加自然、顺畅。当你需要记住大量的内容时，你可以使用这种方法。

第 14 天　本周训练内容巩固

核查以下清单，如果答案都是肯定的，则快乐地进入下周训练；如果答案中有否定的，请回到书本和当天的练习，查漏补缺吧。

1. 你工作桌上多余的东西和工作电脑桌面多余的文件是否已经整理好了？
2. 你是否了解并熟练掌握 4-7-8 呼吸法？
3. 你是否找出近期一直给你造成压力的事情？
4. 你了解什么是心流以及心流的 4 个阶段了吗？
5. 你是否了解进入心流的 5 种方法并逐一体验过？
6. 你是否了解 MOM 记忆法并且开始尝试应用？
7. 你是否了解创造联系记忆法并开始尝试应用？
8. 创造联系记忆法对你提高记忆力有帮助吗？

第 3 周
学习力及思考力特训

第 15 天　主动回忆与间隔重复训练

主动回忆训练

主动回忆是一个重要的过程，通过这个过程，你会回顾学习材料，立即检查记忆效果，确定自己记住了多少内容。

要做到主动回忆，你需要做好下述内容。

- 复习你正在学习的材料。
- 然后合上书本或者关闭讲座的视频，写下或者背诵你刚刚复习的所有内容。
- 现在，再看一遍材料。你记住了多少？

确保在你的学习时间中，安排出足够的时间多次重复这个过程。正如克莱姆指出的，研究表明，"初始学习阶段包括重复学习和对所有学习内容进行至少 4 次强制回忆测试，这样才会产生最佳的学习效果"。

间隔重复训练

每隔一段时间就进行复习，把更多的注意力放在没有记住的信息上，这样你就能最大限度地利用大脑的能力。这种学习方法被称为"间隔重复"（spaced repetition）。

在线学习平台 Synap 的首席执行官詹姆斯·古普塔（James Gupta）也赞同这种说法，"虽然间隔重复很简单，但是非常有效，因为它就像是刻意侵入你大脑之中的黑客。它强制学习变得高效。与肌肉一样，大脑通过加强神经细胞之间的联系对这种刺激做出反应。"

在复习之间留出间隔时间，每次你都可以进一步锻炼这些神经细胞之间的联系，这样可以产生持久的记忆。

如果你复习材料的时间间隔几乎相等，这样的间隔重复是最有效的。这就是给自己足够的时间很重要的原因。你可以连续四天每天早上复习一次学习材料，晚饭前复习一次，然后再学习其他材料，保证复习的时间间隔一致。你可以将此技巧与主动回忆结合使用，复习一下学过的材料，测试一下你记住了多少内容，然后休息一下，再对刚才的材料进行复习。

管理你的状态

你的状态越积极、思维越活跃，你在处理事情的时候产生的结果就越好。在学习中亦是如此。学习时候的姿势可以影响你的思维状态。端正地坐好，仿佛你即将学习的是可以改变人生的重要信息。

这个坐姿还能调整呼吸，保证了大脑和身体的其他部位进行充足的氧气循环。如果你弯着腰甚至瘫坐在位置上，呼吸过程受阻，这会让你感到疲倦。

【大脑升级训练】

你坐在椅子上的时候，采取弯着腰的坐姿，低头向下看，呼吸急促，然后双眉紧锁。现在就做做看。你觉得这种姿势能为取得成功提供多少动力？在这样的状态下，你觉得你会有怎样的工作效率？很多学生在学习时恰恰采取的就是这种姿势。所以他们不喜欢学习，费了九牛二虎之力也只取得些许成绩，这也不足为奇了。现在端正地坐好，笑一笑。是不是感觉好多了？

本日训练小结

练习一下主动回忆，学习一些新材料，然后马上评估自己记住了多少内容。

第 16 天　嗅觉及音乐学习法训练

嗅觉学习法训练

我相信你也有类似的经历：当你进入一个房间，你嗅到了空气中弥漫着的某种香味，可能是烤箱里烘焙的某种香料的味道。这种香味让你立刻回想起和儿时朋友玩耍的时光，她讲了一个笑话，逗得你不禁大笑，以至于喝入口的牛奶从鼻子里喷了出来。

为什么香料的味道会触发记忆？因为记忆中的事情发生的时候，空气中也弥漫着相同的气味，气味能特别有效地刺激我们回忆起过往。

研究表明，迷迭香的气味可以改善记忆力。薄荷和柠檬的气味能促进注意力集中。

由此可知，作为可以辅助记忆的工具，嗅觉极其重要，但是没有得到充分的利用。如果某种特殊的气味可以让我们回想起童年，那么另一种气味就可以用来加速我们的回忆。如果你在为一场大考做准备，那么在你学习的时候，在手腕上涂上带有特殊香气的精油，然后在考试之前也把同样的精油涂在手腕上。或者你在准备大型会议的时候也可以运用这种方法，结果都是一样的。

当然，你肯定要考虑到在场其他人的感受，所以无论你使用什么东西、哪种气味，不宜过于浓烈，淡淡的香味就足以强化你的回忆。

为大脑播放音乐

回想一下你早期的学习经历。你是不是也像很多人一样通过一首歌记住了字母表？自从音乐出现以来，父母们就一直在用音乐教授孩子一些基本概念。他们之所以这样做，是因为这种方式效果极佳，而音乐对于记忆的促进作用已经得到了科学依据的有力支撑。

大量研究表明，音乐与学习之间联系紧密。E. 格伦·舍伦贝格（E. Glenn Schellenberg）博士提出的"唤醒 – 情绪假设"，发现了音乐与情绪之间的联系，以及情绪与学习之间的联系。他的研究表明，音乐为我们营造了可以提升学习能力的环境。

巴洛克风格的音乐似乎在这方面的作用尤为突出。研究音乐与学习之间关系的专家克里斯·博伊德·布鲁尔（Chris Boyd Brewer）认为："音乐稳定了精神、身体和情感的节奏，可以达到一种注意力高度集中、极度专注的状态。在这种状态下，你可以处理和学习大量的内容与信息。"巴洛克风格的音乐，如巴赫、汉德尔或泰勒曼创作的每分钟 50~80 拍的音乐，可以营造专注的氛围，引导学生进入深度集中的阿尔法脑波状态。以这类音乐作为背景音乐，学习词汇、记忆事实或进行阅读会变得非常高效。

虽然没有类似的证据表明说唱或者流行音乐对于学习也具有同样的促进作用，但是由于每个人对音乐的反应各不相同，可能其他类型的音乐也能对你起到相同的促进作用。现在用流媒体播放音乐非常方便，我建议你在学习的过程中增加一个巴洛克风格的播放列表作为背景音乐。

用你的整个大脑去倾听

如果你想突破学习方面的极限，那么你必须加强自己听的技巧。听与学之间存在密切的联系，我们中超过 1/4 的人都是听觉型学习者，即以听作为学习的主要方式。

在学习过程中，听非常重要，我们清醒的时候，大部分时间都在用耳朵接收信息。但是大部分人并不擅长通过听进行学习。

为了解决这个问题,我设计了一种方法,可以帮助你用整个大脑去倾听。以下 4 个要点的首字母正好缩略为 HEAR(听)。

- H 代表 Halt(停止)。你在听谁说话,就应该把注意力放在谁的身上。记住,听并不仅仅需要关注对方说的话语,声调、肢体语言以及面部表情等都可以加深你的理解,提供更多的信息。只有当你摒弃一切其他事情的时候,你才能充分理解声调、肢体语言和面部表情的意义。

- E 代表 Empathy(共情)。与缺乏激情的被动接受相比,如果你能设身处地地把自己放在说话人或者演讲者的位置上,那么你就可以从每次听的体验中收获更多的知识:试着理解演讲者观点的来龙去脉,体会为什么他们能围绕主题提出诸多见地,试着让自己从他们的角度去感受。

- A 代表 Anticipate(预期)。请你带着一种期待感参与到听的体验中。记住,学习依赖于状态,如果你对演讲者心生好感,你从他的演讲中学习到的内容很容易就会成为长期记忆。如果你对听到的内容充满热情,那么你就更有可能完全理解演讲的内容。

- R 代表 Review(回顾)。如果你有机会与演讲者直接交流,那么大胆去问。你可以提出问题,让他为你答疑解惑或者重述某个观点。如果你可以做笔记,那么一定要认真记录。在演讲结束后,你必须仔细思考演讲者所说的内容,在脑海中用自己的话复述,想象你自己正在把这些内容传授给他人。这样做可以巩固它们在你脑海中的记忆。

本日训练小结

找一个能够促进你学习的音乐播放列表。有很多现成的此类音乐列表，选对音乐可以增强你吸收信息的能力，所以花点时间挑选一个你喜欢的播放列表。

第 17 天　做笔记方法训练

如何科学地做笔记

首先，一定要理解做笔记的目的。如果你的脑海中始终记着做笔记的目的，你记下的每一处笔记将都是重要的信息。

其次，明确了做笔记的目的之后，你需要采取积极主动的方式做笔记。听的时候，你要意图清晰且准确地记下自己所需的内容，并且用便于随后回忆的方式写下笔记。如果你要使用缩写和简写，请使用自己熟悉的。你最不希望看到的肯定是你自己做的笔记稍后却变得无法辨认。

再次，确保在笔记中尽可能地使用自己的语言。有效地记录笔记需要避免的重要陷阱之一就是试图记录每一项内容。原因之一，书写的速度不可能跟上大部分人说话的速度。人们手写的平均速度是每分钟 10~12 个单词，而说话的平均速度是每分钟 100 个单词。即使你通过打字做笔记，大概也只能记下演讲人所讲内容的一半。原因之二，如果你把对方说的话一字不差地记录下来，说明你没有对讲话内容进行任何处理。这意味着，在学习的初始阶段，你使用大部分脑力在完成听写内容。而当你使用自己的语言做笔记时，你实际上是在着手处理信息，这会极大地提升你的学习效果。

最后，做笔记最重要的一点就是要确保你真的在听。你并不是讲者的秘书，你所接收的信息是为了随后使用。因此，真正理解别人说了什么，这很重要。

手写笔记更有效

说到采用哪种方式做笔记，我建议手写笔记。即便你使用平板电脑，也要使用电子笔手写。

首先，现在已经有现成的程序可以把你在平板电脑上的手写内容转化成文档文本，方便日后组织。更重要的是，手写要求你立即开始处理材料，事实证明这样做笔记的效果更好。

我们发现尽管做笔记有益于学习，但是用笔记本电脑做笔记的人不是对信息进行处理之后用自己的语言重新组织，而是倾向于逐字抄录讲座内容，这种方式并不利于学习。"

捕获创造法做笔记

做笔记的时候，可以使用我称为"捕获和创造"的方法。在纸的左边，捕获信息，记录讲者的观点；在纸的右边，进行创造，写下自己的见解。你写下的是你对于自己捕获内容的看法。我该怎么应用这个内容呢？为什么我必须使用这个内容呢？什么时候我可以使用这个内容呢？做完笔记之后，立即复习一下自己的笔记。与几天之后才回看笔记相比，这样可以帮助你更有效地记住信息。这样做还有另外一个好处，你可以补充在做笔记时遗漏的内容，如果立即复习，这些内容在你的脑海中还是清晰的。

升级做笔记能力的小贴士

如果你想确保每次做笔记都能收获最佳效果，请记住下面这种方法。以下 3 个要点英文单词的首字母正好缩略成 TIP（小贴士）。

- T 代表 Think（思考）。在学习任何你需要做笔记的课程之前，你应该思考一下自己最希望从本次课程中获取的是什么内容。

这样可以帮助你从所有信息中筛选出与目标相关的高价值、重要的信息。

- I 代表 Identify（识别）。你应该仔细聆听讲者正在传递的信息，根据你的目标，识别出哪些信息是最重要的。切记，试图记录所有内容会让你在听的时候根本无暇处理信息，这很可能会增加学习的难度。识别出你最需要的内容，然后把它写下来。

- P 代表 Prioritize（排序）。当你在演示结束后回顾笔记时，你可以将对你最有价值的信息进行优先排序，然后根据需要添加额外的笔记，以使优先信息更清晰，或者制定一个大纲来突出重点。

本日训练小结

　　尝试一下全新的做笔记方法。你可以看一遍前两周的训练内容，并做笔记；还可以去观看一场 TED 演讲，然后做笔记，使用你在今天学到的技能提升听的效果。

第 18 天　六项思考帽训练

想要取得巨大的成就，通常需要全新的思维模式。

爱德华·德·波诺（Edward de Bono）博士提出了"六项思考帽"的概念，我们经常会陷入各种刻板的思考模式，这种方法可以帮助我们脱身。这种方法经常被用来帮助特定群体提高解决问题的成效，任何希望保持思维鲜活的个人也能很轻松地使用这种方法。"六项思考帽"的核心概念是把 6 种不同的思维模式比喻为可以逐步戴上的帽子。

- 当你戴上白色的帽子时，你便进入收集信息模式。在这种模式下，无论你面对的是什么问题，你的焦点是尽可能地收集更详细的信息，获得解决问题所需的所有事实。为了帮助你记忆，想象一下你穿着实验室里的白大褂。

- 你换上了一顶黄色的帽子，这是为了给思维带来积极乐观的情绪。在这种模式下，面对问题或者挑战，你会努力地寻找积极的因素，突出其中的固有价值。为了帮助你记忆，想象一下明媚的阳光洒满全身。

- 接下来，你会戴上一顶黑色的帽子，思维也会从看到挑战中积极的一面转向思考其中的困难与陷阱。在这种模式下，你会直面问题无法成功解决的后果。记忆小窍门：想想法官的长袍。

- 试过了黑色的帽子，现在该戴上红色的帽子了，让情绪发挥作用。在这种模式下，你对问题抱有的感觉与情绪可以得到充分释放，甚至可以表达自己的恐惧。这也是你可以进行猜测，让自己直觉发挥作用的时候。要想记住这种模式，你可以想象一颗红心。

- 现在轮到绿色的帽子。当你戴上绿色的帽子时，你处于创造模式之中。此前，你已经让情绪参与到思考的过程中，戴着这顶帽子你会理性分析问题。你会问自己，你能给已知的问题带来什么新的想法？你如何才能用一种前所未有的方式完成任务？记忆小窍门：想象一下清新的绿草。

- 最后，戴上蓝色的帽子进入管理模式，确保前面的过程都已经有效完成，前面的每顶帽子都能让你有所收获、有所受益。通常情况下，企业会从一开始戴上蓝色的帽子，为某次会议设定目标，然后在会议结束时，再次戴上它。如果是你自己使用"六项思考帽"，你也可以考虑先戴上蓝色的帽子。想要记住蓝色的帽子，想一想蓝天。

对于如何解决问题，爱德华·德·波诺创造了一种新颖、独特、组织精巧的方法。这种方法的核心是清晰地定义了从各个方面看待问题的方式。

第一，你要确保自己清楚到底需要解决什么问题。

第二，你要确定所需的所有事实都已经摆在面前。

第三，你要确保你能从积极的角度来处理问题。

第四，你要直面眼前的挑战，让自己体会到内心真实的感受。

第五，你要让自己从前所未有的角度解决问题，自由发挥想象力。

第六，你再回到出发点，确保你已经解决了本次思维周期想要解决的问题。

现在思考一个你需要解决的问题，可以是"我怎样才能得到那份工作"，也可以是"我怎样才能更好地与家人沟通"，任何问题都可以。请使用"六顶思考帽"的思维模式，从不同的角度思考你想要解决的问题。

本日训练小结

在解决某个问题时，尝试"六顶思考帽"。给自己安排一项相对简单的任务，并使用爱德华·德·波诺的方法解决它。

第 19 天　分清智力类型，定位学习风格

我们总是倾向于以一种占据主导地位的方式使用自己的聪明才智。哈佛大学教育研究生院（Harvard Graduate School of Education）认知和教育学教授霍华德·加德纳（Howard Gardner）博士对人类的智力进行了广泛的研究，据此把人类的智力划分为以下 8 种不同的形式。

空间型智力。以空间型智力为主导智力的人通常会从空间的角度思考问题。航空公司的飞行员通常都是空间思考者，那些擅长下棋的人亦是如此，两者都需要对事物在空间中处于什么位置最为合适拥有自己的理解。

身体运动智力。如果一个人以这种智力为主，他就会以身体作为一种表达或者解决问题的形式。体操运动员具有精致、敏锐的身体运动智力，鼓手也是如此。提到这种形式的智力，我首先会想到的就是维纳斯·威廉姆斯（Venus Williams），在网球场上，她用自己的身体展现了自己的天赋，这种方式鲜有人能企及。

音乐智力。以音乐智力为主导智力的人对节奏、音高、节拍、音调、旋律和音色非常敏感。音乐家的音乐智力显然占主导地位，同时你也能在诗人的身上发现这种智力，因为他们对于韵律节拍的把握就像他们对于文字的把握一样精准、娴熟。音乐智力方面最具有代表性的典范就是音乐神童沃尔夫冈·阿马德乌斯·莫扎特（Wolfgang Amadeus Mozart）。

语言智力。 语言智力占主导地位的人对字词的所有含义了如指掌，而且不拘泥于字典中的死板定义。毫无疑问，作家具有这种特质，同是伟大的演说家和律师也具有这种特质。说到语言智力，我首先想到的就是威廉·莎士比亚（William Shakespeare）。

数学逻辑智力。 这是一种能看到"运动之间或者符号之间逻辑关系"的能力。在发现或者寻找不同数字之间的关系时，数学家会感到非常自在。科学家同样也会画出物理对象之间的关系，或者画出作用在物体上的力之间的关系。提到这类智力，阿尔伯特·爱因斯坦会立刻跳入大家的脑海，他是其中一个典型的例子。

人际智力。 人际智力占主导地位的人天生就有极强的与他人沟通的能力，并且在任何时刻都能充分理解别人可能的感受。心理治疗师往往具备极强的人际交往智力，教师也是如此。提到人际智力，我马上会想到奥普拉·温弗瑞，因为她与任何人交谈时都展现出惊人的沟通能力。

自我认知智力。 如果你的自我认知智力占据主导地位，你就会对自己的内心感受有一种精准入微的感觉。自我认知智力较强的人非常擅长"测量自己的体温"。他们始终非常清楚自己的内心感受，知道是什么触发了自己的情感，也清楚如何管理情感触发因素。如果你的身边有能够在困难状况下保持冷静的人，那么他就属于自我认知智力较高的人。

自然认知智力。 这种智力表现在能够把自然界的复杂性尽收眼底。可能你看到的只是一片花田，而自然认知智力突出的人会看到几种不同的郁金香和薰衣草，还有被你认为是杂草的稀有草类。动物学家的自然智力通常非常突出，景观设计师也是如此。具备这种特质的人，我首先想到的是杰出的灵长类动物学家简·古德尔（Jame Goodall）。

了解全部 8 种智力类型，具备相关意识，并且在使用其中一种智力的时候戴上你的"六顶思考帽"，这是让你思维无极限的有效方法。

你的学习风格是怎样的

就像智力的类型因人而异，人们学习的方式也不尽相同。自 20 世纪 20 年代以来，VAK 学习风格模型一直为人们广泛使用。它可以向你展示你在学习新事物时的偏好，非常有用。

- V 代表 Visual（视觉），意思是你倾向于通过插图、图表、视频和其他视觉媒体进行学习。

- A 代表 Auditory（听觉），意思是你发现自己通过听进行学习是最舒服的，比如听讲座、讨论、播客、有声读物等。

- K 代表 Kinesthetic（动觉），意思是你更喜欢通过身体互动进行学习。动觉型学习者往往从亲身实践的学习方法中获益更多。

下面是一个快速测试，可以让你了解自己属于哪种学习者。

1. 当你不理解或记不住某件事情的时候，这是因为：

    a. 它听起来并不耳熟，也没有引起你的共鸣

    b. 它看起来很模糊或不清楚

    c. 你无法操作或者触摸它

2. 当你需要告诉朋友如何去你家时，你会：

    a. 在纸上画一张地图

    b. 口述方向给她

    c. 自己开车去接她

3. 你住在旅馆里，有辆租来的车。你想拜访一位朋友，但是不知道他的住址。你希望他：

    a. 给你绘制一张地图

    b. 告诉你该如何走

    c. 开车来接你

4. 在什么情况下，你觉得自己可以轻松地学习专业性较强的内容：

    a. 有专家为你进行讲解

    b. 把概念视觉化，可以纵观全局

    c. 通过实操学习或者切身感受学习内容

5. 当你要做一道甜点给家人制造一点惊喜时，你会：

    a. 烹调熟悉的菜肴

    b. 翻阅菜谱寻找思路

    c. 寻求他人的意见

6. 你要购买一个新的音响系统。除了价格，对你的决定影响最大的因素是什么？

    a. 朋友的推荐

    b. 个人感受

    c. 独特的外观

7. 回忆一下你的生活经历，当你学习如何做某件事情的时候，比如玩一款新的棋类游戏。尽量避免选择对身体技能要求较高的活动，比如骑自行车。你怎样学习才能取得最好的效果？方法是：

    a. 看说明书、图片或图表

    b. 听别人解释

    c. 边做边学

8. 你喜欢下列哪个游戏？

    a. 你画我猜

    b. 20 个问题猜事物

    c. 你来比画我来猜

9. 在计算机上学习使用新的程序。你会：

    a. 看说明书

    b. 打电话给朋友询问相关问题

    c. 打开程序自己摸索学习

10. 你很容易留意到和注意到：

    a. 某个音响系统飘出的音乐的品质

    b. 颜色、形状或者样式是否彼此冲突

    c. 穿着的衣服是否舒适

11. 当你不确定单词的拼写到底是 "separate" 还是 "seperate" 时，你会：

    a. 在脑海中回想单词的样子，选择看起来顺眼的那个

b. 读出来，选择顺嘴的那个

c. 写出来，选择顺手的那个

12. 新电影上映了，影响你是否去观影的最主要原因是什么？

    a. 朋友或者家人谈论到这部电影

    b. 本能或者直觉上觉得自己应该去看

    c. 电影的预告片

13. 什么时候你最容易记住道路方向：

    a. 在听到道路方向的时候重复它们

    b. 在脑子里勾勒出道路地图

    c. 本能地感觉怎样才能到达目的地

14. 你更喜欢怎样的老师或者培训师：

    a. 使用课堂材料、流程图、图标和视觉辅助的

    b. 带领学生进行实地参观、试验、实践的

    c. 进行讨论、嘉宾演讲和对话的

15. 一旦你完全理解了一个新的观点：

    a. 它是实实在在的或者你对它有一种感觉

    b. 你能把它说得清清楚楚

    c. 你能够勾勒出它的画面

16. 要想做出最佳抉择，你需要依赖：

    a. 本能

    b. 看起来最清楚的

    c. 听起来最棒的

17. 在聚会上，你对哪种人最感兴趣：

    a. 风趣幽默、口齿清晰的演讲人

    b. 传递暖心且惬意感受的人

    c. 散发出视觉魅力的人

写出你的答案，对照下面的答案，看看你属于哪种学习风格。

1. a(A)b(V)c(K)	7. a(V)b(A)c(K)	13. a(A)b(V)c(K)
2. a(V)b(A)c(K)	8. a(V)b(A)c(K)	14. a(V)b(K)c(A)
3. a(V)b(A)c(K)	9. a(V)b(A)c(K)	15. a(K)b(A)c(V)
4. a(A)b(V)c(K)	10. a(A)b(V)c(K)	16. a(K)b(V)c(A)
5. a(K)b(V)c(A)	11. a(V)b(A)c(K)	17. a(A)b(K)c(V)
6. a(A)b(K)c(V)	12. a(A)b(K)c(V)	

你的答案会让你更好地认识到自己是什么样的学习者。在大部分情况下，你会发现你是听觉（A）、视觉（V）和动觉（K）混合型学习者。但是你会发现三者中的某一种在你的学习中处于支配地位。要想突破自己在思考中的限制，并清楚自己的主要学习风格非常重要，因为这样你就可以有意识地努力将其他风格引入自己的学习中。

本日训练小结

    回顾霍华德·加德纳的8种智力形式。在列出的8种智力形式中，哪些与你自己的智力形式最接近？现在你已经知道了你属于哪种学习风格，怎么做才能将其他风格融入你的学习中呢？

第 20 天　决策模型训练

40/70 法则快速决策

在你可能获得的所有信息中，在获取 40% 的信息之前，永远不要做出决定，收集的信息也不要超过可能获得信息的 70%。若获取信息不足所有信息的 40%，你并不是在做决策，而是在猜测，而若获取信息超过所有信息的 70%，你会在做决策时犹豫不决。当然，这意味着你需要接受自己可能会犯错这个事实，这种态度在任何情况下都是必要的。

列出需要避免事项清单而不是任务清单

乍看之下，这可能有违直觉，但是有时候知道不应该做什么和知道应该做什么同等重要。这个策略最大的优点是把你的注意力引向问题本质，避免关注当下不重要的事情。

为了不让你的"需要避免的事项清单"上只是充斥着"避免使用社交媒体"这样的事情，让我们来看看你到底应该如何列出这份清单。

- 首先，写下那些可能很重要但因为外部环境而无法完成的任务。
- 接下来，写下那些你认为需要完成但不会给你的生活增加价值的任务，即那些在你的眼中属于既费事又毫无意义的事情。
- 然后，你需要写出在当前的任务和尚未完成的任务中，哪些任务即便你投入额外的精力，也不会有所改善。
- 最后是一些紧急任务，它们通常是别人给我们布置的待办。

"需要避免的事项清单"完成之后，它读起来应该像一份反向的选项清单，这份项目清单里的事情是你无暇去做的。这样，你就可以很容易地找出哪些事情能够真正地推动你前进，然后你就可以把注意力集中在这些事情上。

【大脑升级训练】

现在就行动起来，花点时间，列出今天的"需要避免的事项清单"。为了集中注意力，实现目标，你今天需要避免哪些事情？清单要具体，在这份清单里，在某个事项前打钩意味着你没有做那件事情。

二阶思维训练

我们中的大部分人都会考虑行为的后果，但是很少有人会想到，我们的行动除了会对我们的生活产生的直接影响，还会产生第二阶影响。

二阶思维的模型结构简单，但是操作起来并不容易。在考虑将来的行动时，需要使用二阶思维：

- 始终要问自己，"接下来会怎样"。
- 按照时间推移考虑问题。5天后的后果是什么？5个月呢？5年呢？
- 分别列出可能采取的行动方案，竖线分栏，逐个分析结果。

一阶思维很容易，但二阶思维能让我们看得更远、更深入，看到各种后果。最棒的一点是，它能让我们看到别人看不到的东西。

本日训练小结

　　上述模型都属于某种心智模型，它们能够训练你的思维；毕竟，你不可能轻易地提升思维能力，达到你期望的水平；相反，无论你的状态有多好，最后常常也只能发挥出自己平时训练的思维水平。在你评估想法、做出决策或者解决问题的时候，心智模型可以作为一条捷径，为你节省宝贵的时间和精力，帮助你更快速、更敏锐地做出决策，创造性地解决问题。

第 21 天　本周训练内容巩固

　　核查以下清单，如果答案都是肯定的，则快乐地开始全册训练巩固；如果答案中有否定的，请回到书本和当天的练习，查漏补缺吧。

1. 你是否已经掌握主动回忆法和间隔重复法？
2. 你学习时的状态有改观吗？
3. 你找到能提高你学习效率的香氛了吗？
4. 你找到能提高你学习效率的音乐风格了吗？
5. 你按照新的方法做笔记了吗？
6. 你是否理解如何运用六项思考帽？
7. 你分清自己的智力类型和学习风格了吗？
8. 你是否理解第 20 天介绍的 4 种心智模型并能开始简单应用？